西北大学"双一流"建设项目资助
Sponsored by First-class Universities and Academic Programs of Northwest University

立 法 学

LIFA XUE

主　编　代水平　谢寄博
副主编　姜　昕　吕康宁

西北大学出版社
·西安·

图书在版编目(CIP)数据

立法学 / 代水平，谢寄博主编. —西安：西北大学出版社，2023.11
ISBN 978-7-5604-5193-0

Ⅰ. ①立… Ⅱ. ①代… ②谢… Ⅲ. ①立法—法的理论—研究 Ⅳ. ①D901

中国国家版本馆 CIP 数据核字(2023)第 149002 号

中国大学 MOOC 资源　　课程思政案例设计

立法学

主　编　代水平　谢寄博

出版发行　西北大学出版社
(西北大学校内　邮编:710069　电话:029-88303996)
http://nwupress.nwu.edu.cn　E-mail:xdpress@nwu.edu.cn

经　销　全国新华书店
印　刷　西安博睿印刷有限公司
开　本　787 毫米×1092 毫米　1/16
印　张　15.5

版　次　2023 年 11 月第 1 版
印　次　2023 年 11 月第 1 次印刷
字　数　300 千字

书　号　ISBN 978-7-5604-5193-0
定　价　45.00 元

目　录

第二编　立法制度

导论　立法学概述

知识脉络图

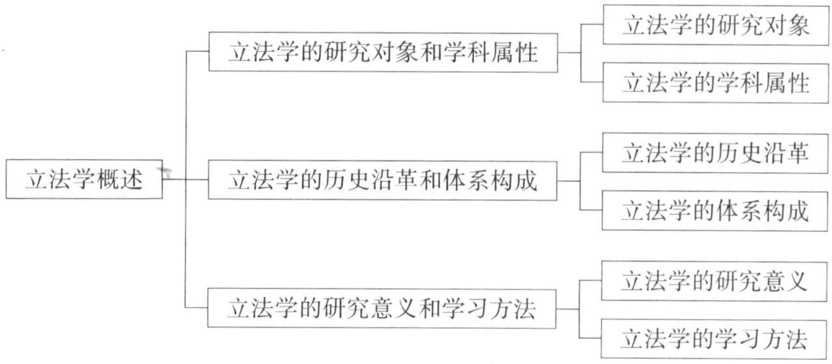

第一节　立法学的研究对象和学科属性

一、立法学的研究对象

法学是研究法律现象和法律问题的一门学问，即以某段特定的历史时期中逐渐形成的法律秩序为基础和界限，借以探求法律问题的答案的学问。[①] 法学是社会科学中的一门重要学科，通常与经济学、政治学、管理学等相并列。根据研究对象和研究方法的不同，每个学科还可以进一步细分。法律调整的社会关系是多种多样的，因而研究各种法律现象及其发展规律的法学所涉及的范围也就十分广泛，从而形成若干分支学科。这些分支学科构成的有机联系的知识系统就是法学体系。

① ［德］卡尔·拉伦茨.法学方法论［M］.陈爱娥，译，北京：商务印书馆，2003：19.

法学体系是一个与法律体系密切相关的概念。法律体系，通常是指一个国家全部现行法律规范分类组合为不同法律部门而形成的有机联系的统一整体。简单地说，法律体系就是部门法体系。部门法，又称法律部门，是根据一定标准、原则所制定的同类规范的总称。例如，在我国，常见的部门法有宪法、民法、商法、行政法、经济法、刑法、诉讼法、国际法等。相应地，法学体系也就可以划分为宪法学、民法学、商法学、行政法学、经济法学、刑法学、诉讼法学、国际法学等。

随着人类政治文明的逐步发展，立法成为国家专门机关的一项重要活动，该活动本身以及与其相关联的事物有专门探究的必要，所形成的理论成果逐渐成为一门专门的学问，即立法学。现象与本质是唯物辩证法的一对基本范畴，人类认识事物需要透过现象看本质。立法学既关注各种立法现象，也探究立法的本质，即立法现象背后的立法规律。基于事物是普遍联系的原理，立法不仅与执法、司法、守法等法治运行的其他环节有密切关联，而且受历史传统和现实国情的影响极大，研究立法决不能就事论事，需要厘清立法与其他事物的相互关系。概而言之，立法学的研究对象就是立法，具体包括立法现象、立法规律以及与其相关的事物。

（一）立法现象

纷繁复杂的立法现象需要从多个角度进行观察，否则有可能“只见树木、不见森林”。如果不能对立法现象进行全面的观察和分析，就难以总结出立法所遵从的规律，也很难厘清立法与其他相关事物的关系，自然谈不上学科体系的构建。一般来说，主要从以下几个方面来研究立法现象。

一是从历史发展的维度对不同时期立法现象的纵向考察。人类在很长一段时间内没有设立专门的立法机构，立法权掌握在君主或者少数掌权的贵族手中，专门立法机关的设立是近现代以来民主政治发展的产物。无论是个体还是立法机关，只要是为了维护社会秩序而发布各种有约束力的规则，都属于立法。纵向考察既可以从宏观层面来研究，如奴隶制、封建制、资本主义以及社会主义等不同社会形态时期的立法，又可以从较为微观的层面研究在不同发展阶段的立法现象，如我国改革开放前的立法和改革开放之后的立法。

二是从国别考察的维度对不同国家立法现象的横向比较。法律根源于物质生活，不同国家的历史传统和现实国情总有差异，决定了一国的立法体制和具体的制度设计不尽相同。任何一个国家，出于促进国际交往和完善本国法制的考虑，都有必要关注其他国家的立法，吸收借鉴国外有益的立法经验能够提升本国的立法质量，助力本国的法治建设。立法的横向比较常见于特定部门法的比较，如我国在制定《中华人民共和国民法典》(以下简称《民法典》)的过程中,会研究其他国家的法典编纂。

三是从立法主体的维度对不同效力立法现象的层次梳理。现代国家的立法主体在西方主要是议会,如美国的参议院和众议院,英国的上议院和下议院;在中国,主要是全国人民代表大会及其常务委员会。随着社会事务复杂化程度的提高和民主法治建设的进步,立法分权现象越来越普遍,在疆域较大的国家,通常有中央立法与地方立法、议会立法和行政立法的区分。不同主体的立法在效力层次上有差别。例如,在我国,就有法律、行政法规、部门规章、地方性法规、地方政府规章等不同效力层次的立法。

四是从阶段划分的维度对不同环节立法活动的过程分析。立法有"过程说"和"结果说"之分。如果把法律的出台比作一个产品出厂的话,需要经过多个环节,才能"生产"出来。一般把它分为立法准备、法案到法、立法完善三个阶段。立法准备具体包括立法规划、法案起草等方面,法案到法的阶段的立法程序包括法案提出、法案审议、法案表决、法案公布四个核心环节,立法完善的主要内容包括立法修改、立法解释、立法监督等诸多环节。

(二)立法规律

科学研究的重要价值在于探究规律。纷繁复杂的立法现象背后肯定是有规律可循的,只有把握和运用好这些规律,才能正确认识立法现象,有效开展和驾驭立法活动,客观评价一个国家的法制状况。以下几方面的立法规律值得重点研究:

首先,需要从宏观层面把握立法发展所遵循的规律。从古往今来的立法现象入手,总结立法发展的总体动向,譬如立法与经济发展和技术进步是什么样的关系?立法是否以及如何逐步从专制走向民主、从野蛮走向文明?国家之间的正常交往可否促进法律制度的文明互鉴?立法制度是不是逐步走向完备?立法技术的运用是不是趋于先进?诸如此类的发展规律,需要全面审视各个时期的立法现象,在纵向考察中仔细梳理。

其次,需要从中观层面把握立法本身所遵循的规律。从特定国家的立法现象入手,挖掘立法活动本身所蕴含的规律。例如,立法体制的确定需要考虑哪些因素?如何合理划分不同立法主体的立法权限?如何理顺立法权和司法权、执法权之间的相互关系?如何科学认识执政党与立法的关系?如何才能制定出高质量的法,最大限度地实现良法善治?法律规范体系在法治体系建设中居于什么样的地位?凡此种种问题,背后都有一定的规律,可以在横向比较中提炼总结。

最后,需要从微观层面研究立法过程所遵循的规律。从特定时期或者特定领域的立法活动入手,探求如何选择合适的立法时机?如何做好充分的立法准备工作?如何对法案审议等工作进行合理安排?如何确定合理的表决规则?如何在规则不明晰的时候做好立法解释?如何贯彻落实“科学立法、民主立法、依法立法”的原则?如何科学设置权利、义务与责任?如何合理设计特定法律法规的结构安排?如何提升立法语言的表达技术?上述问题都需要在具体的立法活动中逐步摸索。

(三)相关事物

事物之间是普遍联系的,立法也不是孤立存在的。要想更好地分析立法现象、掌握立法规律,有必要研究和立法相关的事物。如立法与经济社会发展程度、历史文化传统、地理环境、人口数量等方面的联系。特别是在推动经济全球化和构建人类命运共同体的背景下,一个国家的立法往往还需要考虑所处的国际环境。

二、立法学的学科属性

学界对于立法学的学科属性有过争论,随着立法实践的不断发展和立法学研究的日渐繁荣,人们逐步认识到立法学有其特定的研究对象,有自己的学科体系和历史沿革,在法学体系中应该有相应的地位,其作为一门独立的法学新兴学科,逐渐成为共识。关于学科体系的划分,可以从多个角度进行,对于立法学学科属性的判定也需要从多个角度来认识。

首先,从认识角度来看,法学学科可以分为理论法学和应用法学。前者主要研究法的基本概念和基本原理,主要包括法理学、法哲学、比较法学、法社会学等。后者主要研究特定的部门法,注重将研究成果在实践中加以运用,如刑法学,民法学等。立法学既研究立法原理等基本理论,又研究立法制度、立法技术等实践问题,应该说兼有理论法学和应用法学的属性。不过从研究重点来说,集中在国家如何开展立法活动,涵盖立法主体、立法权限、立法程序、立法技术等直接为立法实践服务的应用性较强的问题,偏于应用法学。

其次,从研究内容来看,可以把法学分为国内法学和国际法学。前者主要研究一个国家如何在其境内创制和实施法律,后者则研究国家之间如何创制和实施共同遵守的国际条约、国际惯例。基于此,立法学的主要研究内容是国内的立法现象,较少涉及国际条约的制定和实施,应该说,立法学主要属于国内法学。随着国家之间立法交流的开展,以及国际组织创制和实施的国际法规范逐渐增多,立法学也应该关注国际层面的立法现象,并对各国的立法制度进行比较研究。

最后,从研究范围来看,法学可以分为集中研究单一部门法的专门法学和综合研究多个部门法的综合法学。立法学主要研究各部门法在立法中出现的共性问题,因此，属于综合法学。当然，随着立法学研究的逐步深入，也可以专门针对民事立法、刑事立法、经济立法等形成专门的研究方向。如我国在制定《民法典》的过程中，从具体内容到体例结构，很有必要从立法学的角度进行专门研究。

谈及立法学的学科属性，除了从上述较为宏观的层面进行分析外，还有必要把它和法理学、①宪法学、法史学及其他部门法学，乃至政治学、经济学、社会学、语言学等非法学学科进行比较，②以廓清它和这些学科之间的联系和区别，这样才能更好地认识立法学的学科属性以及它在法学体系中的地位。

第二节　立法学的历史沿革和体系构成

一、立法学的历史沿革

法学是研究法律现象及其规律的一门学问。一般认为，法律与国家相伴而生。不论是国家的出现，还是法律的产生，都源于人们的生产生活实践。在此过程中，人们自然会思考有关认可习惯或者制定规则等问题，逐渐形成了关于国家与法律的一些观点、论述以及学说。学说的产生和学科的出现不能等同，后者往往晚于前者。具体到法学，其学说早已有之，如中国古代春秋战国时期的诸子百家，再如古罗马时期的法学家群体，他们的学说都对当时的国家治理产生了很大的影响，但是此时还没有产生真正意义上的学科。一般认为，17 世纪开始，西方法学逐步构建起包括法理学、宪法学、民法学、刑法学、国际法学等学科在内的学科框架，才完成了由传统法律研究向现代法律科学的转变。③ 也就是说，有了相关的研究和理论成果，并不意味着学科的独立出现，法学如此，立法学也不例外。

任何一门学问，从相对零散的学说，再到独立学科地位的确立，往往需要一个较为漫长的过程。在此过程中，先贤们主观方面的探索固然重要，但终究源于芸芸众生

---

① 立法学逐渐从法理学中分离出来，其独立的学科地位在 20 世纪才逐步确立，也有学者否认其独立地位。

② 叶会成.立法法理学的类型与意义——立法学学科性质的反省[J].法制与社会发展，2021(06)：32-50.立法学与非法学学科中联系最紧密的当数政治学，甚至有人把立法视为一种政治过程，进而主张把立法学归入政治学。

③ 王利明，黄文艺.论法学学科的发展规律和发展前景[J].大学与学科，2020(01)：111.

的客观实践。实践的不断发展需要理论的持续创新,理论创新离不开对过往成果的继承和吸收。正如习近平指出:“哲学社会科学的现实形态,是古往今来各种知识、观念、理论、方法等融通生成的结果。”①基于此,我们有必要从学科发展的角度来梳理立法学的历史沿革,并分析其体系构成。

(一)立法学产生的基本条件

每门学科都有其特定的发展历史。一般认为,法学作为一门独立的学科是在近代以来逐步形成和发展的,立法学也是如此。立法学产生的条件一般总结为以下两个方面:

第一,客观方面。立法学的产生在客观上以一定的民主政治制度为条件。只有当民主政治发展到一定程度,立法不再是君主个人权力活动的产物时,立法实践客观上要求建立健全立法体制、立法主体、立法权限、立法程序等方面的制度,以保证立法活动的顺利进行。这些立法制度的完善,需要从立法实践中进行总结提炼,也需要理论指导。民主政治制度下的立法实践既为立法学的产生提出了实际需求,也创造了客观条件。

第二,主观方面。随着立法实践的不断丰富,人们开始形成有关立法的思想、学说,逐步积累了越来越多的研究资料,进而形成了相对独立、自成体系的立法学。这个过程,可以概括为两个分离:一是法学从其他学科中分离出来,法学与哲学、神学、政治学在很长时期内都是不作区分的,随着科学研究分工的逐步深入,法学在资产阶级革命时期,逐步确立了自主地位;二是立法学从法理学、宪法学、法史学、比较法学中逐步分离出来,随着立法权与司法权、行政权的分立而相互制衡,以及代议制民主体制的确立,越来越多的思想家就立法问题形成了大量著述,为立法学的最终形成创造了有利条件。

(二)国外立法学的形成与发展

西方国家对立法活动的研究起步较早,逐步形成了影响广泛的立法思想和学说,大体可以分为三个阶段。

第一,开始萌生。从 17 世纪初至 18 世纪末,立法学开始萌生。17 世纪之前,已有部分思想家在其学说中论及立法问题,如古希腊时期的亚里士多德在《尼格马可伦理学》中强调立法学的重要性,且阐释了如何获得立法学知识。但是他们的论述系统性不足,尚难以构成学科意义上的立法学。17 世纪伊始,资产阶级的思想家开始以自然法思想为指导,提出了分权学说,将立法和行政、司法相区分,强调三者之间的分立

① 习近平.在哲学社会科学工作座谈会上的讲话[N].人民日报,2016-05-19.

和制衡。这一时期的思想家撰写了不少名著,其中有不少关于立法的论述,如霍布斯的《利维坦》、洛克的《政府论》、卢梭的《社会契约论》等。这些论著为立法学的产生奠定了思想基础,也标志着立法学开始萌生。

第二,初步形成。从18世纪末到19世纪末,立法学初步形成。这一时期,受法国大革命和美国的两次资产阶级革命的影响,西方国家的资产阶级民主政治取得了长足的进步,逐步建立起了资产阶级代议制民主,"三权分立"在体制层面得以确立。与此同时,法学逐渐从神学、政治学中分离出来,为立法学的形成创造了必要的条件。但此时的立法学还不是独立的法学学科,相关研究同法理学和宪法学混合在一起进行,影响较大的论著有边沁的《道德和立法原理导论》、黑格尔的《法哲学原理》、萨维尼的《论立法与法学的当代使命》等。

第三,基本独立。从19世纪末到20世纪80年代,立法学基本独立。这一时期,主要资本主义国家的经济制度日趋成熟稳定,进一步完善了"三权分立"的政治体制。代议制民主与参与式民主并行不悖,在立法活动中均有直接体现。规范有关立法权行使的法律法规渐成体系,立法制度和立法技术逐步成熟。与此同时,理论界也针对立法问题进行了卓有成效的探究,表现为立法学方面的著作大量问世,许多法律院校开设了立法学课程,还成立了相应的研究机构。立法学有了自己特定的研究对象和研究范围,逐渐从法理学、宪法学中独立出来,成为了法学学科中的一个重要分支。

(三)我国立法学的形成与发展

我国立法学的形成较西方晚一些,发展也相对慢一些。今天的立法学理论创新和立法学学科发展既要学习借鉴西方的立法思想和学说,也要注重从中国古代的立法思想中汲取有益养分。在此,以新中国成立为界,分两个阶段介绍我国立法学的形成与发展。

第一,新中国成立之前,有较为丰富的立法思想,尚未形成立法学学科。我国作为较早进行成文法立法活动的国家,在过去形成了大量立法资料,也形成了一些立法思想。例如,战国时期的政治家、法家代表人物商鞅在《商君书》中提出了他的立法理念:"圣人之为国也,观俗立法则治,察国事本则宜。不观时俗,不察国本,则其法立而民乱,事剧而功寡。"[①]该论述旨在强调立法要从实际出发。习近平在中共十八届四中全会第二次全体会议上的讲话中,专门引用此文来说明法治道路的选择、法治体系的建设必须立足中国实际。[②] 再如北宋著名思想家、改革家王安石提出"立善法于天

① 摘自战国时期商鞅的《商君书·算地第六》。

② 习近平.习近平谈治国理政:第二卷[M].北京:外文出版社.2017:117.

下,则天下治;立善法于一国,则一国治”[①]。这一论述和我们今天讲的良法善治如出一辙。类似的经典论述很多,但是,正如上文所提及的立法学产生的主客观条件,中国古代缺乏近现代意义上的民主法治实践,自然就难以产生现代意义上的立法学。近代以来,洋务派、资产阶级改良派等在实现自由、民主的探索中,针对立法问题提出了一些论述或者出版了相关著作,较有代表性的有洪仁玕的《资政新篇》、梁启超的《论立法权》、谢振民的《中华民国立法史》、杨幼炯的《现代立法问题》等。[②] 这些著述涉猎的范围更加广泛,也更为重视对一些实际问题的研究。

第二,新中国成立之后,立法学在曲折中发展,独立学科地位得以确立。新中国成立后实行的人民代表大会制度为我国的立法研究提供了制度方面的条件,但是好景不长,法制建设遇到了阻碍,学术研究基本停滞。我国在 20 世纪 50 年代中期到党的十一届三中全会前,立法学研究的成果极为有限。以 1978 年召开的十一届三中全会为起点,立法学的研究开始呈现出日渐活跃的状态。1982 年颁行的《中华人民共和国宪法》(以下简称《宪法》)奠定了符合我国国情的立法制度基础。除此之外,诸如《中华人民共和国全国人民代表大会组织法》等相关法律的颁布对我国的立法体制、立法程序、立法过程和立法技术等问题作了规定。2000 年 3 月,《中华人民共和国立法法》(以下简称《立法法》)的颁布使我国的立法学研究进入了一个全新的阶段。2015 年,对《立法法》进行了大幅度的修订,赋予了设区的市以立法权限,相关的研究更加广泛。2023 年,第十四届全国人民代表大会第一次会议通过了《全国人民代表大会关于修改〈中华人民共和国立法法〉的决定》。在此次修改前后,学界围绕诸多指导思想、合宪性审查、区域协同立法、设区的市立法权限等热点问题展开了富有成效的讨论,理论研究更好地回应了实际需求。据不完全统计,已有相当一部分高校为本科生、硕士生、博士生开设了“立法学”课程,中国法学会立法学研究会的人员规模庞大,活动开展成效显著。可以说,立法学独立的学科地位已经得以确立。相信随着我国全面依法治国的推进和中国特色社会主义法治体系的完善,立法学研究将会更加成熟。

二、立法学的体系构成

立法学的体系构成,旨在明确本门学科所涵盖的主要内容及其逻辑关联。对此问题,国内外学者的看法不尽相同。在我国,主要有“三要素说”和“四要素说”之分。“三要素说”的代表人物是周旺生老师,早在 1995 年的《立法学体系的构成》中,他就

---

① 摘自北宋王安石的《周公》。

② 周旺生.立法学(第二版)[M].北京:法律出版社,2009:15.

把原理、制度和技术确定为立法学体系的三要素,[1]而后在其著作《立法学》中分三编详细介绍了立法原理、立法制度、立法技术。此后出版的不少教材都是按照这个体例编写的。[2]“四要素说”的代表人物是朱力宇老师,在其主编的《立法学》中把立法学的学科体系分为四个部分,分别是立法理论、立法制度、立法过程和立法技术。[3]认可“四要素”体系划分的学者也有不少,如高轩在其《立法学简明教程》中也是按照这个体例编排的。[4]

由此可见,“四要素说”与“三要素说”的不同之处在于把立法制度和立法过程分立开来,立法制度重点研究立法活动中应当遵守的法定制度,而立法过程则着重研究立法制度的实际运行过程。似乎前者偏于关注“静态”层面的现行法律规范,重点介绍《宪法》《立法法》中的相关规定,如立法体制、立法主体、立法权限、立法程序等;后者则偏于从“动态”层面研究立法活动的具体运行过程,如立法预测、立法决策、立法规划、立法修正、立法监督等。照此分析,把立法制度和立法过程相区分有一定的道理。但是也存在一定的问题:一方面,“静态”与“动态”是相对而言的,相关内容很难截然分开,如立法决策和立法体制、立法权限与立法监督;另一方面,即便从相关内容是否在现行法律法规中有相关规定的角度来说,立法权限、立法程序等当然在《立法法》中有诸多规定,但是立法修正、立法监督等同样在《立法法》中有相应的规范,况且随着我国立法制度的逐步完善,《立法法》的内容也会发生变化,如有关“立法评估”的内容就是在2015年《立法法》修订时增加的。基于以上分析,本书倾向于“三要素说”,分三编来介绍立法的原理、制度与技术。

第一编是立法原理。立法原理是关于立法带有普遍性和基本规律性事物的理论表现,是立法学体系的重要组成部分。立法原理既是一定的立法实践的理论基础,又是立法实践的指南,好的立法制度离不开好的立法原理作指导。主要内容包括立法的产生和发展、立法和利益的关系、立法与国情的关系、立法的指导思想和原则、古今中外的立法思想等。

第二编是立法制度。立法制度是立法活动所须遵循的各种实体性准则的总称,是国家法制的重要组成部分。相比较而言,立法制度是人们所必须遵循的一种准则,而立法原理和立法技术却未必是人们所必须遵循的。换句话说,立法制度是实体性

---

① 周旺生.立法学体系的构成[J].法学研究,1995(02):3-10.

② 徐向华.立法学教程(第二版)[M].北京:北京大学出版社,2017.

③ 朱力宇,叶传星.立法学(第四版)[M].北京:北京大学出版社,2017.

④ 高轩.立法学简明教程[M].广州:暨南大学出版社,2020.

准则,立法原理是观念性准则,立法技术则部分属于实体性准则、部分属于观念性准则。

第三编是立法技术。所谓立法技术,就是制定和变动规范性法律文件活动中所遵循的方法和操作技巧的总称。立法技术有宏观、中观和微观的区分。宏观立法技术即立法的一般方法,包括从实际出发与加强理论指导相结合、原则性与灵活性相结合、稳定性与适时变动相结合等方法。中观立法技术如立法时机的选择、立法项目安排的轻重缓急、立法过程中的阻力排除等。微观立法技术即立法过程中具体的操作技巧和方法,主要包括法的构造技术和语言表达技术。

第三节　立法学的研究意义和学习方法

一、立法学的研究意义

学习和研究立法学,对于进一步健全社会主义民主和法治,全面推进依法治国,提高国家治理体系和治理能力的现代化水平具有重要意义。具体体现在以下几个方面:

第一,学习和研究立法学,有助于提高我国的立法质量。良法善治是我国社会主义法治建设追求的根本目标,如何才能制定出良好的法律呢?需要不断研究和学习立法原理,从本国实际出发,制定出符合本国现实需要的法律法规,也需要完善本国的立法制度,提高本国的立法技术。而这些都需要系统地掌握立法学知识。对于立法机关的工作人员来说尤为重要。我国当前比较缺乏高素质法治人才,其中就包括立法人才。各级人民代表大会和政府对立法人才的需求较大,而立法人才的培养离不开在高校的法学教育中开设这样的课程。

第二,学习和研究立法学,有助于增强法律实施的效果。通过学习和研究立法学,能够提高立法质量,而好的立法既能够保证执法和司法的效果,也能够为法律工作者提高法律服务水平创造条件,还有助于人们遵守法律。从根本上有助于实现“法治国家、法治政府、法治社会”三位一体建设,能够在完善中国特色社会主义法治体系中发挥重要作用。

第三,学习和研究立法学,有助于提升公众的参与能力。民主立法是我国立法工作的一项基本原则，要求广大公众要有参与立法活动的意愿和能力，立法工作是一项专业性较强的工作，仅有参与热情远远不够，还要有参与的能力，要熟悉立法活动的基本规律，要了解我国的立法制度，还要懂得一定的立法技术。只有具备上述素养，才能够提升参与的效果。因此，学习和研究立法学，有助于提高公众参与立法的能力。

第四，学习和研究立法学，有助于推进我国的法学研究进程。传统的法学研究不太重视立法学的研究，随着立法学独立学科地位的确立，立法学研究促进了法学的交叉与融合，既能从宏观层面探讨立法原理，也能结合各个部门法，展开微观层面的研究。例如，《民法典》与之前施行的其他九部法律有诸多不同之处，实际上相当一部分修改之处只是在个别语言表达上，如把“或”改成了“或者”、“但”改成了“但是”、“及”改成了“以及”，等等，这些不太影响立法原意，只是在语言表达方面更加规范化，而这正是立法技术需要研究的内容。因此，学习和研究立法学，有助于繁荣我国的法学研究。

二、立法学的学习方法

谈及学习方法，有两句话概括得非常经典，那就是“纸上得来终觉浅，绝知此事要躬行”。在此虽然强调了“躬行”的重要性，但是在每个人时间和精力都十分有限的情况下，不可能实现“事事躬行”，仍然需要“纸上得来”。也就是我们常说的理论和实践的有机结合。习近平针对我国人才培养方式存在的突出问题有过诸多指示，特别是针对法学教育的论述更是非常有针对性。习近平在中国政法大学考察时指出：“法学学科是实践性很强的学科，法学教育要处理好知识教学和实践教学的关系。要打破高校和社会之间的体制壁垒，将实际工作部门的优质实践教学资源引进高校，加强法学教育、法学研究工作者和法治实际工作者之间的交流。法学教师在做好理论研究和教学工作的同时，要多了解实际情况，促进理论与实践的结合。”[①]基于此，我们也可以把学习立法学的方法总结为以下两个方面：

第一，学理论和勤实践相结合的方法。“学理论”主要是指对立法学这门学科的基本内容要有一个较为全面的了解和把握。要做到这一点，不能仅仅停留在某一本教材的学习上，而要广泛涉猎一些政治学、经济学等相关学科的知识，更要下功夫学好法理学、宪法学等先修课程，否则就很难学好立法学，这从立法学的学科发展历史中能够得以印证，立法学历来和上述几个学科有很深的渊源关系，自然要尽可能多地予以关注。“勤实践”是基于法学本身实践性较强的特点来说的。我们要领会立法原

① 参见习近平于 2022 年 10 月 20 日在中国政法大学考察时的讲话。

理、熟悉立法制度，掌握立法技术，必须了解立法活动的实际情况，尽可能多地参与一些立法实践。需要说明的是，这里的立法实践不是说我们要参与到具体的立法程序中，如法案的提出、法案的审议，只有法定的主体才有权限去从事这些活动。作为一般的学习者，参与的是广泛意义上的立法实践，哪怕是旁听一次人大常委会的法案审议，或者是给相关立法草案(征求意见稿)提出修改建议，或者针对经济社会发展中的某些问题开展一些实地调研，在此基础上，给相关部门提出相关立法建议，诸如此类的活动都可以算作参与立法的实践活动。

第二，走出去和请进来相结合的方法。要想真实地了解立法工作的实际情况，有必要采取“走出去和请进来相结合”的方法，所谓“走出去”，就是根据情况，带领部分同学到地方人大常委会观摩立法活动，了解特定法案的审议与表决情况，也可以参加人大常委会的立法座谈会、论证会。还可以针对特定领域的问题，带领学生去开展调研，譬如实地调研有关垃圾分类的真实情况后，就可能针对有关“垃圾分类”的法规规章提出一些真知灼见。所谓“请进来”就是邀请一些立法专家和立法工作人员来课堂上讲授一些立法学知识，主要谈一些从事立法实务工作的体会，让大家知晓立法工作在国家治理体系中的重要地位，以及立法者应该具备的知识素养和实践能力，既能激发学生的学习积极性，也能提高大家的实践能力。

拓展阅读

[1]周旺生.立法学体系的构成[J].法学研究，1995(02).

[2]封丽霞.面向实践的中国立法学——改革开放四十年与中国立法学的成长[J].地方立法研究，2018(06).

[3]叶会成.立法法理学的类型与意义——立法学学科性质的反省[J].法制与社会发展，2021(06).

第一编

立法原理

第一章　立法概述

知识脉络图

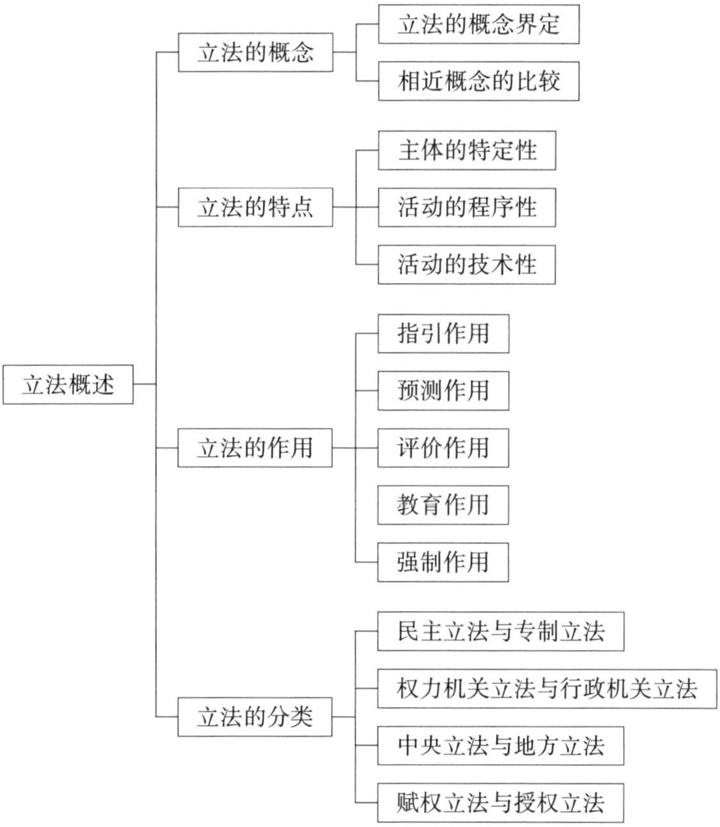

第一节 立法的概念与特点

一、立法的概念界定

常言道，没有清晰的概念界定，我们便很难讨论问题。概念界定旨在揭示事物的本质属性，只有准确界定立法的概念，全面把握其内涵和外延，才能揭示古今中外所有立法现象的本质。立法作为国家的一项重要政治活动和法律实践，对其概念的界定和表述不尽一致，但在如下几个方面还是能达成共识的。

首先，立法是历史的产物。不同历史阶段的立法有很大的区别，如奴隶制、封建制时期的立法同资本主义、社会主义时期的立法在立法主体、立法制度方面存在较大差异。从立法主体的角度来看，奴隶制、封建制时期的立法一般是皇帝或者君主个人立法，“皇帝处于至尊地位，总揽包括立法权在内的一切国家大权，一切法的制定、修改或废除都由皇帝命令或允许，由皇帝钦定，以皇帝名义公布”①。但是到了近代资本主义时期和社会主义时期，立法成为特定国家机关的专门性活动，立法权成为一项专属于国会、立法院或者人民代表大会等立法机关的专门性权力。从立法制度来看，奴隶制、封建制时期的立法制度较为粗疏，到了资本主义之后，立法制度逐渐完善、系统性更强，尤其在立法权限分配、立法程序等方面有了较为详尽的规范。

正因为立法是历史的产物，我们在界定立法这一概念的时候，需要区分“立法主体”与“立法机关”，前者所涵盖的范围大于后者。进一步讲，古代立法没有专门的立法机关，皇帝或国王个人属于立法主体，但不是立法机关，立法机关是代议制民主制度发展的产物。基于此，如果把立法作为一种行为或者活动，对其主体的表述应该是“立法主体”。

其次，立法也是国情的产物。每个国家的立法体制、立法程序都有一定的区别，如中国的人民代表大会立法和美国的议会立法就有本质差异。造成差别的原因是多方面的，既有历史传统的影响，也和各国国情密切相关。中国作为“单一制国家”，自古就有“统一”的传统，同时地域广阔、地理条件差异较大，加之人口众多，所以中国施行的是“统一多层次”的立法体制，除了全国人民代表大会及其常务委员会享有立法

---

① 周旺生.立法学(第二版)[M].北京:法律出版社,2009:135.

权之外，国务院、省级人民政府、设区的市人民政府也可以制定行政法规和政府规章。美国作为一个移民国家，受殖民统治的各个州原本就相对独立，同时受“权力分立”思想的影响，形成了“联邦制”国家。相应地，立法权也比较分立，即有联邦立法和州立法的区分，行使联邦立法权的国会也分别由众议院和参议院管理。与此同时，总统也有否决国会通过的法案的权力，除非两院中各有三分之二多数票推翻他的否决，否则该法案就不能成为法律。此外，作为英美法系的代表性国家，判例法在美国法律体系中占据重要地位，素有“法官造法”的传统，司法机关在一定程度上也享有立法权。对于中美这样的大国来说，立法权的行使不局限于立法机关，但是在一些中小国家，立法权专属于立法机关所有，和行政权、司法权有比较严格的界分。

基于国情对立法的影响，各国的国家机构间的权力范围还在不断调整，尤其是在社会事务日趋复杂的背景下，立法机关难以承受繁多的立法任务，原本专属于立法机关的立法权也在“授权”的名义下移转给行政机关，甚至转给司法机关。如此一来，我们在给立法下定义时，用“立法主体”比“立法机关”更为妥当。立法主体主要是指立法机关，也可以涵盖行政机关、司法机关等主体。

最后，立法是一种较为复杂的活动，或者说，从历史发展的视角来看，立法越来越复杂。从立法效力看，有各种不同效力层次的立法。例如，在中国，有法律、行政法规、部门规章、地方性法规、地方政府规章等多个层次，每个层次的立法在立法权限、立法程序等方面均有所差异。从立法内容来看，既有实体法，也有程序法，还有冲突法等特殊法律规范，不同类型的法律规范，其内在结构也不尽相同。从立法的形式来看，既有法的制定，也有法的认可、法的修改、法的废止等。此外，时代在发展，立法技术也在逐渐提高，不论是法的构造，还是语言表达，都有了更高的要求，特别是在法典化趋势下，立法的复杂性体现得更为明显。

越是复杂的活动，就越需要自觉不自觉地遵从一定的程序，这是人类一切活动都遵从的法则，立法也不例外。且不说近现代的立法活动，有法案提出、审议、表决、公布等必经环节，即便在古代，也总得按照一定的步骤来完成立法活动。基于立法活动越来越复杂的实际情况，我们在界定立法这一概念的时候，就要把各种形式的立法全部纳入进来，不能狭隘地理解为“制定”，“认可”“修改”“废止”也都是立法的表现形式，也不能仅仅认为在法规名称中有“法”或者“条例”字样的才是立法，法的名称有多种样式，如在我国，就有“法”“条例”“细则”“决议”“决定”等多种称谓。总而言之，只要是特定主体制定的由国家强制力保证实施的社会规范性的活动，都可以视为立法。

综上所述,要想给立法下一个较为准确的定义,需要观照古今中外不同时期、不同国家的立法现象,既不能随意截取某个历史时期的立法实践,也不能只考虑特定国家的立法状况,更不能局限于某些立法活动或者立法活动的某些方面。总而言之,需要从较为宏观的视角,在全面观察古今中外立法现象的基础上来界定立法的概念。基于此,大部分学者认为,立法是由特定主体进行的一种专门性活动,这些主体开展立法活动有确定的权限依据,也遵循着一定的程序,运用了一定的技术,直接目的是形成或变动法这种特定的社会规范。将上述要素组合起来,立法这一概念的完整表达可以精练地概括为"立法是由特定主体,依据一定职权和程序,运用一定技术,制定、认可、修改、解释和废止法这种特定的社会规范的活动"①。

当然,现代意义上的立法也有广义和狭义两种理解,广义上的立法,泛指所有有权制定法律法规的立法机关制定、修改、补充和废止法这种社会规范的活动。如我国的全国人大及其常务委员会、国务院、国务院各部委、省级人大、省级人民政府、设区的市人大及政府,分别有权制定法律、行政法规、部门规章、地方性法规、地方政府规章等。狭义上的立法,专指国家最高权力机关制定法律这种高效力级别法律规范的活动,在我国就是指全国人大及其常委会制定法律的活动。

二、相近概念的比较

无论是日常的口头表达,还是著述的理论研究,都容易把立法和几个相近的概念混用,仔细考究,还是有一些差异,有必要进行比较和澄清,一是立法与"法的创制"的区别,二是立法与"法的制定"的区别。

(一)立法与"法的创制"

"法的创制"是中国法学著述经常用来指代"立法"的一个名词,它源于苏联的法学著述。但苏联学者所说的"法的创制",与我们所说的"立法",既有相同之处,又有主要区别。相同之处表现在:两者都指国家旨在创立和变更法的活动。区别在于:其一,"法的创制"的含义更广,不仅像立法一样包含创立和变更法的整个过程,也包含与这一过程相关联的各种事物或现象;其二,"法的创制"比立法更多地强调理论的、深层次的东西,如强调制定法律的必要性、强调旨在实现社会发展的目的等,立法则侧重立法主体的立法活动本身。

(二)立法与"法的制定"

"法的制定"在中国法学著述和立法实践中的含义和用法主要有两种:一是与立法的含义和用法相同,法的制定就是立法的另一种表现形式。例如,宪法关于国务院

---

① 周旺生.立法学(第二版)[M].北京:法律出版社,2009:55.

有权“制定行政法规”的规定,就是指国务院有权进行制定、修改、补充和废止行政法规的整个立法活动,而不仅指有权制定新的行政法规。二是指特定主体制定新法的活动,与认可、修改、补充和废止相对应,是多种类别或形式的立法活动中的一种。在制定、认可、修改、补充和废止等各种立法活动中,制定是最主要的一种。同法的认可相比,它是直接产生新法的活动;同法的修改、补充和废止相比,它是一种更基本的、更带全局性的和更为经常的立法活动。例如,我国宪法中关于“全国人大有权制定和修改刑事、民事、国家机构的和其他的基本法律”的规定,关于“全国人大常委会有权在全国人大闭会期间对全国人大制定的法律进行部分补充和修改的规定”,即属此类情形。

三、立法的特点

从以上界定及其与相近概念的比较来看,立法具有以下几个特点:

第一,立法是立法主体进行的活动,无论是古代君王的立法,还是现代国家机关的立法,都是少部分人进行的活动,不是普通民众和社会组织可以随意开展的活动。到了近代社会,有了专门的立法机关,立法成了一项国家专门机关的职能活动,和执法、司法等相并列,其主要目的是实现对国家和社会生活进行有效调控。一般来说,立法主体的数量和层级与该国的地域范围、人口多寡等密切相关。不同主体的权限范围不同,通常有较为明确的界分。

第二,立法是程序性较强的专门活动,其程序性主要体现在一般国家都会制定法律来规范立法活动,即所谓制定法律的法律,如我国于2000年通过了《立法法》,2001年通过了《行政法规制定程序条例》和《规章制定程序条例》。此后,各地纷纷制定了各自的地方立法条例。这些法律法规对各类立法主体的立法活动进行了较为细致的程序性规定,从法案的提出到法案的审议,再到法案的表决与公布,都有严格的程序遵循。此外,从立法与其他社会规范的形成过程来看,立法的程序性较强,而道德、宗教、风俗习惯等都是在人们的生产生活中潜移默化形成的,不需要经过特定的程序。

第三,立法是一种技术性较强的活动。一方面,立法需要对有限的社会资源进行制度性分配,可以说是对利益的初次分配,反映的是特定国家在特定历史时期的利益格局。利益分配本身是难度很大的事情,通过立法来分配利益,是在关键的利益点上砍一刀,要做到科学合理,需要一定的技术。另一方面,立法需要语言来表达,语言表达也是需要技术的。例如,2020年全国人民代表大会通过的《民法典》,普遍认为立法技术比较高,不仅在内容上实现了对人一生各种民事行为的规范,更是在谋篇布局、语言表达上下足了功夫,比较通俗易懂,很接地气,反映了较高的立法技术水平。

另外,在立法过程中,立法人员的数量组成、审议制度、投票表决制度的设置,甚至法案的公布与实施,也都需要一定的技术。

第二节 立法的作用与分类

一、立法的作用

众所周知,法的作用主要有指引、预测、评价、强制和教育等若干方面。立法作为一种专门性活动,最终的结果就是产生法律规范。因此,立法的作用和法的作用本质上是一致的,结合我国近年来的立法状况,总结立法的作用具体如下:

(一)指引作用

立法的指引作用,是指立法主体制定的法律法规,最直接的作用是给人们提供一种既定的行为规则,从而引导人们在法律范围内活动。例如,近些年以来,我国加强了野生动物保护方面的立法,就能够指引人们保护野生动物,不滥捕滥杀,以促进人与动物的和谐相处。再如《中华人民共和国刑法修正案(八)》把醉酒驾驶作为危险驾驶罪从而追究驾驶人的刑事责任,即所谓的“酒驾入刑”,这也给人们的饮酒及驾驶行为提供了明确的指引。

(二)预测作用

立法的预测作用是指立法主体所制定的法律,能够预先告知人们实施某种行为将要面临的后果,人们不仅可以预先估计自己的行为后果,也能判定他人的行为后果。例如,2020 年全国人大常委会通过了《中华人民共和国香港特别行政区维护国家安全法》,普遍认为该法将为香港构建起更加安定有序的投资、营商和社会环境,有利于稳定香港的局势。当然,此法也对一些不法分子形成震慑作用,如部分港独人物开始“变脸”,与港独撇清关系,实际上是他们预测到了自己行为的不利后果。

(三)评价作用

立法的评价作用是指法律所具有的、能够评价人们行为法律意义的作用。法律评价的标准主要是合法与不合法。合法的行为将会得到法律的保护,不合法的行为则可能会受到法律的惩处。最典型的就是对犯罪行为的刑法评价。我国刑法中有四百余个罪名,对于不同类型的犯罪有不同的评价,对同一种犯罪,因其主观意愿和客观表现不同,也有不同的评价。随着经济社会的不断发展,一些新型犯罪被纳入到刑法中来,尤其是在互联网环境下,新型网络犯罪日渐增多,可以通过修改、补充刑法的方式对新型犯罪行为进行否定性评价。

(四)教育作用

立法的教育作用主要是指立法过程中,立法机关会按照民主立法的原则要求,向社会公开征集意见和建议,人们可以充分表达自己的利益诉求,在这个过程中能够培育和增强人们的法治意识。例如,在《民法典》编纂过程中,先后十次通过中国人大网公开征求意见,累计收到四十余万人提出的一百多万条意见和建议,这部《民法典》被誉为“社会生活的百科全书,人民权利的法律宝典”,对每个公民、每个企业都有教育意义。当然,立法过程结束后,所制定出来的法律在实施过程中,通过法制宣传和法律适用的方式,会更加生动地发挥其教育作用。

(五)强制作用

立法的强制作用是指所制定的法律能运用国家强制力来保证实施,这是立法不同于其他制定社会规范最本质的一点。我国目前要健全“自治、法治、德治”相结合的社会治理体系,在基层的乡村和社区可以制定一些村规民约,但是这些规则没有强制作用,靠的是人们的自觉遵守。立法的强制作用是其他作用的保障。没有强制作用,其指引作用就会降低,预测作用就会被怀疑,评价作用就会在很大程度上失去意义,教育作用的效果也会受到严重影响。

二、立法的分类

通常把立法视为一种“活动”或者“过程”,古今中外的立法活动形式多样,活动的主体逐渐由特定的个体或者少数人组成的团体转变为专门的国家机关,活动的方式日益复杂且程序性和技术性逐渐增强。此外,立法在国家治理中的基础性地位越来越重要,其主体范围的扩展、权限行使的配置等也在持续变革。为了更好地认识立法的全貌,我们可以依据不同的标准对它进行分类,通过比较来进一步全面把握其本质属性。

(一)民主立法与专制立法

根据立法本身的性质,可以分为民主立法和专制立法。前者通常有规范的立法程序,会重视民众的意见,如近代的资产阶级立法、我国的人大立法都属于民主立法;后者通常是由君主一人或少数人独揽专权所进行的立法,如奴隶制、封建制国家的立法都属于专制立法。我国近代著名的政治家、思想家梁启超曾经说过:“立法权如果操于一人,必立有利于一人的专制之法;立法权如果操于众人,则所立之法必然是有利于众人的民主之律……法者，天下之公器也。”[①]从历史发展的视角来看，立法总体上是逐步从专制走向民主的，任何一个国家，要想建成法治国家，实现良法善治，必须把民主立法作为一项重要的原则确立下来，并切实加以贯彻落实。

（二）权力机关立法与行政机关立法

根据立法机关的性质不同，可以把立法分为权力机关立法与行政机关立法。在国外，权力机关一般是指议会或者国会，行政机关一般是指政府机关。例如，美国的参议院和众议院是权力机关，总统行使的是行政职权。英国的上议院和下议院是权力机关，首相行使行政权力。在我国，就是人大立法和政府立法，人大立法就是全国人民代表大会及其常务委员会、省级和设区的市的人大及其常务委员会的立法，行政立法是指国务院及其下属部委、省级和设区的市人民政府的立法。在英美法系国家，法院可以确定一些司法判例，通过立法机关制定的法律具有同样的法律约束力，所以，还有司法机关的立法。原本专属于权力机关的立法权，在社会治理日趋复杂的情况下，不得不通过“授权”等方式赋予行政机关以一定的立法权限。权力机关的立法和行政机关的立法如何合理地分配其权限是现代各国立法发展的一个重大问题，关乎一国法治建设的成效和法治文明程度。

（三）中央立法与地方立法

根据立法机关的地位不同，可以分为中央立法与地方立法。中央立法和地方立法的区分一般与国家疆域的大小和人口的多少有关。例如在美国，就有联邦立法和州立法的区分，除了外交、国防等领域外，各州的立法权限范围较大，几乎涉及经济社会生活的诸多方面。在我国，中央立法就是全国人大及其常委会和国务院及所属部委的立法，而地方立法就是省级、设区的市人民代表大会常务委员会和人民政府的立法。对于任何一个大国而言，中央与地方关系的处理是一个颇为重要的问题，自然地，中央立法和地方立法的权限划分也是至关重要的。我国自新中国成立以来，地方立法权限几经变化，在不断试错中寻找二者的“黄金分割点”。详细情况在后续予以介绍。

（四）赋权立法与授权立法

根据立法权限的依据不同，可以分为赋权立法与授权立法。赋权立法又称“法定立法”，即立法机关拥有法定的权限，主要是根据宪法和法律确定其立法权限。例如，我国《立法法》第十一条规定了只能制定法律的事项，这些事项只能由全国人民代表大会及其常务委员会来行使。但是此法在第十二条中又规定：“本法第十一条规定的

① 参见梁启超《饮冰室合集》。

事项尚未制定法律的，全国人民代表大会及其常务委员会有权作出决定，授权国务院可以根据实际需要，对其中的部分事项先制定行政法规，但是有关犯罪和刑罚、对公民政治权利的剥夺和限制人身自由的强制措施和处罚、司法制度等事项除外。”也就是说，对于本该制定法律的事项，原本应该由人大及其常委会来制定法律，但是由于各种原因暂时没有制定法律或者制定法律的时机还不成熟，那么，全国人民代表大会及其常务委员会可以授权国务院先行制定行政法规，当然，授权的范围是有限的，也是有期限的。

再比如，建立健全香港特别行政区维护国家安全的法律制度应该属于国家的基本法律，依法应该由全国人民代表大会来行使这一权力，全国人民代表大会常务委员会都无权制定。中央和国家有关部门在对各种因素进行综合分析、评估和研判的基础上，经认真研究并与有关方面沟通后提出了采取“决定+立法”的方式，即全国人民代表大会根据宪法和香港基本法的有关规定，作出关于建立健全香港特别行政区维护国家安全的法律制度和执行机制的决定，就相关问题作出若干基本规定，同时授权全国人大常委会就建立健全香港特别行政区维护国家安全的法律制度和执行机制制定相关法律。全国人大常委会根据宪法、香港基本法和全国人大有关决定的授权，结合香港特别行政区具体情况，制定了《中华人民共和国香港特别行政区维护国家安全法》，并决定将该法律列入香港基本法附件三，由香港特别行政区在当地公布实施。

拓展阅读

[1]葛先园.主体间型立法的概念及其意义[J].法律科学，2011(04).

[2]门中敬.“立法”和“行政”概念的宪法解释[J].政法论坛，2019(05).

[3]卢群星.隐性立法者：中国立法工作者的作用及其正当性难题[J].浙江大学学报(人文社会科学版)，2013(02).

第二章 立法的历史发展

知识脉络图

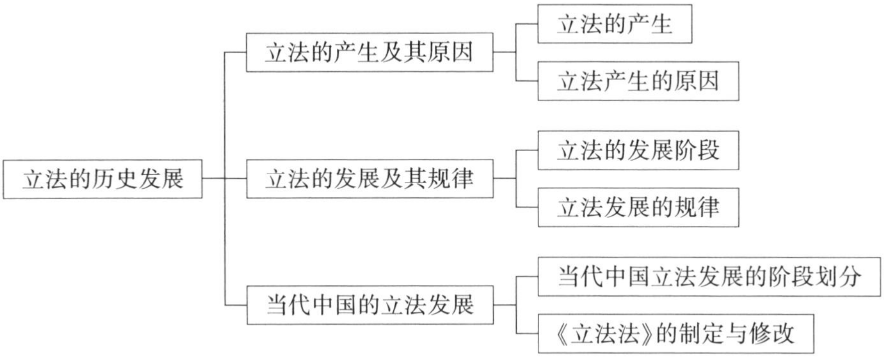

第一节 立法的产生与发展

一、立法的产生及其原因

(一)立法的产生

在我国,学界对立法的产生主要有两种不同的观点。第一种观点认为,自从有了法就有立法,立法的产生就是指法的产生,即法的起源,其中既包括人类社会最初认可习惯法的活动,也包括后来制定成文法的活动。第二种观点认为,立法产生于制定成文法,对此又有两种不同的认识:一是认为立法始于古代成文法的产生,具体说就是从立法者自觉地将最初的习惯法以文字的形式记载下来的时候;二是认为立法产生于近代,即始于资产阶级代议制机构的建立。得到大多数人认可的是立法产生于成文法的制定,据现有资料考证立法在四千多年前就开始了。较为典型的如公元前24世纪西亚的《萨麦法典》、公元前22世纪乌尔第三王朝的《乌尔纳姆法典》、公元前20世纪亚述王朝的《亚述法典》、公元前18世纪巴比伦王朝的《汉谟拉比法典》等①。在中国,自夏朝起就有了立法,主要是一些刑罚规范。秦汉以后一直到明清,历代封建王朝都制定了体系庞大的成文法典,典型的如战国时期李悝编纂的《法经》、唐朝永徽年间的《唐律》、清朝末年的《大清律例》等。

(二)立法产生的原因

立法同法的产生一样,也不是生来就有的,是人类社会发展到一定阶段的产物,产生的原因可以概括为以下几个方面:

首先是经济原因。立法归根到底取决于生产力发展的水平,当生产力发展到一定阶段后,就会出现私有制。私有制的出现意味着人们在生产、生活中就会进行各种交易,交易需要遵循一定的交易规则,人们把重复进行的生产、分配、交换行为用一个共同规则确立下来,就成为最初的立法活动。

其次是政治原因。伴随着生产力的发展和私有制的出现,人类社会出现了不平等现象,一部分人不再从事生产性活动,转而成为了统治者,专门负责维持社会秩序,另一部分人则专门从事生产活动,且劳动所得难以自主支配,于是就出现了阶级的对立,阶级内部和不同阶级之间在生产生活中就会爆发各种社会矛盾。解决这些矛盾需要一个权威的机关来进行协调和维护,也就需要制定一些社会规则。这些规则最初表现为对人们行为习惯的认可,后来就开始有意识地制定一些社会规范,并由国家强制力保证实施,立法便产生了。

最后是文化原因,主要表现为文字的出现,没有文字,就难以制定成文的法律。从各国的发展历程来看,立法普遍经历了从习惯法到成文法的变化,最早的成文法大都是对习惯和判例的记载和改编。此外,从文化创造和传承的角度来看,立法的产生离不开一些思想家、政治家的贡献,正是他们对立法理论和立法技术的不断探索,以及致力于制定“定纷止争”的行为规则,才会出现专门的立法活动。例如,中国古代先秦时期诸子百家中主张“依法治国”的法家,提出了一整套推行法治的理论和方法,不仅为建立中央集权国家提供了理论依据,也为制定成文法奠定了技术基础。再如西方古罗马时期的法学家,进行了大量著书立说的活动,才形成了《国法大全》等影响深远的成文立法。

---

① 周旺生.立法学(第二版)[M].北京:法律出版社,2009:127.

二、立法的发展及其规律

(一)立法的发展阶段

从历史时期划分的角度来说,在原始社会末期或者说奴隶社会初期,出现了立法。此后经历了奴隶制时期的立法、封建制时期的立法、资本主义时期的立法和社会主义时期的立法。每个历史时期的立法在指导思想、立法制度和立法技术方面都有自己的特点,大体总结如下:

(1)奴隶制时期的立法。奴隶制时期的立法在指导思想上,都以维护君主专制权力为依归,无论是我国夏、商、周时期关于君主是“受命于天”“代天行罚”的思想,还是西方罗马奴隶制时期的立法理论,目的都是维护奴隶主阶级的利益。立法权通常集中于君主一人,立法并没有遵循严格的程序,而按照君主的意志行事,君主的命令就是法。当然在古希腊的雅典、罗马共和国等个别时期,也出现了民众大会参与立法等较为民主的成分。有的奴隶制国家的立法技术取得了较高的水平,如古巴比伦国家制定的《汉谟拉比法典》、罗马奴隶制时期的《国法大全》等,在文本的结构安排和语言表达方面都体现出了较高的立法技术水平。

(2)封建制时期的立法。封建制时期的立法和奴隶制时期的立法在本质上有相同之处,都属于剥削阶级类型的立法。中国是进入封建社会最早的国家之一,战国初期,魏相李悝主持制定的《法经》是中国历史上第一部较为系统的封建制法典。之后历代都有统一的法典,其中唐律以其体系严谨、内容详备、风格成熟等特点成为中国封建立法的典范,不仅影响了唐代以后各朝的法律,而且为当时邻近中国的日本、朝鲜、越南等国所效仿,形成了独具特色的中华法系。与以中国封建制法为代表的东方法相比,西方封建制法也有自己的发展历史。封建制时期的欧洲,呈现出地方习惯法、罗马法、教会法以及国王的敕令等多法并存的状态。这一时期的立法在立法制度和立法技术方面有了较大的进步。

(3)资本主义时期的立法。资本主义时期的立法旨在维护资产阶级的统治和利益,这一阶段的立法和之前的奴隶制、封建制时期的立法有很大不同。例如,确立了“私有财产神圣不可侵犯”“契约自由”“人权保护”等理念。这一阶段的立法制度基本上摒弃了君主独掌立法权的情况,开始出现了专门的立法机关,也有了较为固定、严格的立法程序,且民主化程度有了质的飞跃。在立法技术方面,也注重运用系统化、条理化的方法来构造法,注意结构的严谨、用语的得当,尤其是《法国民法典》《德国民法典》等法典的制定,在立法技术上对后世影响巨大。

(4)社会主义时期的立法。社会主义时期的立法,坚持以人民为中心,旨在从根本上真正实现主权在民的目标。这一时期的立法具有人民性、科学性等特点，且有较为严格的程序。在立法技术和风格方面，偏向大陆法系，大多是制定成文法典，注重形成一套完整的法律体系。例如，我国已经形成了一个立足国情和实际、适应改革开放和社会主义现代化建设需要、集中体现党和人民意志的中国特色社会主义法律体系，该体系以宪法为统帅，以宪法相关法、民法、商法等多个法律部门的法律为主干，由法律、行政法规、地方性法规与自治条例、单行条例等多个层次的法律规范构成。当然，随着经济社会的不断发展，该法律体系依然需要不断健全和完善。

（二）立法发展的规律

从整个立法发展的历史来看，大体上呈现出以下几个规律：即从专制立法逐步走向民主立法；越来越注重立法程序制度的完善；从诸法合体逐步演化到以部门法为单元的法律体系；法的构造和语言表达等立法技术逐步成熟。这些规律可以简单地概括为民主化、程序化、体系化和技术化，这“四化”代表的是一个总体发展趋势，个别国家在个别历史时期有所反复或者倒退也是正常的，不影响立法的总体发展趋势。

1.民主化

立法的民主化是立法历史发展的一个重要规律，无论从全世界范围来看，还是从特定国家的发展历史来看，都遵循了这个规律。一般来说，衡量立法的民主化程度主要是两个指标：一是立法主体的组成，立法主体可以进一步细分为立法权力主体和立法参与主体。古代奴隶制、封建制时期的立法主体主要是皇帝或者国王个人，当然他们在颁行法律时也会征求大臣们的意见，但是普通的民众难以参与到立法过程中来。到了近代资本主义社会和社会主义社会，立法主体一般都经过民众的选举，组成专门的立法机构，即代议制民主。立法机关在立法过程中，也会征求公众的意见，公众可以通过多种方式提出立法建议和意见，即参与式民主。越来越多的国家把代议制民主和参与式民主有机结合起来，且把民主立法作为一项立法原则确立下来。二是立法过程的设置，立法过程的细化程度也是立法民主的重要体现。古代的立法往往较为随意，有“言出法随”的现象，而近现代的立法则有较为严格的程序，从法案提出到法案审议、法案表决，以及立法后的评估和进一步修改，都会注重公众意见的征集与吸收，之所以设置如此多的环节，一个核心目标在于增强立法的民主性。此外，法案表决中的少数服从多数规则本身就是立法民主性的集中体现。

2.程序化

立法的程序化与民主化密不可分，程序化主要是立法越来越注重遵循法定的程序，集中体现为立法的环节总体上呈现逐渐增多的趋势，每个环节的操作流程和方式也日趋规范。古代的立法基本上没有严格的程序遵循,到了近现代,立法程序至少包含提出、审议、表决、公布等环节。针对每一环节又有一些特定的要求,如在审议环节,在我国,一般要经过三次审议;在美国,可能需要经过参议院和众议院分别审议;在英国,则需要在上议院和下议院分别审议。此外,在审议过程中,针对不同性质的法案,表决规则也有所差异,有的是过半数通过,有的是需要超过三分之二才能通过。表决的方式也是不同的,有的是填写选票,有的是使用表决器。仔细考究,不同的表决规则与表决方式往往会影响表决的结果。所有这些都是立法程序化的体现。

3.体系化

立法的体系化重点从“结果”的角度来说明立法发展的规律,或者说是着重从“名词”意义上来对古代的立法和近现代的立法来进行比较。古代的立法往往不作细致的区分。例如,在谈及中国古代的立法时,常用“民刑不分”“诸法合体”等来概括立法。不像现代国家的立法,依据调整对象和调整方法的不同,把法律划分为多个部门,进而形成一个有机联系的整体,我们称之为法律体系。例如,我国已经形成了有中国特色的社会主义法律体系,涵盖宪法、民商法、经济法、行政法、国际法、诉讼法、军事法等多个法律门类。每一个大的门类又涵盖多个领域,如民商法领域的民法典、著作权法、专利法、公司法、票据法等多个部门法。民法典则汇集了原来的物权法、侵权责任法、婚姻法、继承法、合同法等九部法律。所有这些都形成了逻辑严密的体系。法治国家建设的主要抓手是形成法治体系,法治体系首当其冲的就是形成完备的法律规范体系,法律规范体系最为核心的就是法律体系。在国外,以法国、德国为代表的大陆法系国家素有制定法的传统,也十分注重立法的体系化,形成了诸多影响很大的立法成果,如《法国民法典》《德国民法典》等;美国、英国等英美法系国家虽然是判例法国家,但是也注重立法的体系化工作,既包括对相关判例的整理,也包括对制定法的汇编,如美国的每届国会通过的新法均会在此届国会卸任之年汇编入美国成文法律大全,继而进入《美国法典》这一官方出版物。

4.技术化

立法的技术化重点是指立法的结构安排和语言表述越来越合理、规范,它与立法的体系化密切相关,是立法活动日趋复杂的产物。尽管古代时期的有些立法在谋篇布局和语言表达方面有了较高的技术,如罗马奴隶制时期的《国法大全》、中国唐朝的《永徽律》等。但总体而言,近现代的立法技术要远高于古代的立法。主要原因是,古代立法调整的社会关系比较单纯,相应地,立法的内容和形式均比较简易,形成的部门法也比较少,自然不需要过多地考虑立法的体系化问题。古代立法的语言表述也不太规范、精当，立法权掌握在少数人手中，对于表述不详的部分可以较为任性地加以解释，似乎不需要过分追求语言表述的精准与妥当。反观现代立法，各国都比较重视法律规范的构造技术和语言表达技术，合理的规范构造能够保证法律规范的统一和协调，准确的语言表述能够明晰法律规范的内涵，有助于法律的实施。例如，在我国，全国人大及其常委会、法工委及部分地方人大的相关部门专门发布了立法技术规范来指引立法活动，这有助于提高立法技术水平。

第二节　当代中国的立法发展

习近平在中共中央政治局第三十九次集体学习时指出："经过几代学者的接续努力，中华文明探源工程等重大工程的研究成果，证实了我国百万年的人类史、一万年的文化史、五千多年的文明史。"在如此长久且未曾中断的文明演进过程中，立法的发展历史也同样历久弥新。据古籍考证，早在四千多年前就有"夏有乱政，而作禹刑"和"夏刑三千条"的记载，西周时期的穆王曾令吕侯制作刑书，史称《吕刑》，说明我国很早就开始制定成文法。此后几千年，中国的历朝历代都有自己的立法，形成了独具一格的中华法系，特别是唐朝永徽年间制定的《唐律》影响广泛，代表了封建制时期较高的立法水平。近代以来，中国在内忧外患的时代背景下，立法活动也一直在进行，从清末修律到民国立法，再到中国共产党在陕甘宁边区的立法，在学习比较中积累了丰富的理论知识资源，在立法实践中汲取了宝贵的经验教训。关于古代立法，在此不做过多介绍，重点对当代中国的立法发展历史作以梳理①，所介绍的内容集中在立法发展的阶段划分以及《立法法》的制定与修改情况。

一、当代中国立法发展的阶段划分

关于特定事物历史发展阶段的划分，人们通常难以取得共识，结合当代中国的立法实践，可以把当代中国的立法发展划分为三个阶段：

（一）破旧立新，前进道路曲折（1949—1978）

这一时期又可分为两个阶段，其中，1949 年至 1956 年是"破旧立新"的时期，立法处于由新民主主义向社会主义初级阶段过渡的状态。1949 年 2 月，中共中央发布

---

① 对于"当代"的年代范围有不同的理解，本书特指新中国成立以来。

了《关于废除国民党六法全书与确立解放区的司法原则的指示》,废除了一切压迫人民的法律、法令,而后被《中国人民政治协商会议共同纲领》(以下简称《共同纲领》)所确认。《共同纲领》作为新中国成立初期的施政纲领,在1954年《中华人民共和国宪法》颁布以前,实际上起了临时宪法的作用。这一阶段的立法有两大盛举:一是新中国成立以后,中央和地方立法均呈现较快发展的局面。据统计,从1950年到1953年,中央年均立法109件。部分地方立法远超中央立法,浙江从1950年到1953年,年均制定暂行法令条例和单行法规163件;上海从1950年到1954年,年均制定暂行法令159件①,制定了《中华人民共和国土地改革法》《中华人民共和国惩治反革命条例》《中华人民共和国婚姻法》《中华人民共和国工会法》《中华人民共和国惩治贪污条例》等多部法律。二是1954年隆重召开了第一届全国人大一次会议,制定和颁布了中国历史上第一部宪法——《中华人民共和国宪法》,还通过了《中华人民共和国全国人民代表大会组织法》《中华人民共和国国务院组织法》《中华人民共和国法院组织法》《中华人民共和国人民检察院组织法》《中华人民共和国地方各级人民代表大会和地方各级人民委员会组织法》等宪法性法律。

自1957年到1978年,这一阶段的立法事业遭受了重大挫折,走过了一段十分曲折的道路。从1957年开始,由于错判了当时社会的主要矛盾,指导方针出现严重偏差,"左"的经济、政治政策大力推行,法治受到严重破坏。这一阶段中央和地方的立法活动由比较活跃转为骤然冷清、停滞。全国人大仅仅通过了《1958年到1967年全国农业发展纲要》和"七五宪法",除此之外没有制定其他法律。全国人大常委会通过的条例、办法文件仅10个,即便把1954年到1979年期间发布的各种意见、办法、命令、决议、决定、通知、报告、答复、办法等文件都计算在内,中央立法也只有1115件,年均59件。②立法理论、制度和技术的总体状况较之前非但没有进步,而且呈大幅度倒退。究其原因,与这一阶段施行高度集中的计划经济体制、高度集权的政治体制以及"重人治、轻法治"的社会环境关联极大,导致立法工作极不正常。

(二)蓬勃发展,形成法律体系(1979—2011)

党的十一届三中全会以来,伴随着改革开放事业的巨大进步,我国把发扬社会主义民主、加强社会主义法制提上日程,立法进入新阶段。1979年7月1日第五届全国人民代表大会第二次会议通过了《中华人民共和国地方各级人民代表大会和地方各级人民政府组织法》(以下简称《地方组织法》),揭开了我国立法体制改革的序幕,该法规定了省级人大及其常委会享有地方性法规制定权。之后在1982年制定的《宪

---

①② 吴大英,等.中国社会主义立法问题[M].北京:群众出版社,1984:36,241.

法》中，确立了中央和地方分别行使立法权限。中央层面，全国人大及其常委会行使国家立法权，国务院可以制定行政法规；地方层面，省级人大及其常委会可以制定地方性法规，民族自治地方可以制定自治条例和单独条例。随后，1982年和1986年两次修改《地方组织法》，把地方性法规制定权逐渐扩大到省级政府所在地的市和经国务院批准的较大的市人大及其常委会。1984年至1993年，国务院先后四次批准19个城市为“较大的市”，后来在《立法法》中拓展到经济特区所在地的市，总量达到49个。地方立法权限扩大不仅体现在立法主体的数量上，而且，立法事项的范围也比较大，涵盖了社会生活的诸多领域。1997年，党的十五大提出依法治国方略，并于1999年写入宪法，依法治国当然要依法规范立法权，此时制定《立法法》的呼声很高，条件也越来越成熟，最终在2000年召开的第九届全国人民代表大会第三次会议顺利通过。《立法法》的制定是我国立法史上的一件大事，意味着我们有了“制定法律的法律”，立法工作有法可依。随后于2001年制定了《行政法规制定程序条例》和《规章制定程序条例》，各地也纷纷制定了地方立法条例。

在改革开放和市场经济发展的大背景下，我国立法工作取得了历史性成就，形成了独具特色的法律体系。截至2010年年底，我国已制定现行有效法律236件、行政法规690多件、地方性法规8600多件，并全面完成了对现行法律和行政法规、地方性法规的集中清理工作。2011年3月，吴邦国委员长在十一届全国人大四次会议第二次全体会议上宣布：“一个立足中国国情和实际、适应改革开放和社会主义现代化建设需要、集中体现党和人民意志的，以宪法为统帅，以宪法相关法、民法、商法等多个法律部门的法律为主干，由法律、行政法规、地方性法规等多个层次的法律规范构成的中国特色社会主义法律体系已经形成，国家经济建设、政治建设、文化建设、社会建设以及生态文明建设的各个方面实现有法可依，党的十五大提出到2010年形成中国特色社会主义法律体系的立法工作目标如期完成。”由此，中国已在根本上实现从无法可依到有法可依的历史性转变，各项事业发展步入法制化轨道。

（三）立法转型，追求良法善治（2012至今）

唯物辩证法认为任何事物的发展都遵循一个由量变到质变的过程，回顾我国自改革开放以来的立法发展，大体上可以认为这是量的累积，到2011年所形成的中国特色社会主义法律体系时，意味着量变到了一定的程度。党的十八大以来，我国提出了“四个全面”的战略布局，其中至关重要的一个方面就是全面依法治国。全面依法治国不仅要注重法律体系的完善，在量上要保证每个领域都有法可依，但是更为重要的是立法质量的提高。习近平对此有十分清醒的认识，他深刻地指出：“我国形成了以《宪法》为统帅的中国特色社会主义法律体系,立法供给不足的矛盾基本解决,立法工作的重心必须从解决无法可依的数量问题转向实现良法善治的质量问题。”“人民群众对立法的期盼,已经不是有没有,而是好不好、管不管用、能不能解决实际问题;不是什么法都能治国,不是什么法都能治好国;越是强调法治,越是要提高立法质量。”①为了加快立法从注重数量到注重质量的转变,党中央召开的多次会议上均对此予以重点强调,无论是党的十八届四中全会通过的《中共中央关于全面推进依法治国若干重大问题的决定》,还是党的十九届四中全会通过的《关于坚持和完善中国特色社会主义制度推进国家治理体系和治理能力现代化若干重大问题的决定》,以及中央全面依法治国工作会议、中央人大工作会议等,都强调要注重提高立法质量。如上会议精神在近些年的立法活动中得到了较好的贯彻落实,我们把科学立法、民主立法、依法立法作为立法的基本原则,除了补齐重点领域的短板外,坚持立改废释并举,最大限度地提高立法质量,以实现良法保证善治的目标。

二、《立法法》的制定与修改

上文所述的三个大的发展阶段,大体勾勒出了当代中国立法发展历史的宏观图景,如果要确定一个最具标志性的事件,当属《立法法》的出台及其修改。基于此,本节就《立法法》的制定与修改再作进一步说明。

《立法法》作为制定法律的法律,最为核心的内容就是立法权限的划分和立法程序的设定。我国1982年制定的《宪法》以及其他有关法律尽管对立法权限的划分、立法程序、法律解释等问题作了原则性规定,但是不够具体、明确,导致有些法规、规章与法律相抵触或者法规、规章之间相互矛盾、冲突;有些法规、规章的质量不高,存在着在起草和制定过程中片面强化、扩大部门权益的倾向;有的部门还超越职权,擅自解释法律、法规,或者各自为政制定政府规章。这些问题在一定程度上损害了国家法制的统一和尊严,也严重地影响了严格执法、公正司法。为了提高立法质量,维护国家法制统一,对法律、行政法规、地方性法规、规章的制定权限和制定程序作出统一、系统的规定是非常必要的。在此背景下,2000年3月15日,第九届全国人民代表大会第三次会议通过《立法法》,自2000年7月1日起施行。

《立法法》自2000年颁布施行以来,对规范立法活动,推动形成和完善中国特色社会主义法律体系,推进社会主义法治建设,发挥了重要作用。但是,随着我国经济社会的发展和改革的不断深化,人民群众对加强和改进立法工作有许多新期盼,立法工作面临不少需要研究解决的新情况、新问题,最突出的一个问题就是地方立法需求

---

① 习近平关于全面依法治国论述摘编[G].北京:中央文献出版社,2015:43-44.

受到了抑制。原本享有地方立法权的设区的市有49个(包括27个省、自治区的人民政府所在地的市,4个经济特区所在地的市和18个经国务院批准的较大的市),设区的市尚没有地方立法权的有235个。自1993年以后,国务院再没有扩充“较大的市”,较大的市立法权配置的格局一直没有变化。一些经济快速发展、人口和城市规模较大的设区的市有强烈的赋予其立法权限的诉求。据统计,1993年之后有30多个地方向国务院提出申请,但是一直没有再批准。为了适应立法工作新形势新任务的需要,2014年召开的党的十八届四中全会提出赋予设区的市地方立法权,并要求明确地方立法的权限范围。2015年《立法法》进行了修改,一个重要内容就是赋予所有设区的市可以在“城乡建设与管理、环境保护、历史文化保护等方面的事项”制定地方性法规,设区的市人民政府可以相应制定地方政府规章。另外,还赋予广东省东莞市和中山市、甘肃省嘉峪关市、海南省三沙市等4个不设区的地级市以地方立法权,使得拥有地方立法权的设区的市扩大了近5倍。这一重大立法体制的调整被2018年新修订的《宪法》所确认,标志着我国地方立法权限迅速得以扩展,立法主体数量大大增加,立法权限进一步明确。此外,2015年《立法法》的修改还在健全人大主导立法工作的体制机制、立法前评估和立法后评估、规范性文件备案审查、对司法解释的规范和监督等方面也进行了修改和完善。《立法法》的修改,有助于提高立法质量和立法效率、维护国家法制统一,有助于形成完备的法律规范体系,对推进国家治理体系和治理能力现代化、建设社会主义法治国家具有重要的现实意义和长远意义。

立法工作不是一劳永逸的,《立法法》也要随着社会发展的变化而适时修订,随着我国《中华人民共和国监察法》《地方组织法》等法律的出台和修改,以及地方立法权限的需求调整、区域协同发展中的立法协作等问题的出现,社会各界再次呼吁对《立法法》进行修改,使其更加符合我国的现实国情,更加有力地促进全面依法治国战略的实施和国家治理体系的现代化。

为了进一步健全立法体制机制,规范立法活动,提高立法质量和效率,加快形成完备的法律规范体系,建设中国特色社会主义法治体系,在法治轨道上为全面建设社会主义现代化国家提供有力制度支撑。2023年《立法法》的修改共计四十余处,主要内容有:一是完善立法指导思想和原则,把毛泽东思想、邓小平理论、“三个代表”重要思想、科学发展观、习近平新时代中国特色社会主义思想都明确为立法的指导思想,同时明确了科学立法、民主立法、依法立法的原则内涵;二是加强宪法实施和监督,明确立法和备案审查工作中的合宪性审查要求;三是完善立法决策与改革决策相衔接相统一的制度机制,完善授权决定制度;四是贯彻和体现全过程人民民主重大理念;

五是明确监察法规的法律地位，完善部门规章制定主体；六是完善立法权限，明确地方立法中的区域协同立法及其工作机制；七是完善备案审查制度；八是加强立法宣传工作；九是把设区的市的立法权限调整为“城乡建设与管理、生态文明建设、历史文化保护、基层治理”；十是其他方面的诸多修改。时隔8年之后的再次修改完善，必将为全面建设社会主义现代化国家提供更为坚实的法治保障。

拓展阅读

[1]封丽霞.中国共产党领导立法的历史进程与基本经验——十八大以来党领导立法的制度创新[J].中国法律评论，2021(03).
[2]许安标.新中国70年立法的成就与经验[J].中国人大，2019(21).
[3]胡健.新中国立法工作七十年[J].中国法律评论，2019(05).

第三章　立法与利益

知识脉络图

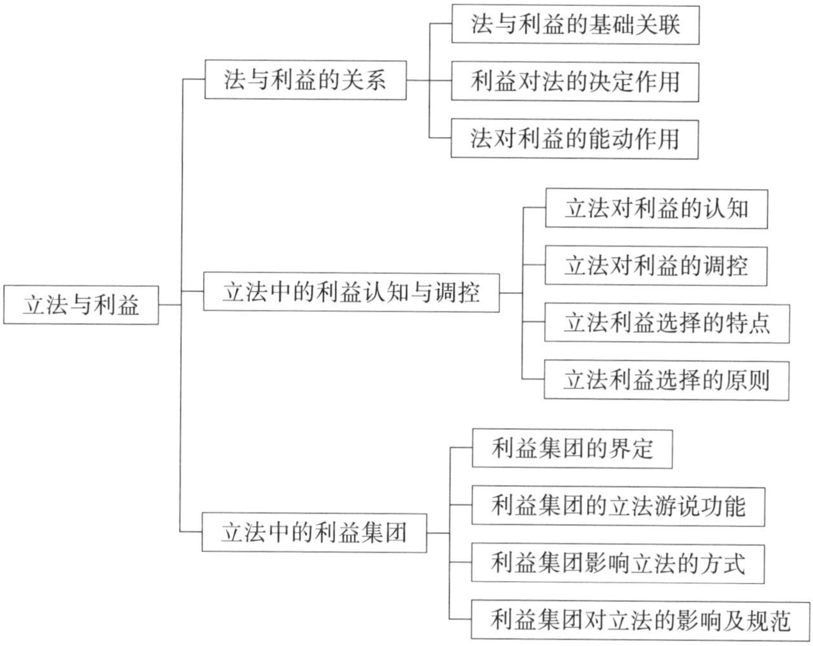

第一节　法与利益的关系

当我们打开《民法典》，首先映入眼帘的是立法目的条款，规定“为了保护民事主体的合法权益……”；同样，现行《刑法》第一条关于立法宗旨规定“为了惩罚犯罪，保护人民……”实际上,不仅是民法、刑法,而且是所有的法律都把调控利益作为根本目的。这是因为,任何立法活动本质上都是通过调控某种利益格局,使其符合特定社会的价值预设,从而提高社会总体福利。反过来,经过法律调控之后形成的利益格局,又会对立法活动产生特定的影响。鉴于法律与利益之间的重要关联,从理论上阐明二者的关系就很有必要。

一、法与利益的基础关联

霍尔巴赫曾说,“利益根本不是什么别的东西,只是我们每一个人视为幸福所必需的东西,是人类一切行动的动力。”利益是指人类用来满足自身欲望的一系列物质和精神产品,这种产品由社会客观条件决定,并存在于具体的社会关系中。由于在不同的历史时期和社会关系中,各种利益的性质、内容和相互关系是不同的,因而人类社会在生产生活中长期面临一个生存策略选择的问题,即到底是通过斗争来争夺利益,还是通过合作来创造利益。

从人类历史变迁的过程看,无论是物质利益还是精神利益,其生产、分配、交换、消费,都需要一定的规则来调整,尤其需要法这种规则。法是由国家强制力保证实施、约束人的行为的社会规范,以权利义务为机制来实现对行为和社会关系的调整。就立法的基本思路来看,对各种利益可以通过确立行为模式附加法律后果的立法手段,建构出应对不同情境的法律规则,进而对利益进行分配并起到维护特定主体合法权益的目的。

一般认为,法律权利是规定或隐含在法律规范中、主体以相对自由的作为或不作为的方式获得利益的一种手段;法律义务是设定或隐含在法律规范中、实现于法律关系中的,主体以相对作为或不作为的方式确保权利主体获得利益的一种约束手段。[①]这意味着,可以把权利理解为法律赋予权利主体的一种可以享有或维护特定利益的力量,义务则是为保障权利主体的利益而承受的一定的法律结果。权利和义务,归根结底都是一种可供立法使用的工具。这种工具性,首要表现为它们是通过国家分配利益和负担,从而维护和促成一定阶级集团的利益或者社会的普遍利益,实现政治经济统治和公共管理,即实现社会控制的手段。另外,还表现为社会成员或者其集体实现自我利益的手段。可见,每项权利的享有和行使,都同主体获取特定的利益紧密联系在一起。

对于法和利益二者间的关联性,不同时期的思想家提出了诸多见解,时至今日,这些智慧的观念仍然值得人们给予高度重视。例如,亚里士多德就认为,法律是最优

① 张文显.法理学(第五版)[M].北京:高等教育出版社,2018:130-131.

良的统治者,法律的任务是为自由公民的共同利益服务。古罗马法学家乌尔比安的公私法划分标准说则认为涉及国家利益、公共利益的行为规则叫公法,保护个人利益为目的的行为规则叫私法。英国法学家边沁提出,法律一般的、最终的目的,不过是追求整个社会的最大利益而已。立法者的职责是谋求公共利益和私人利益之间的均衡。德国法学家耶林则说:“权利自身不外乎是一个在法律上受保护的利益。”①依据马克思历史唯物主义法律观,人们所奋斗争取的一切都同他们的利益相关。每个社会的经济关系首先是作为利益表现出来的,某一阶级的共同利益产生的要求,只有通过这样的办法才能实现,即由这个阶级夺取政权,并用法律的形式赋予这些要求普遍的效力。德国法学家赫克则说,法律不仅是一个逻辑结构,而且是各种利益的平衡。立法者保护利益,实际上就是在平衡相互竞争的利益。法律只不过是在表明,某一社会集团的利益胜过另一集团的利益,或双方的利益都应服从第三个集团或者整个社会的利益。由此可见,立法活动与利益有着十分密切的联系。

二、利益对法的决定作用

从法律规则构成要素及立法目的来看,正是由于相互竞争的利益冲突,才导致社会需要通过法律实现对冲突的控制,而且立法活动还体现出表达、保护特定集团的意志或利益的政治功能,因而可以说利益对法具有决定性意义。

(一)利益分化导致法的产生

分化,是与同质相对而言的。例如,一个家庭的成员在面临来自外部的暴力袭击时,家族男性成员一般都会团结起来应对敌人,所谓“上阵父子兵”“打虎亲兄弟”这样的场面,根本原因是家庭的存亡和兴旺对家族成员而言意味着共同的利益,这就是利益的“同质”性。然而在家庭内部,当孩子们长大的时候,就要成家立业,父子之间、兄弟之间就必然“分家析产”,因为在家庭当中能够分得的财产和在重要事务上的话语支配权,在彼此之间就存在竞争关系,利益的“分化”局面就此出现。如何才能让这些已经分化的利益诉求不至于出现强烈的冲突乃至失控?从日常生活中我们可以发现,长期践行于社会当中的家庭伦理道德等基本规范,在解决这些冲突时发挥着重要作用。

实际上,在人类社会的各个阶段,主要源于利益分化的无数冲突带来了严重的社会损失。在资源有限、欲望无限的生存背景之下,如何最大程度降低这一损失就成为根本性的社会问题。霍布斯就曾指出:“只有存在一个统一的公共权力才能解决集体合作中的‘搭便车’难题。因而,在一个没有公共权力的环境中,就没有产业、社会秩

① [德]耶林.为权利而斗争[M].郑永流,译.北京:商务印书馆,2016:24.

序,人生活在‘孤独、贫困、卑污、残忍而短寿’的人与人之间的战争状态。”①这个统一的公共权力,在战争年代需要通过斗争实现建国的目标,在和平年代则通过一系列立法活动将行使公共权力的集团意志表达为治理整个国家的法律规范。在这个意义上,法作为一种由国家强制力保证实施的规范体系,就是利益冲突的结果,因此利益对法的产生和本质具有决定性意义。

(二)法的阶级利益本质

关于法的本质,资产阶级法学家提出了诸多不同的解释,如意志说、命令说、规则说、判决说、行为说和社会控制说等。尽管这些学说都从不同角度揭示了法在某一方面的特征,但这些论述总体上是以唯心主义或形而上学为基础,从法的表面现象或从先验的精神世界来探寻法的本质,因此都掩盖了法的阶级本质。马克思主义法学的主要贡献就在于从辩证唯物主义和历史唯物主义出发,科学揭示了法的本质及其发展规律。他们认为,法的本质深藏于法的现象背后,是法存在的基础和变化的决定性力量,是深刻的、稳定的,不可能通过感官直接把握,需要通过抽象思维来把握。

马克思恩格斯在批判黑格尔法哲学的过程中指出,国家是属于统治阶级的各个个人借以实现其共同利益的形式,这些“占统治地位的个人除了必须以国家的形式阻止自己的力量外,他们还必须给予他们自己的这些特定关系所决定的意志以国家意志,即法律的一般表现形式”②。马克思在《共产党宣言》中论述资产阶级的观念时指出:“你们的观念本身是资产阶级的生产关系和所有制的产物,正像你们的法不过是被奉为法律的你们这个阶级的意志一样,而这种意志的内容是由你们这个阶级的物质生活条件来决定的。”③因而,以此为基础形成了他们对法的本质的深刻认识,“法的关系正像国家的形式一样,既不能从它们本身来理解,也不能从所谓人类精神的一般发展来理解,相反,它们根源于物质的生活关系。”④马克思恩格斯关于阶级社会法的本质的深刻洞察,提供了理解不同社会法律现象的一般科学原理。

根据马克思恩格斯关于法的阶级本质的重要论述,我国法学界一般以“法是统治阶级意志的体现”来表达法的本质。所谓“统治阶级”,是指经济、政治、意识形态上占支配地位的阶级,在剥削阶级社会分别是指奴隶主阶级、封建地主阶级、资产阶级,在社会主义社会则是指由工人阶级及其同盟军所构成的人民,总之就是掌握了国家

---

① [英]霍布斯.利维坦[M].黎思复,黎廷弼,译.北京:商务印书馆,1997:94-95.

② 马克思恩格斯全集:第3卷[M].北京:人民出版社,1960:378.

③④ 马克思恩格斯全集:第2卷[M].北京:人民出版社,2009:48,591.

政权的阶级。因此,“法律就是取得胜利并掌握国家政权的阶级的意志的表现”①。法是社会结构中的上层建筑。“法是统治阶级意志的体现”这一重大命题意味着,法所反映的意志是统治阶级共同的意志,代表的是统治阶级的整体利益,而不是某个人的利益,更不是个别人的任性。

马克思恩格斯进一步指出,统治者中的所有个人“通过法律形式来实现自己的意志,同时使其不受他们之中任何一个单个人的任性所左右……由他们的共同利益所决定的这种意志的表现,就是法律”②。法是“被奉为法律”的统治阶级的意志,这意味着统治阶级意志本身并不是法,只有“被奉为法律”后才是法。所谓“奉为法律”,是统治阶级经过国家机关把自己的意志上升为国家意志,并客观化为法律规定,也就是通过国家这个中介获得其政治形式,也就是立法活动,具体则表现为国家权力机关制定出具有法的效力的规范性文件的活动。对此,彭真同志曾说,“我国的法律是工人阶级领导全国人民制定的,是广大人民的意志和利益的集中表现。”③宪法“根本的原则是什么?就是代表最大多数人的最大利益”④。

把法的本质归结于统治阶级的意志,只是初级层次的认识,仍未能摆脱唯心主义,还需要进一步解释,什么样的因素决定了统治阶级的意志。马克思恩格斯认为,社会物质生活条件使人们产生了法律的需要,同时又决定着法的本质和发展。所谓社会物质生活条件,一般是指与人类生存相关的地理环境、人口和物质资料的生产方式,其中物质资料的生产方式是决定性的内容。生产方式是生产力和生产关系的对立统一,生产力代表人与自然界的关系,生产关系代表生产过程中人与人之间的关系。对此,马克思指出,“只有毫无历史知识的人才不知道:君主们在任何时候都不得不服从经济条件,并且从来不能向经济条件发号施令。无论是政治的立法或市民的立法,都只是表明和记载经济关系的要求而已。”⑤需要注意的是,除了社会物质生活条件以外,政治、思想、道德、文化、历史传统、民族、科技等因素也对统治阶级的意志和法律制度产生了不同程度的影响。

三、法对利益的能动作用

利益的分化产生了社会对法的需求,统治阶级的利益决定了法的初级本质,而特定的社会物质生活条件则决定了法的终极本质。那么,法对于利益究竟起到了哪些

---

① 列宁全集:第16卷[M].北京:人民出版社,1988:292.

② 马克思恩格斯全集:第3卷[M].北京:人民出版社,1960:378.

③④ 彭真.论新时期的社会主义民主与法制建设[M].北京:中央文献出版社,1989:149.

⑤ 马克思恩格斯全集:第4卷[M].北京:人民出版社,1958:121-122.

能动作用呢？理论上，这一重要作用只可能具有阻碍和促进两种可能。

首先，法对利益的促进作用。法是社会创造的产物，是一种实现美国法学家富勒所说的“服从于规则治理的事业”的工具，因而法本身并不能凭空创设利益，只是被用于影响某种利益格局。显然处在利益格局之中的主体所处的位置不同，因而所接受的通过法律对利益格局干预结果的意义不同。例如，国家对重污染天气加强治理，就主要是通过立法提高环境保护法律当中的排放标准来减少污染物排放，尤其是在重度污染天气期间启动应急响应机制，对工业企业的减排、扬尘污染减排、移动源污染减排等进行严格执法，对人民群众的防护措施也提出要求，根据空气质量情况暂停户外教学等大型社会活动等。实际上，正是通过这些强有力的执法措施，持续恶化的重污染天气问题才得到了有效控制，如“蓝天保卫行动”等执法运动的效果正不断得到巩固。在这个治理活动中，通过行政立法提前介入污染源的控制，以行政罚款、吊销营业执照等惩罚措施保障了人民群众的生命健康利益，有效促进了生态环境这种人类赖以生存的根本性利益的形成和发展。

其次，法对利益的阻碍作用。正如科斯所言，利益的冲突具有相互性。① 在《社会成本问题》一文中，科斯指出行驶中的冒着火花的火车和轨道旁种植的亚麻两者之间的冲突就是相互的。在无法的状态下，问题的关键并不是火车烧坏了亚麻，或者是种植亚麻阻碍了火车的行驶，关键是看立法赋予哪一方权利，其总的社会产出是最大化的，换言之，社会总成本是最低的。因而，如果立法者认为，在工业时代火车巨大的运输能力对于国家建设带来的效益，远高于修建铁路挤占农田后的农业损失，那么就会通过立法赋予交通运输部门修建铁路运行火车的权利，于是，亚麻生产者就有义务保障这种权利的实现，进而放弃在铁路两旁种植亚麻，以避免其被火花烧毁。可见，对以亚麻生产者为代表的利益格局中的类似主体来说，立法对于他们的利益的作用体现为一种明显的阻碍或抑制。实际上，立法在保护和促进一定的利益的同时，总是对另外一些利益予以限制，其目的也是使立法所保障的统治阶级的利益达到最大化。而且任何一个社会都会有选择地阻碍一定利益的形成和发展。尽管如此，但也应注意，立法对利益的抑制有时符合社会进步要求，有时则与社会进步潮流背道而驰。

最后，法是协调和实现利益的有效工具。立法是对权利资源、权力资源以及其他有关的社会利益，进行法定的制度性配置和控制的专门活动。立法的过程本质是在完成调查研究、总结经验教训的基础上，认识、选择、协调不同利益的过程。对现实生活中利益格局的干预有多种多样的机制和途径，但是法律是其中最为重要，也是社会

---

① ［美］罗纳德·哈里·科斯.论生产的制度结构［M］.盛洪，陈郁，译校，上海：三联书店，1994：142.

最为依赖的方式之一。通过立法干预利益的格局,能够实现对社会所期待的利益的保护和促进,对有损于社会整体福利的利益进行限制和规范,从而使得全社会围绕利益的生产活动、竞争活动有章可循,并导向一个和平、繁荣和不断进步的状态。另外,通过法律实现对社会生活中的各种利益的规范和调节,能够充分彰显法所蕴含的公平、正义、效率等价值,长此以往,这种治理活动将会不断强化通过立法价值治理利益冲突的观念,从而反向促进通过法律的社会控制工程不断优化。

第二节　立法中的利益认知与调控

如果权利的冲突是相互的,那么任何法律体制所要面对的首要议题就是所谓的“法授权利”问题。换句话说,每当两个人或者更多的人的冲突被提交到了国家面前,国家就必须决定对哪一方给予支持。在没有这样的法律决定的情况下,一切资源的归属都将依据“强权即正确”来决定输赢。因而,立法的根本目的,就是要决定冲突双方中的哪一方将有权获胜。① 立法,实质上就是一个利益识别、利益选择、利益整合和利益表达的交涉过程。立法者面对多元且相互冲突的利益,如何进行利益选择是立法调控利益的关键。对此,我们可以从三个方面来展开讨论:一是立法中的利益认知;二是立法中利益选择的特点;三是立法中利益选择的原则。

一、立法对利益的认知

在立法中要实现对符合社会整体福利最大化的利益进行选择和保护,首要的前提是要能够认识到这些重要的利益,充分考虑到其重要价值,并与其他的利益进行权衡对比,从而通过不同的立法技术实现科学、合理的法律规则设计。立法对利益的认知,是与现实社会的发展状况紧密联系在一起的。立法必须深刻认识那些对社会公众具有重要意义的利益,并且富有效率地正确表达这种利益。这就意味着,需要立法者保持对现实世界的敏锐,对纳入立法视野的利益进行全面的、多角度的认识,同时深入社会进行严谨调查研究,积极听取各方声音和诉求,从而形成客观、恰当的立法价值判断。

关于立法中的利益认知,可以通过举例说明。我国《刑法》第二百六十四条规定,

---

① ［美］唐纳德·A 威特曼.法律经济学文献精选［M］.苏力,译.北京:法律出版社,2006:31.

盗窃金融机构,数额特别巨大的,处无期徒刑或者死刑,并处没收财产。这里的盗窃金融机构,根据最高人民法院发布的司法解释,是指“盗窃金融机构的经营资金、有价证券和客户的资金等,如储户的存款、债券、其他款物,企业的结算资金、股票,不包括盗窃金融机构的办公用品、交通工具等财物的行为”①。由此可见,刑法在立法时,将普通的盗窃和对金融机构的盗窃区分开来,而且后者比前者的惩罚更为严厉。实际上,立法上这种对待不同被盗窃的利益的不同态度,其根本原因是一种有效率的歧视。也就是说,金融机构存储着大量的现金、票证和其他贵重物品,属于可盗窃资产的价值密集区域,盗窃产生的损失远非一般的盗窃所能相比。② 如果立法者认识不到金融机构这样的价值密集区域比普通财物有着大得多的利益相关性,那么就不会通过立法上的区分,来实现对金融机构的特别保护。同样的道理,还体现在刑事立法中的性犯罪条款中,不但有普通的强奸罪,同时还有对幼女的特殊保护条款。这也正是刑事法立法考虑到,幼女因为对性行为认识不足导致自身利益更容易被侵犯的现实,必须通过特别立法加大对幼女的保护,才能实现平等保护女性的法律价值。

实际上,在几乎所有的立法活动中,都存在类似的对于不同利益进行正确认识、衡量和处理的深刻需求,也只有做到对这些利益全面、深入的认知,才是走完立法活动之万里长征的第一步。如果从历史变迁的角度来看,立法实际上是为适应特定社会的利益调节需要而产生的,同时随着社会中利益关系的变化而变化,但这种利益关系的变化的衡量尺度,永远掌握在占据统治地位的社会集团手中。

二、立法对利益的调控

在认识到立法需要认真对待、处理利益之后,就需要在各种利益之间做出恰当取舍、平衡和协调,如彭真同志所言,立法就是要在矛盾的焦点上“砍一刀”。立法活动从表面看,“是通过把我们所称的法律权利赋予主张各种利益的人来保障这些利益的”③。从法律的利益调控机制看,则主要包括两个方面,即表达利益诉求和平衡利益冲突。

一方面是立法需要表达利益的诉求。不难发现,社会上占据统治地位的那部分人,总想把现状作为法律加以神圣化。法律并不创造或发明利益,而只是对社会中的利益格局进行干预,对特定主体的利益予以承认或限制。立法对利益的选择,包括利益主体和利益内容两个具体方面。在中外法律思想史中,试图发展出一种为全体社

---

① 摘自最高人民法院《关于审理盗窃案件具体应用法律若干问题的解释》第3条、第8条。

② 桑本谦.理论法学的迷雾[M].北京:法律出版社,2015:163.

③ [美]罗斯科·庞德.通过法律的社会控制[M].沈宗灵,董世忠,译.北京:商务印书馆,1984:42.

会成员一致同意的法律,这样的学术理想长盛不衰,激发了学者们奔涌的想象力,然而,随着社会科学在20世纪的飞速进展,阿罗不可能性定理[①]已经证明,获得这种"公意"理想的不可能性。实际上,利益在各个主体之间不单是分化的,而且仅仅通过投票的选择方式,不能保证产生出合乎大多数人意愿的结果。在真实世界中,也就不存在共同的、抽象的利益,存在的只是以各种名义和理由包装的具体利益要求,而且这种要求的提出,往往都伴随着施加某种真正的影响力。

可见,法律实际上只对部分利益主体予以保护,或者是主要表达了部分利益主体的利益。马克思恩格斯曾指出:"他们个人的权力的基础就是他们的生活条件,他们作为统治者,与其他的个人相对立,同时却主张这些条件对所有人都有效。由他们的共同利益所决定的这种意志的表现,就是法。"[②]因而,在不同立场上,对利益有着不同的认知和判断,不同的主体也有各自不同的利益取向。某一特定的主体,在经济上可能是一个社会的被统治阶级的利益群体,但在政治上则可能又属于该社会的统治阶级利益群体。立法主要是通过对权利和义务的规定,不仅是对需要有效保护、承认的利益和保护手段的凝固,而且需要对那些被限制的利益以及相应的制裁措施予以明确。

另一方面是通过立法平衡利益冲突。法律对冲突的利益加以平衡的功能,突出表现为对各种利益的重要性作出衡量,从而为协调这些相互冲突的利益提供某种输赢的标准。一个社会的立法者群体,为什么总是试图对相互冲突的利益进行平衡和协调呢?从根本上来说,是因为"合则两利、斗则俱损",通过立法将不合作的损失降到最低,是有利于提升社会整体福利的最佳选择。[③]

对此,可以通过一个思想实验说明。例如,在无财产法的状态下,两个农场主相互偷盗对方种植的小麦,双方为了不吃亏,都需要投入成本去偷盗或者反偷盗,这对双方都是一个双输的结局。因而,如果相互尊重彼此的财产利益,或者通过立法保护各自的财产权,就可以将上述成本投入到小麦生产中。由于立法的规模经济效应,他们只需要支付小部分税收来支撑法律系统,就能够获得和平之下比以往更多的劳动收成。通过这个思想实验可以发现,建立财产权法体系干预相互冲突的利益,立法起到的实际作用,可以说是"鼓励生产、防止盗窃"。其关键点在于,立法首先认识到劳

---

① 阿罗不可能性定理是指不可能从个人偏好顺序推导出群体偏好顺序。[美]肯尼斯·约瑟夫·阿罗.社会选择与个人价值[M].上海:上海人民出版社,2010.

② 马克思恩格斯全集:第3卷[M].北京:人民出版社,1960:378.

③ 规范的霍布斯定理,作为财产法的原则,是指构建法律以使私人协商失败造成的损害最小化。[美]罗伯特·考特,托马斯·尤伦.法和经济学(第五版)[M].史晋川,董雪兵,等译.上海:上海人民出版社,2010:84.

动所得的小麦收成,是值得保护的利益,同时对双方劳动所得利益,都给予了平等的价值地位,最终通过财产权法律设计及建立执行系统,真正实现了对利益冲突的平衡和协调。

对于冲突的利益给予同等规格的保护,只是立法平衡利益冲突的一种情况。有时候,立法则是对冲突的利益主体采取有效率的歧视性保护,而且这种保护背后的逻辑是使整个社会的福利最大化。例如,我国《劳动合同法》第二十条规定:“劳动者在试用期的工资不得低于本单位相同岗位最低档工资或者劳动合同约定工资的百分之八十,并不得低于用人单位所在地的最低工资标准。”可见,尽管劳动者与用人单位之间通过订立自愿的劳动合同对用工和报酬作出了约定,但是立法仍然在这里优先就劳动者在试用期所能获得报酬的多少进行了干预,提出最低工资标准要求。进一步看,立法对用工者报酬评价权所携带的利益进行了限制,而对在试用期处于弱势地位的劳动者的利益加大了保护力度。这意味着,立法者试图通过立法来消除自由市场经济环境下用工活动的负面社会效应,体现出国家的立法主旨。实际上,以上对这些立法调控利益的不同机制和手段的交代,只是一种在微观、具体层次的剖析,在法律实践中,更多的表达则是通过某些原则性的规定和制度设计予以表现。例如,民法当中的诚实信用原则、善良风俗原则等。

三、立法利益选择的特点

法律上的利益选择活动,是特定主体对其选择的对象,根据自己的需要和目的,并在一定的条件下进行评价、比较后作出的最佳选择。这种选择活动本身体现出了特定主体主导、受客观实际制约、需要付出一定代价和相对公正这样一些特点。[①]

第一,立法由特定主体主导。立法中的利益选择,最终是一小部分人作出的,除了全民公决之外,现代立法基本上都是代议制的产物,国外是议会的议员,在我国则是人大代表。议员和代表一般都是占据统治地位的代表,他们在利益选择过程中能够发挥主观能动性,不可避免地要作出有利于本阶级利益的选择,这就会导致立法中的利益选择最终是由特定主体主导的局面。以美国控制枪支买卖的立法为例来看,多年来美国经常发生枪击事件,死伤人数众多,不少民众游行抗议,要求政府及立法机构有所作为。尤其要阻止校园枪击事件的接连发生。可以说,美国民众关于“禁止售卖突击步枪”的呼声一直很高,但是美国从联邦到地方的立法者,对控枪的诉求置若罔闻,最直接的原因就是立法者受到了美国全国步枪协会等政治团体的游说和压力。这种典型的立法不作为现象,反映的也正是立法由特定主体主导的现实。我国

① 孙国华,黄金华.论法律上的利益选择[J].法律科学,1995(4):5.

实行的是人民代表大会制度，人大代表来自各行各业，所主导的立法基本上能够避免所立之法受特定利益团体左右，能够最大限度地反映社会整体利益。

第二，立法受客观实际制约。立法虽然会受特定主体的主导，但也不是说这些主体可以恣意妄为。立法者的利益选择，终究还是受到经济社会发展和历史传统等客观条件的制约。例如，我国对民间文学艺术作品的立法保护。1990 年颁布实施的《中华人民共和国著作权法》（以下简称《著作权法》）第六条明确规定："民间文学艺术作品的著作权保护办法由国务院另行规定"。有关部门多次启动民间文学艺术作品的保护办法的制定工作，但至今已经过去 30 年了，关于民间文学艺术作品的著作权保护办法依然未能颁布。不是说立法机关不愿意立法，是因为民间文学艺术作品的法律保护在很大程度上在客观上存在诸多困难，如权利主体的认定、作品的授权使用及其利益分配等诸多事项本身不是一件容易的事情。再比如死刑存废问题，尽管有部分人主张我国应该逐步废除死刑，但至少目前还不具备客观条件，最起码大众在心理上很难认同和接受废除死刑。

第三，立法需付出一定的代价。立法中的利益选择都会付出一定的代价。一个典型的事例就是 20 世纪初美国的禁酒令。20 世纪初在宗教思想、女权主义等影响下，美国颁发了禁止生产和销售酒的法令。原本想要通过禁酒提升国民的健康水平，却有越来越多的人因为喝品质低劣的私酿酒身体不适住进医院；本意是为了降低犯罪率，却成了有组织犯罪的诱因；想要控制贪腐，却令更多的官员在这段时间主动或是被动地与黑恶势力勾结……各种各样的现象使得禁酒令的废止变得迫在眉睫。于是在十多年后，不得不废止了这一法律。总之，立法利益的选择正如人类的任何行为选择一样，都需要付出一定的代价，不存在只有好处而没有不利影响的理想选择。

第四，公正总是相对的。虽然我们在努力追求良法善治，最大限度地实现公平公正，但是立法者必须保持一种理性，那就是公正总是相对的。我国近几年来网约车发展速度很快，亟须规范，但是交通运输部等相关部委只是出台了一个指导性的管理办法，具体管理规范由各省市根据实际情况来制定相应的管理办法。北京、上海、天津等一百多个城市已公布出租汽车改革实施细则，从部分城市已经出台的实施细则和尚在征集意见的情况来看，立法者在努力实现多重目标，地方政府一方面要维护既得利益、保证社会稳定，另一方面，又要回应社会需求、解决群众出行困难的问题。说得更具体一点，就是要在传统的出租车公司及其员工、新型网约车公司及其员工以及乘客等多方主体之间尽可能实现公平公正，但要充分意识到，公正总是相对的，难以实现绝对的公平公正。

四、立法利益选择的原则

立法过程中对不同的利益进行认知、选择、评估，由此完成对相关利益关系的调整，从而协调各个方面的利益诉求，逐渐形成了一些简便、有效并且蕴含智慧的立法原则。不同国家，由于经济发展水平、社会结构以及政治制度之间存在差异，立法中利益选择的原则也就不同。我国作为社会主义国家，立法中的利益选择应该遵从以下原则：

一是目的与规律的统一。法律是为适应利益调控需求产生的，法律的变化和发展根源于利益关系的变化和发展。因而，客观存在的利益规律是立法的基础。法律制度的实质，是一项有关利益分配的制度。立法是一种有目的的活动，它要力求体现广大劳动人民的共同利益，但是最终能否实现，并不取决于人们的主观愿望，而是取决于它和客观规律的契合程度。只有尊重客观规律，立法所追求的价值目标和利益诉求才有实现的可能性。例如，在劳动法律制度的完善过程中，我们要想实现保护劳动者利益的目标，就不能无视劳动力市场的规律。如果在立法中，一味地加重用人单位的责任，看似是对劳动者的利益进行了较好保护，但是可能会造成用人单位减少用工数量的后果，从根本上来说，对广大劳动者反倒不利。所以，立法活动必须要把实现目的和遵从规律有机统一起来。

二是整体与个体的统一。根据主体数量的多少，利益可以分为公共利益、集体利益和个人利益。现实中，这些利益往往会发生冲突，立法者应该尽力寻求整体利益和个人利益之间的最佳结合点。社会主义国家的法律，历来特别强调个体利益对整体利益的依赖和服从，当个体的权利行使危及社会整体的利益时，必须确认和贯彻整体利益高于个体利益的基本原则。我国《宪法》第五十一条规定："中华人民共和国公民在行使自由和权利的时候，不得损害国家的、社会的、集体的利益。"在税收立法中，为了提高公共财政收入，使得国家有充裕资金用于国防、城乡公共基础设施建设、教育与医疗等领域，以此保证国家的整体利益，因而可以选择通过立法降低部分税收的起征点以及提高税率的办法。以个人所得税立法为例，降低起征点和提高税率，都可以增加税收，但是这样做会影响个体的利益，从长远来看甚至最终会因为挫伤劳动者工作积极性进而影响国家的整体利益，这就要求立法者一定要兼顾整体与个体的利益。

三是短期与长期的统一。古语云："不谋万世者，不足以谋一时；不谋全局者，不足以谋一域。"实际上，这句话就是在强调人们在日常决策中应当认真把握好整体与部分、长期与短期两对重要关系。其中，从长远角度看问题的思路，是一种体现立法活动思考精髓的“向前看”思维方式。以法律当中的时效制度为例，时效制度在我国唐朝的法律当中就有了明确规定，超过三十年的债务如果发生了纠纷，官府就不再受理。今天各国法律一般都规定了不同种类的时效制度。立法上这么规定，尽管使眼前的当事人债务利益不能得到法律上的救济，但是这么做却能够避免因为年代久远的原因，法律在介入一桩陈年往事的时候，在搜集证据、辨明是非方面面临的重大困难，从而能真正实现“两害相权取其轻”，把立法的重点放在维护社会关系的长期稳定这一更重要的利益上。又比如，《中华人民共和国土地法》立法对保护耕地的严格要求，就是为中华民族长期的生存和可持续发展这一重大战略利益的考虑。

四是物质与精神的统一。把利益按照属性分为物质利益和精神利益，主要是为了方便在日常生活中精确应对各种因为利益引发的冲突，从而提供高质量的、针对利益诉求的法律治理。因为利益存在形态的特殊性，物质利益很容易得到人们的重视并展开竞争，但精神利益随着社会生产方式的转变和社会财富的增加，其重要性逐渐得到了充分认知和重视。法学家王世杰、钱端升就将个人自由分为关系个人物质利益的自由和关系个人精神利益的自由，前者包括人身自由、居住自由、工作自由和财产自由；后者包括宗教信仰自由、言论自由、集会的自由和结社自由。立法层面对于这两者兼顾的典型之一，就是知识产权法律制度，其所调整的是一种与人身关系相联系的财产权，不但确认公民对文学艺术、科学作品的作者身份权，而且或者对科学发现、技术发明的身份权，在保护公民这种精神利益的同时，通过转让、许可等权利规则，使知识产品的创造者获得奖金、转让费和许可使用费等实在的物质利益。

第三节 立法中的利益集团

一、利益集团的界定

利益集团，一般是指具有共同利益，且为争取共同利益采取共同行动，以影响政府决策的组织，基本功能是形成和表达自己的利益。一个团体被视为“利益集团”必须符合这样几个基本要件：一是具有相对正式的组织结构，有领袖人物、积极分子和追随者等；二是具有一定的影响力和社会地位，并为政府所认可；三是对自身的利益有清醒的认识和把握；四是利用合法手段向政府和公众表达利益。利益集团既可以是普通公民、非营利组织、公共组织部门，也可以是寻利的厂商。具体来看，利益集团的类型是多种多样的，如政党、军队、学术团体、社会组织、社区等。尽管如此，从本质上说，这些利益集团都是为实现自身目标而采取各种影响政府的办法，并以不同的方式施加压力来改变既定的公共政策或者采取新的公共政策，因此利益集团又被称为“压力集团”。

二、利益集团的立法游说功能

利益集团对政府施加压力的主要方式是游说。例如，美国的利益集团，最初主要是在国会入口处的走廊或休息厅，面向开会代表游说的方式展开，后来逐渐发展到依靠媒体发动的舆论攻势为自己争取利益天平上的倾斜性照顾。国会之所以成为利益集团游说的发源地之一，这与国会作为立法机关的性质直接相关。立法机关作为国家最重要的权力机关之一，这种公共组织的性质决定了其应当具有高度的开放性和易接近性，是各种利益集团表达利益诉求的场所，也就应当广泛听取、回应和协调各方表达的利益呼声。在这个过程中，对于在某些议题上有共同利益的、分散的利益主体来说，通过形成一定的有组织、有目标、有行动计划的群体，个体对自身的利益就有了更清楚的认识，同时也因为利益群体队伍的壮大产生更为强烈的利益动机，个体影响政府部门决策的力量明显增强。由此可见，利益个体结成利益集团确实能够实现对立法决策的重要影响。

利益集团通过对立法施加重要影响，来表达并实现自己的权益或诉求。然而，对于利益集团参与政治事务、法律事务所产生的影响问题，思想家们很早就发现了这个问题的复杂性，他们对利益集团所体现出的对社会的分裂和利益冲突表达了深刻忧虑。美国联邦党人麦迪逊在《联邦党人文集》中指出，“党争就是一些公民……团结在一起，被某种共同情感或利益所驱使，反对其他公民的权利，或者反对社会的、永久的和集体的利益”，党争“根源于人性之中”，“造成党争的最普遍而持久的原因，是财产分配的不同和不平等。有产者和无产者在社会上总会形成不同的利益集团”。因此“党争的原因不能排除，只有用控制其结果的原则求得解决。”[①]这意味着，使利益集团参与政治的合法化才能保证参与利益竞争活动的有序、可控，而现代立法的主要任务就是管理这些各种各样很难彼此兼容的利益集团。

正是因为利益集团能够对公共政策、法律规章等的形成产生重要影响，而且这些影响既有正面的也有负面的，所以必须有效应对并通过立法的方式对其施加足够的限制，使得这些利益集团之间的相互竞争，能够比较完整和全面地体现最大多数人对

① [美]汉密尔顿，等.联邦党人文集[M].程逢如，等译，北京：商务印书馆，1980：39-43.

公共利益的制度诉求,从而提高立法工作的信誉和质量。实际上,利益集团的优势在于信息供给。相较于其所代表的群体中的个体,利益集团有更加全面的数据来源和信息收集能力,因而可以提供专业化、系统化的行业或领域信息。这一优势使利益集团能够对特定问题提出专业的分析意见和应对主张,因而往往能够扩大和丰富立法机构的工作范围,从而提高工作的质量。从世界范围的立法的主题变迁看,从早期有关劳动保护和社会福利的立法到当代关于环境保护、消费者权益保障的立法等,以及从最开始的立法提议、法案起草、审议通过等,都有特定利益集团如工会、环境保护组织和消费者利益保护协会等团体积极参与。

三、利益集团影响立法的方式

在实践中,由于各国的国情不同,利益群体对立法机关施加影响的方式及程度也不尽相同。西方国家利益集团影响立法活动的主要对象是议会。为实现目的,利益集团采取的活动方式,概括来说主要有直接游说、公开运动、影响选举和恐怖活动等方式。

一是直接游说。它是指利益集团向国会议员表明其反对某项法案的理由,强调替代法案的好处,影响议员作出有利于本集团利益的投票。这种表达对某种法案、政策态度的途径,有时候是通过向立法机关提供专业的、全面的行业信息等方式间接实现影响立法的目的,比如说直接提供立法所需的统计数据、研究报告、专家意见等,表面上看似乎能帮助立法机关作出更加科学、合理的决策,但实际上这些信息更多具有特定的偏向性,这就给立法机关的信息筛选、判断和利用工作提出了更高的要求。

二是公开运动。包括通过电台、报社、演讲、标语等方式提供所谓的新闻和真相,制造公共舆论来影响议会作出利己的决策。某些情况下,利益集团甚至采用非暴力的和平方式向议会请愿,因为人数众多,影响广泛,往往迫使议会妥协或让步。这种运动的出现表明通过合法的游说可能并没有获得理想的效果,因而通过采取一定程度的公开对抗、社会运动的方式向政府、国会施加压力,逼迫政府在决策中作出让步来改变已形成的决策。例如,通过在公共广场集会、喊口号、举标语、散发传单、罢工甚至搞破坏等方式,吸引社会公众的注意力,达到影响立法的目的。

三是影响选举。利益集团在选举中通过募集捐款和筹措资金,支持候选人的参选活动,力争使代表自己利益的候选人当选,进入立法机关。这些代表不同利益集团的议员或者代表,就能够对国家的法律、政策产生最为直接、重要的影响。利益集团一般是通过影响一定区域的民众意愿,出资帮助自己的参选人制定竞选纲领,提供活动经费,以及参加宣传、竞选等方式来支持自己认定的候选人。这些候选人在场内竞争选举胜利的同时,场外的利益集团则会通过其控制的媒体,一方面推出某种特定的利己政策议题,推动这些议题成为新一届政府的工作重点,另一方面则发动舆论形成有利于参选人光辉形象的公众舆论,间接推动民众支持候选人参选,从而有利于将其利益的代言人推到立法的决策层。

与此不同,我国改革开放40年来经济改革的进程,实际上就是社会各阶层、各个利益群体利益的调整过程,也是利益分化的过程。如今中国的社会利益分化已经成为现实,而且这种分化的利益已经开始定型为一种相对稳定的社会结构。但从整体看,中国的利益集团的特殊性在于:一是在已有的利益分化基础上出现的主要利益群体,尚未得到充分的代表和组织化的呈现,其利益诉求的表达渠道尚未完全开通;二是相较于国外成熟形态的利益集团,中国的利益集团大多尚未发展为完备的团体形态和组织架构。① 社会从同质的单一性社会向异质多样性社会转型的同时,也产生了形态多样的利益集团,虽然还不均衡,有过渡性的特点,但也在干部任免、公共投资、财政资金分配、税收征收、政策法规制定等领域施加了明显的影响力。这些施加影响的主要的方式有贿赂、关系网络、说服、集体行动、媒体呼吁、操纵选举等,因而就很有必要在立法理论与对策上深刻认识并有效应对这一问题。

正因如此,党的十八届四中全会通过的《中共中央关于全面推进依法治国若干重大问题的决定》中强调:“引导和支持人们理性表达诉求、依法维护权益,解决好群众最关心最直接最现实的利益问题。构建对维护群众利益具有重大作用的制度体系,建立健全社会矛盾预警机制、利益表达机制、协商沟通机制、救济救助机制,畅通群众利益协调、权益保障法律渠道。”可见,在当代中国的立法活动中,显然已经不能采取消极的压制或取缔的方式来对待利益群体,而是应当积极引导,从而发挥利益集团的信息提供、沟通中介、监督制约等重要功能,在承认利益集团的客观性及诉求正当性的基础上,不断将其活动纳入法治化轨道,依法引导、规范利益集团对立法的影响。

四、利益集团对立法的影响及规范

尽管利益集团的一系列影响立法的行为,都是为了维护本集团的利益,但客观上也产生了一定的积极作用。一是有利于立法科学化。一方面,利益集团由不同的群体组成,本身接近普通民众,自身的信息来源于普通民众,并对普通民众的信息进行整合,能够尽可能多地为政府提供信息;另一方面,一些利益集团在技术方面也有较大优势,可以充分利用本集团成员的经验、知识和技术资源,为立法者决策提供更为科学的技术支持。二是有利于基层民主。在基层民意表达与反馈机制薄弱的地方,

① 景跃进,张小劲.政治学原理[M].北京:中国人民大学出版社,2015:275-277.

利益集团影响立法的活动,为普通公民参与立法过程提供了特定的合法渠道,从而提高了公民参与立法决策的质量和效率。三是有利于维护社会稳定。利益集团在为普通公民的利益表达提供渠道和资源的同时,对于疏解民意、消除社会不稳定因素也发挥了重大作用。

当然,利益集团对立法也存在着消极影响。一是强化了集团利益,误导了正确的立法决策。从实质内容看,利益集团本着追求私利的目的,所提供的信息和意见可能会误导立法者,这些行动干扰了立法者作出有利于社会的整体利益、长远利益的决策。如国家邮政局所起草的《中华人民共和国邮政法》草案中,由本部门垄断信件快递业务的规定,就粗暴地剥夺了其他快递公司参与信件快递业务的竞争资格,既降低了社会效率,也破坏了社会公平,对于社会整体利益是很大的破坏。二是损害了公共利益。利益集团对立法过程的消极影响,污染了自由民主决策的程序,侵害了公民平等参与民主立法的政治权利,加剧了社会不满,影响了社会稳定。例如,我国商务部条法司原正司级巡视员郭京毅,在制定有关外资并购的法规规章及其解释过程中受贿被“双规”。其任职期间一直参与外资立法,2003 年出台的《外国投资者并购境内企业暂行规定》正是郭京毅任原外经贸部条法司副司长时起草的。然而,该规定后来被认为对“假外资”、红筹上市模式以及“热钱”进入等问题并没有提供有效的监管。可见,合理引导与规制利益集团的立法表达具有重要的社会价值。

在我国的立法公众参与中,存在着强势利益集团立法话语权表达过度、弱势利益集团立法利益表达不足的问题,由此造成了利益集团在立法博弈中的力量失衡,进而扭曲了立法对公共利益的保护和表达。对此,可从三个方面加以合理引导和规范:

一是扩大和完善立法意愿的表达渠道。立法意愿的表达,首先要使利益集团表达意见的行为合法化、规范化,而不是视为洪水猛兽,避之不及。其次是完善立法的游说、听证等制度。通过这些措施,就是要让立法过程中的利害关系人等尽可能发表意见,由立法者广泛听取意见,并且让不同的意见进行交锋,从而有助于提高立法表达利益的广泛性和科学性,也有利于强化对立法权力行使的监督,尽量避免部门利益、团体利益的倾向。

二是创造更多元的利益集团博弈环境。立法上的利益博弈环境的改善,最主要的是对博弈力量对比的改变。在我国,金融、能源、运输等领域的国有垄断企业,在行业立法上就拥有明显的博弈优势,存在通过立法和政策维护既得利益的倾向和问题。这就要求我们选择性地支持相对弱势的组织、民众表达他们的立法利益,通过加强组织化,为他们寻求利益代言人,调动他们参与立法活动的利益妥协过程,最终提高立法利益博弈的公开性、真实性。

三是规范政府和强势利益集团的关系。从我国的现实情况看,很多的利益集团与政府有着难以割舍的密切关系,这就导致政府在决策过程中有可能会受到某些利益集团的左右,出现政府俘获现象,从而导致立法的民主性和公平性打折扣,所以政府在与利益集团博弈的过程中应当促进沟通协商,保持立场中立,推行阳光法案,增加政府活动透明度。

拓展阅读

[1]张新宝.侵权责任法立法的利益衡量[J].中国法学,2009(04).

[2]侯健.利益集团参与立法[J].法学家,2009(04).

[3]桑本谦.法律控制的成本分析——以对通奸和黄色短信的法律控制为例[J].现代法学,2007(05).

第四章　立法与国情

知识脉络图

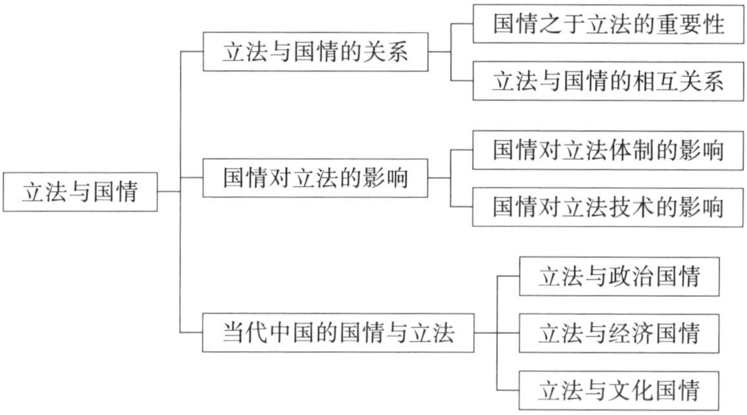

第一节　立法与国情的关系

一切从实际出发，是我们做好任何事情都必须遵循的原则，从实际出发意味着我们要秉持科学理性的态度，立法也不例外。我国《立法法》第七条规定："立法应当从实际出发，适应经济社会发展和全面深化改革的要求，科学合理地规定公民、法人和其他组织的权利与义务、国家机关的权力与责任。"彭真同志也曾强调，"立法时要吸收古今中外对我们有用的好经验""必须从中国的实际出发"①。因此，我国的立法活

① 彭真传编写组.彭真传：第4卷[M].北京：中央文献出版社，2012：1563.

动及其理论研究,都必须对立法与国情的关系有深刻认知,处理好二者的关系。

一、国情之于立法的重要性

实践是法律的基础,法律是实践经验的总结和升华。法律所处理的利益冲突,原本就是发生在特定时空条件下的重要社会现象,因此,通过法律的社会治理这一理念要想实现,就必须与国家的基本国情及其社会发展状况高度契合。实际上,国情之于立法活动的重要意义,长期以来都得到了诸多思想家的注意,他们也都特别重视国情对国家立法活动在各个方面的决定性影响。

在西方法学流派当中,历史法学派宣称历史法学的任务,主要是重新把法学理解为一门建立在历史基础上的科学,强调非理性的、根植于过去传统之中的"民族精神"与法律的关系,认为法律制度具有显著的民族特性,法是民族精神的体现。该学派的代表萨维尼在《论立法与法学的当代使命》中强调,法是由各民族历史发展所决定的民族共同意志,是民族共同信念的反映,是一种民族精神。每个民族必然有其特有的法律制度,但不存在有利于特定民族的、带有一定普遍意义的法律制度。梅因则在《古代法》中着重对法律起源与发展理论作出了新的论断,一方面主张对法律起源要从一定社会历史实际中进行考察,另一方面要把法律当作一个发展过程来认识,提出了"法律发展三阶段"的著名理论。相比之下,马克思主义法哲学则在对黑格尔法哲学的系统性批判中提出了历史唯物主义原理,由此建立起了马克思主义的法理学,其中之一就是有关法与社会、国家之间基本关系的深刻洞察。

就法与社会、国家的关系来说,马克思恩格斯明确指出:"法的关系既不能从它们本身来理解,也不能从人类精神的一般发展来理解,历史上出现的一切法律制度,只有理解了每一个与之相应的时代的物质生活条件,并且从这些物质条件中被引申出来的时候,才能理解。"①也就是说,社会存在决定了社会意识,人们必须在深入考察社会物质资料的生产、交换、分配和消费的基本条件和方式的基础上,才能说明法的产生、发展和更替,说明法的本质、内容和作用。法作为社会的上层建筑,是由经济基础决定的,是经济关系的记录,法虽然需要经由人类理性来确定,但最终决定力量存在于社会物质生活的现实过程之中,而且这个历史过程中的决定性因素,是现实生活的生产和再生产。除此之外,从唯物辩证法来看,由于整个世界都处于运动和发展的过程之中,因而任何法律体系都不能不具有一定的时空特征,它必须与自己时代的社会条件相适应,并伴随着这些社会条件的变化而变化;法律发展的过程与社会基本矛盾的运动过程有着深刻的联系。一种法律制度,只有在准确反映了社会发展的主题

① 马克思恩格斯全集:第 2 卷[M].北京:人民出版社,2009:42.

和基本趋势的条件下才能为推动社会进步贡献力量，并在自身的运动和发展过程中获得强大的生命力。实际上，以物质生活条件为基本内容的社会存在，就是一个国家的基本国情，因而也就对这个国家的立法活动具有决定性的价值。

从历史经验的角度来看，有关法律制度变迁的历史过程，也在不断说明立法与国情密切相关。让我们着重从法系这个概念切入观察。在法学研究中，人们通常将具有某种共同法律传统的若干国家和地区的法律归为一类，作为一个系统来进行观察分析的概念，叫作“法系”。一般把以罗马法为基础形成的，以《法国民法典》《德国民法典》为代表的法律制度，以及其他在这种法律制度影响之下的国家和地区的法律制度的总称，称为“民法法系”。民法法系起源于古罗马，共和时期的古罗马帝国为了提升平民的地位，制定了第一部成文法《十二铜表法》。17 世纪欧洲各国的资产阶级革命及其社会思潮，对民法法系的公法、私法的变革都产生了重大影响，开创了以成文法尤其是宪法保障公民权利的先例。以 1804 年《法国民法典》为代表的私法，保障了公民民事权利平等、私有财产神圣不可侵犯、合同自由等主要权益。与此不同，普通法法系则是起源于英国 12 世纪的普通法，其历史发展与英国社会的历史变迁背景紧密相关，采取的是判例法体制，而不是民法法系的成文法，是因为当时的王室法院代表国王在各地进行巡回审判，适用高于地方法院所适用的习惯的法律，逐渐通过判决形成了适用于全国的普通法。另外，普通法的令状制度、《大宪章》和衡平法，都是在英国社会发展到特定阶段，针对特定利益冲突形成的具体化解决办法产生的。

中国社会在由传统向现代的转型过程中，曾经发生了三次具有重大历史意义的革命性事件。这三次历史性巨变深刻改变了 20 世纪中国社会发展变迁的方向，极大地促成了中国法律制度和法律生活的革命性变化。首先是 1911 年资产阶级领导的辛亥革命的爆发，建立了中华民国，推动中国的法律传统从封建专制主义向近代民主主义法律的历史性转型；其次是 1949 年中华人民共和国的建立，推动中国从半封建半殖民地法律向新民主主义和社会主义法律的历史性更替；最后是 1978 年十一届三中全会开始实行的改革开放，使得中国社会由传统的计划经济体制下的政策主导的人治型法律，向现代市场经济体制下的法治型法律的历史性变革。由此可见，中国社会发展变迁的历史过程及其支撑条件，这些最基本的国情决定了中国社会立法工作的基本性质和变化趋势。中国各个时期的法律发展的总体面貌，实际上就是基本国情制约之下的国家总体治理的函数表达。

二、立法与国情的相互关系

国情对于立法具有重大的现实意义，如何在立法活动中充分把握好国情的基本约束及其要求,无不考验着立法者的智慧,因而需要从理论上对二者的相关性进行探讨。

(一)立法任务与国情约束

马克思曾说:“社会不是以法律为基础的,那是法学家们的幻想。相反地,法律应该以社会为基础。法律应该是社会共同的、由一定的物质生产方式所产生的利益和需要的表现,而不是单个的个人恣意横行。”[①]法律之所以成为治理国家的重要依赖,最为根本的原因就在于,对这里所说的社会共同的、由一定的物质生产方式所产生的利益,给这些活动提供了最基本的合作预期,同时为其中所产生的冲突提供了解决手段,最终让社会的运行变得有序化。因而,立法者面对基于国情的制度需求,怎样才能提供科学、合理、对路的法律产品,就成了衡量立法价值的重要判断依据。

从整体来看,一国的国情覆盖了经济、文化、制度、历史、地理、资源、人口等情况,由这些基本情况所决定了的国情也就具有了自己的特点。因而,法律作为治国之利器,要想实现社会治理功能,立法者显然就要去搞清楚由这些领域的基本情况所决定的主要矛盾是什么,以及有什么样的特点,社会期待法律介入以后,对于这个主要矛盾起到的作用是什么,已有的解决该矛盾的主要方法的不足是什么,通过制定新的法律的办法期望能够获得新的治理效能体现在哪些方面,完成这样的立法任务和法律实施任务的社会总成本又有多大等诸多问题。由这些方面的思考所限定的信息获取、研判和处理,实际上就是在特定的问题上,立法者处理国情基本约束的常规性的活动步骤,由此才能使立法与国情相适应。

(二)国情对立法的双重作用

一个国家特定的经济、政治、历史、地理、文化等多项禀赋因素与历史传统等,既有可能成为推动立法的力量,也可能成为阻碍立法的力量,这种作用的双重性表明了国情与立法关系的基本特点。国情对于一个国家的立法活动来说具有本源价值,在决定立法活动具体内容、目标的同时,也为立法得以完成提供了根本的资源保障。例如,1949 年中华人民共和国成立,推翻了帝国主义、封建主义和官僚资本主义在中国的统治,也终结了半殖民地半封建反革命反人民的法制,由这一全新的国情所决定,1954 年第一届全国人民代表大会第一次会议通过的《宪法》,以根本大法的形式确认了各族人民奋斗的成果,规定了国家的根本制度和根本任务。

一般来说,世界上的任何国家要想通过立法发布系统化的成文法规对目标施加规范性力量,都需要一些最基本的条件。例如,一个统一的以国家强制力为后盾的主

---

① 马克思恩格斯全集:第 6 卷[M].北京:人民出版社,1961:291-292.

体力量负责制定法律、执行法律,比较充分的社会财富,一定的科学技术条件支撑查明事实、证明事实等,这些条件实际上都依赖于特定国家在政治、经济、科技等方面所能提供的资源。在这个意义上,如果能够代表最大多数人利益的主权者制定出了良好的法律,社会经济发展程度能够支撑法律运行所需要的资源,科学技术水准能够为破获、证明案件事实提供必备的支持,最后是优质的法学教育和研究能够输出足够的、合格的法律从业者,那么,在具备了这些基本的条件之后,通过立法实现国家优良治理的目标就能得到有力的推动并最终实现。实际上,在微观层面来看,国情对于立法的促进作用,会有更为直观的认知。例如,由经济发展所支撑起来的科学技术的重大进步,就会对立法中有关疑难案件事实的侦查、证明等领域的法律规则选择、实施产生重大影响。

长期以来,在处理利益冲突的场合中,人类社会始终面临着破解疑难案件真相的重大障碍。在不同时期不同水平的社会生产力发展阶段,社会财富所支撑的查明案件事实的技术、经验和方法都因此受到了很大的限制。今天,在很多影视、小说和戏曲故事中,我们仍然还能看到"滴血验亲"这样的审判方法。例如,秦腔剧《三滴血》。[①] 该方法将血缘关系成疑的人的血液同时滴在水中,若能融合则判定测试者之间有血缘关系,不能融合则无血缘关系。显然,在现代生物学等学科知识尚未成型的时代,这样的办法并不合理,但这可能并不影响其作为规范社会的硬规则所发挥的重大作用。此外,随着现代医学的发展,利用人的指纹图案的独特性,通过把收集到的涉案指纹样本与嫌疑人指纹进行对比(从人工到电脑),从而锁定嫌疑人。再后来,考虑人的血型的类型化分布,也存在利用血型遗传的规律性,试图缩小侦查范围并比对出嫌疑人。然而,由于指纹样本数量大,比对工作量极大,因此该方法尽管在一定时期发挥了重要作用,但是从 1990 年代后期随着 DNA 鉴定技术的成功,指纹技术才渐渐退出了历史舞台。今天,DNA 鉴定技术由于其科学性,已经发展成为证据法上判断亲缘关系最为倚重的技术,极大地促进了立法对亲缘身份利益冲突、刑事案件嫌疑人确定问题的解决。随着大数据、人工智能等先进科学技术的快速进步,尤其是人脸识别技术在超大规模人群中筛查犯罪嫌疑人的广泛应用,则更有力地推进了刑事法律等立法工作的转型升级。

特定的国情作为立法工作必须考虑的基本约束,在促进的作用之外,一定情况下

---

① 秦腔经典剧目《三滴血》中的"滴血验亲"故事是说,知县晋信书在审理因为血缘关系引起的纠纷中,错误地把作为血缘关系的司法检验技术——滴血验亲所适用的季节混淆,导致审判将亲父子拆散、真夫妻误定为乱伦的荒唐结果。

还能对立法工作产生限制,使一定领域的立法可能在特定的参照系下显得低效、落后。首先是限制问题。我们知道,现代民法典都对如房屋、土地等不能移动的财产作出了详细规定。不动产,在现代法律上被认为是一个普世的概念。然而,这个概念在偏远辽阔的青藏高原牧区却受到挑战,因为对于当地的藏民来说,这里没有不动产。藏族牧人的生活世界没有不动产的概念,并不意味着这里没有土地,但由于地广人稀,牧民之间的牧场纠纷主要针对的是牧场中的牧草,而这属于法律世界的动产,是“孳息”。这就导致在这一地区不大需要通过立法形成一整套先进、高效的不动产法律及实施系统。① 基于此,我们在考虑通过大规模移植他国法律实现国家立法任务时,应当注意,因为法律移植问题被遮蔽的背后其实是关于中国社会的生产方式、社会组织和治理方式的讨论,甚至说是对中国社会的发展和转型的讨论,因此,必须同时深刻关注社会经济发展和组织变迁的问题。

其次是对特定国情的漠视所导致的立法两难的问题。对此,可以通过我国的医疗事故责任立法对过错责任原则的选择加以说明。比如因为输血感染艾滋病毒或丙肝病毒,在这些医疗事故中,只要血站按照已有的规定采集血液并进行检验、医院按照已有的操作规定要求完成输血,即便患者感染了病毒,按照该法律原则,血站和医院均无过错,也就不承担侵权赔偿责任。实际上,感染的原因在于,目前在非实验室环境下采血并检验,其中携带的病毒存在一定的窗口期,因此存在一定的漏检率,所以血站和医院即便按照国家规定操作,常规输血仍然有尽管很低但却无法排除的风险。有人会问,可否为医院建立和实验室一样的检验条件?答案是否定的。理由是,这么操作的后果是国家和地方有限的财力会被极大消耗,导致输血价格极度攀升,普通病人手术时必然面临用不起救命血的重大麻烦。因此,考虑到当前我国人民群众的生活水平及消费能力,立法者选择在医疗事故责任立法中适用过错责任原则。这一由特定时代、特定地域的社会发展形势所直接决定的立法选择,其后果则是绝大多数患者在享受较低的输血费用的同时,同时承担了尽管概率很低但仍然存在的感染病毒的风险。② 当然,如今依赖商业化的强制医疗保险制度,在我国的大部分地区医院就诊,因为输血感染病毒的风险问题已经得到了较为妥善地解决。

最后,还应当从历史唯物主义哲学出发来理解国情对立法的双重作用。应当注意到,国情在特定时期内的变化性,这种变化性也会对同一时期的立法工作提出要求,立法者就有必要在国情与立法之间保持一定的同步性,从而通过立法更好地服务

① 苏力.这里没有不动产——法律移植问题的理论梳理[J].法律适用,2005(8):24-28.

② 桑本谦.理论法学的迷雾[M].北京:法律出版社,2015:109-119.

于社会发展进步。这方面的例子,典型之一如我国刑事立法对通奸行为惩罚决策的变化。

在漫长的农耕社会中,对于绝大多数生活在村落当中的普通百姓来说,由于彼此之间比较熟悉,生老病死都发生在一个熟人社会中,一举一动彼此都比较了解,通奸这种对婚姻家庭极具威胁的有害行为,被揭发控告的可能性极大,因而为了避免因为奸情引发的凶杀案及对家庭关系的严重破坏,国家通过立法明文对通奸施加严厉惩罚,不但社会效果好而且成本低廉。然而到了近现代,各国立法大多放弃了对通奸的惩罚。其根本原因在于,人们的衣食住行及交往的方式、空间等基本条件发生了巨大变化,频繁的、便利的、高速的交通等都为通奸行为的发生提供了条件,被发现、举报都更为困难。因此,在城市化后的陌生人社会中,立法如果将通奸行为纳入刑事法律惩罚的范围,将面临极高的侦查、举证等实施成本,并且还可能遭遇通奸者配偶一方的反对或者抵制,至少是消极对待。在这个意义上,立法将惩罚通奸从法律控制范围中剥离出来,交由以党政纪律和道德等为主体的社会规范进行调整。

第二节　国情对立法的影响

从历史经验视角看,国情之于立法具有重要意义,必须高度重视国情对立法的规定性内涵。就两者关系的一般理论来看,国情是立法活动完成社会治理任务所必须认真考虑的前提性约束;国情对于立法任务的完成,既具有作为支撑性资源的促进价值,同时也因为其在特定时空下的基本境况,对立法活动的选择具有明显的限制作用。对国情的这种双重作用的考察,还需要从抽象的立法活动本身切入,着重就国情对于特定社会的立法体制与立法技术等方面的影响展开探讨,从而进一步扩展对国情与立法关系的理解。

一、国情对立法体制的影响

立法究竟是为了谁的利益?这是一个具有根本意义的问题,意味着我们要去探索立法的本位问题。我们知道,法是由特定国家机关依据职权制定的约束人的行为、由国家强制力保证实施的行为规范。那么,问题的关键就是,法是国家意志的表达,但这个国家政权代表的又是什么人的利益。依据马克思恩格斯关于法本质的精辟论述,就表层本质而言,法是占据社会统治地位的阶级利益的体现;就法的终极本质而言,法作为统治阶级意志的体现,其内容是由社会物质生活条件决定的。因而,统治阶级意志是随着社会条件的变化而变化的,因此法律也随之发生变化。我们知道,就决定立法活动基本形态的立法体制来说,主要是指对立法权限进行划分的制度,涉及哪些国家机关,具有什么性质、多大范围的立法权限,以及享有不同性质、不同范围的立法权限的各国家机关之间是一种什么样的关系。[①] 在这个意义上,认识一个国家立法问题的核心,就必须考察、分析特定的国体、政体、国家结构形式等因素,究竟是如何影响并塑造出了一国独特的立法体制。

首先是国体对立法体制的决定性意义。毛泽东同志曾在《新民主主义论》中强调了国体的内涵问题。这个国体问题,从清朝末年起,闹了几十年还没有闹清楚。其实,它指的是一个问题,就是社会各阶级在国家中的地位。[②] 社会各阶级在国家中的地位问题,本质上是国家政权掌握在谁手里的问题。而“法律就是取得胜利并掌握国家政权的阶级意志的表现”[③]。因此,掌握了一个国家政权的阶级,就决定了一个国家的立法权反映自己的意志和利益。就新中国成立以来的立法而言,其所代表的是工人阶级领导的、以工农联盟为基础的最广大人民群众的根本利益。在我国,宪法也是作为适应近现代国家维护阶级统治需要而产生的,因此必须把国家性质作为宪法的重要内容予以直接规定。

在法理学中,法的历史类型这个概念就是与人类历史上基本的社会形态相联系的概念,是依据法所赖以存在的社会物质生活条件所体现的国家意志的性质的不同,而对各种社会的法律制度所作的分类。依据掌握统治权阶级的不同,人类社会可以划分为原始社会、奴隶社会、封建社会、资本主义社会和共产主义社会(社会主义社会是它的低级阶段)五种社会形态。按照经济基础决定上层建筑的历史唯物主义原理,法律制度的基本内容和性质总是与其所在社会的生产关系相适应的。因此,立法实践的历史上也就先后产生过四种历史类型的法律制度,依次是奴隶制的、封建制的、资本主义的和社会主义的法律制度。

其次是政体对立法体制的重要影响。毛泽东同志指出:“至于还有所谓‘政体’问题,那是指的政权构成的形式问题,指一定的社会阶级采取何种形式去组织那反对敌人保护自己的政权机关。没有适当形式的政权机关,就不能代表国家。”[④]可见,如

---

① 法理学编写组.《法理学》(第二版)[M].北京:人民出版社,2020:306.

② 毛泽东选集:第2卷[M].北京:人民出版社,1991:676.

③ 列宁全集:第16卷[M].北京:人民出版社,2017:292.

④ 毛泽东选集:第2卷[M].北京:人民出版社,1991:677.

果说国体表明的是国家政权掌握在哪个阶级手中，国家机构及立法体现谁的利益，那么，政体则是要表明通过什么形式的政权机关实现对统治阶级利益的保护。在宪法学理论中，政权的组织形式是指掌握国家权力的阶级行使国家权力的政权体制，也就是统治阶级按照一定的原则组成的代表国家行使权力以实现阶级统治任务的国家政权机关的组织体系。具体来说，包括统治阶级通过建立何种政权体制，去体现统治阶级与被统治阶级的关系，由谁作为国家权力的代表或象征，并以何种方式和手段将所形成的国家意志，向社会予以表达，以什么名义来表达等内容。①

马克思主义者在长期的革命实践中深刻认识到，无产阶级必须在取得政权后同时建立适宜的政权组织形式，才能发展民主、保障民主权利，实现对社会的改造并建设国家经济。可见，政权组织形式问题是一个国家的根本政治制度问题。在这个意义上，我们才能理解我国宪法序言中规定的“本宪法以法律的形式确认了中国各族人民奋斗的成果，规定了国家的根本制度和根本任务，是国家的根本法，具有最高的法律效力”的立法学意涵。实际上，社会主义国家建立起的人民代表制的共和政体，其政权组织形式的共同点是国家的一切权力属于人民，人民通过直接或间接的选举代表组成各级国家权力机关和行使管理国家和社会的一切权力，实行民主集中制。也由此，现行宪法第二条规定，中华人民共和国的一切权力属于人民。人民行使国家权力的机关是全国人民代表大会和地方各级人民代表大会。可见，我国政体是人民代表大会制度，即由人民按照民主集中制的原则依法选举代表，组成全国和地方国家权力机关体系，并通过国家权力机关组织其他国家机关，以实现人民当家作主的制度。全国人民代表大会是最高国家权力机关，又是国家最高立法机关。

最后是国家结构形式对立法体制的重要影响。国家结构形式是指特定的国家统治阶级根据何种原则、采取何种形式来处理国家内部的组成，以及调整国家整体与组成部分之间的相互关系。其实质在于中央和地方或组成单位之间的权限划分问题。当今的国家结构形式有单一制和联邦制两种。实行单一制的国家，其内部的主权是统一的，全部权力都源于中央国家机关，地方政府能获得的权力由中央决定，全国有统一的法律体系，只有一部宪法，再由中央立法机关根据宪法制定法律，在中央设有全国最高的立法、司法、行政和监察等国家机关。包括我国在内的单一制国家数量，占到了全世界所有国家的百分之九十左右。与此相对的联邦制，是指由若干具有相对独立性的如州、邦、共和国等，作为成员单位联盟组成的国家。联邦和成员单位各自拥有自己的统一的宪法和法律、立法机关等国家机关，双方不得单方修改宪法分享

① 朱应平.宪法学基础[M].北京:北京大学出版社,2016:206.

国家权力,在全部的国家权力中涉及全联邦事务的权力由联邦政府享有,管理较单纯属于地方性事务的权力由成员单位享有。可见,从立法机构和立法体制来看,单一制国家的立法机构和立法权力是唯一和统一的,联邦制国家则较为分散;从法的体系来看,单一制国家是统一且单一化的,而联邦制国家的联邦和州具有各自不同的法律系统。

总之,尽管一国的立法体制是多种力量、多方面因素综合作用的结果,但其中的国家上层建筑对于具体的立法体制具有规定性的意义,是一种直接的、集中的影响。一个国家的国情对于立法的性质和任务有决定性影响,决定了法律代表谁的利益,又该通过什么样的政权组织形式形成并表达这些利益,最终在分配针对利益的权力行使问题上又该采用什么样的国家结构形式。立法体制作为国家宪法制度的重要组成部分,采取何种类型的立法体制,都是适应于该国的历史和现实的国情需要的。一国对于自己立法体制的想象和构造,是广义的国家创建者及立法者,对若干能够成功构建国家的因素和力量综合平衡、把握的结果。因此,一国的立法者需要将自己对立法体制的主观认识与该国实际情况的要求相统一,从而真正选择、锻造出符合本国利益的立法体制,并通过国家根本大法的形式予以明确表达。

二、国情对立法技术的影响

实质与形式既对立又统一。如果说从国体、政体、国家结构形式等因素来考察国情对立法活动的影响,是一种从实质性角度展开的工作,那么,从对法律的名称、结构等方面的立法安排的影响来考察,则是一种从形式性角度开展的探讨。一国立法活动的结果,究竟是以什么样的面貌呈现给社会,实际上并不是以立法者的个人意志为转移,而是受制于国家的政治、经济、文化和历史传统等方面的国情因素,以求达到最优的立法形式选择和更好地服务于法律适用活动并产生最大程度的治理效果。

首先是国情对法的结构的影响。法的结构,主要是指立法者在制定法律的时候,采用什么样的部分并以什么样的名称来组成。一部法律采用何种名称及结构形式,一般取决于其所服务的法的本质、国家制度和政治文化传统。就法的名称拟定来说,在奴隶社会、封建社会中,法所体现的是占据统治阶级地位的少数人的意志,是维护统治集团的利益的工具,因而这些立法活动往往将法的名称与统治者的国号、年号和姓名紧密联系在一起,组合为法典律令的名称,如《唐律疏议》《大清律例》《拿破仑法典》《钦定宪法大纲》《汉谟拉比法典》等。以《钦定宪法大纲》为例,清政府在 1906 年发布“上谕”,宣布预备立宪,明确提出预备立宪的原则是“大权统于朝廷,庶政公诸舆论,以立国家万年有道之基”。该法正文为十四条“君上大权”,规定的是大清皇帝对最高权力的享有,附录部分为九条臣民的权利和义务。实际上,这部宪法基本上抄袭的是日本的"明治宪法",尽管其规定了臣民的权利义务,但在毫无限制的皇权面前则没有实质意义,最终该法不过是以宪法大纲的形式来确认皇帝的君主独裁体制。然而,在进入近现代社会以后,法应当是全体国民意志的反映,这样才能体现立法活动的政治正当性,因而以统治者个人名字、国号等形式命名法律的历史一去不复返。

其次是国情对法的内容安排的影响。在大陆法系国家制定的法典中,大部分都体现出通过总则和分则安排法典内容的共同特点。这种总则、分则和附则的法典内容安排的常规结构,实际上与大陆法系国家立法活动的思维哲学、实践传统这些基本情况紧密相关。从近现代民族国家的兴起和建立的历史进程来看,欧洲大陆法系的主要成员国法国、德国,都是在英国发生工业革命和"光荣革命"率先进入工业化国家后,通过大革命的方式才开始由封建进入现代,都通过国家力量试图推动自上而下的变革,得以快速走上资本主义的发展道路。因而,在实践中都发展出了类似议会制的议事体制,通过制定统一的成文法典表达国家对经济发展、社会变革的指导思想和明确要求,也就必然会出现通过演绎式思维方式,以总则—分则的方式系统、完整且有逻辑地进行立法内容的具体安排。与之相对的英美法系,则主要是以判例法构成法律的体系,这一现象则是与发源于英国的普通法和衡平法的历史起源与传统密切相关。又比如,因为菲律宾曾长期沦为美国的殖民地,所以在立法传统上与美国宪法形成了紧密联系,导致其宪法尽管与大多数国家在结构上不同,但却与美国宪法的结构十分相似。

最后是国情对法的渊源的影响。根据一个国家立法权限的配置,能够制定出不同等级和调整对象的规范性法律文件的国家机关并不是单一的,因此就国情对于法的渊源的影响来看,就会因为立法体制的独特性,形成多样化的法律表现形式。我国是统一、单一制的多民族国家,各地经济、社会发展很不平衡。与这一国情相适应,在最高国家权力机关集中行使立法权的前提下,为了使法律既能通行于全国又能适应于各地的不同情况,因而我国确立了统一而又分层次的立法体制。具体来说,中央层面制定法律、行政法规、监察法规,地方层面制定地方性法规、自治条例、单行条例、经济特区法规和地方规章等。从性质上看,行政法规是对国家法律的补充,地方立法是对中央立法的补充,都是国家法律体系的组成部分。

实际上,我国之所以实行统一又分层次的立法体制,首先是因为我国是单一制国家决定了立法权必须集中于中央;其次是我国的政体是人民代表大会制度,立法权相对集中于国家权力机关;再次,我国的地域辽阔、人口众多,各地政治经济文化等情况差异大,少数民族多,实行民族区域自治制度决定了赋予地方和民族地区立法权的必要性;最后,改革开放以来我国始终处于高速发展变化中,因而赋予直接管理社会具体事务的行政部门一定的立法权,能更好适应体制改革和对外开放的实际需要。

第三节 当代中国的国情与立法

新中国成立以来,在党中央集中统一领导下,我国立法工作从新中国成立初期废除国民党旧法统、积极运用革命根据地法制建设经验推进社会主义法制建设,历尽艰辛,走出了一条具有中国特色的立法道路。特别是改革开放以来,当代中国的立法工作始终同中国特色社会主义事业的伟大实践保持紧密联系,围绕不同时期党和国家的工作大局,不断谋求对各项建设事业提供良好的法治保障,快速推动了法制建设进程,到2010年如期形成中国特色社会主义法律体系,国家在政治、经济、文化等多领域实现了有法可依。新时期,为适应我国社会主要矛盾变化对立法工作提出的新要求,并与国家治理体系和治理能力现代化相适应,就必须正确认识并处理好国情和立法的关系。

一、立法与政治国情

当代中国的立法工作,是从新民主主义革命时期中国共产党领导下的革命根据地政权创立法律制度开始探索的。这一时期形成了很多优良的立法经验和司法经验,为形成新中国法律传统奠定了坚实基础。为适应革命根据地的民主建设,革命根据地政权制定出了一系列宪法性文件,保障人民的民主和人权,如《中华苏维埃共和国宪法大纲》《陕甘宁边区施政纲领》《华北人民政府施政方针》等,尤其是《中国人民政治协商会议共同纲领》规定了新中国的性质和政权形式等重要内容。革命根据地政权还根据不同时期革命工作的需要,为调动革命积极性制定了不同的土地政策,对封建土地制度进行多次变革,形成《井冈山土地法》《中华苏维埃土地法大纲》等法律。此外,为发展经济、扩大生产并支援革命斗争,根据地政权还通过废除旧的婚姻制度和习俗、打击旧式残酷剥削的劳动关系,在刑事法、婚姻法、劳动法等领域进行彻底变革,有效保护了劳动者的人身健康权利、婚姻自主权、劳动成果权益等福利。最后要强调的是,在革命根据地司法实践工作中创立的,并对新中国法制建设传统产生最大最深远影响的“马锡五审判方式”。

“马锡五审判方式”，具有深入基层、就地审理、手续简便、便利群众、依靠群众、审判与调解结合等主要特点。这种司法技术特征，与党在革命根据地进行革命战争、政权建设的社会动员时，所施加的其他社会治理技术（如诉苦和开会等）均具有足够的亲和性，从而使得司法成为党可资利用的一项社会治理技术。党通过这个渠道，有效地将自己的路线方针和政策传达贯彻到乡村社会中，完成了国家政权建设，为国家对社会的全面治理打通了渠道。在这个权力技术的系统化组合、配置中，法律必须服从政治要求，政治也要借助法律的技术，政治与法律的有机结合产生了一个独特的法律概念——“政法”，最终在新中国发展成为一套学说、组织机构、权力技术和成熟的法律实践。由此，法律治理化就构成了中国法律的新传统，即政法传统。[①] 需要注意的是，这是从法律世界出发重新返回前法律的世界，并由此来理解法律。由于在全球世界体系形成过程中，以民主富强或现代化为目标的国家治理，构成了近代中国理性化过程中的唯一向度，因而立法活动中通过从西方移植的或者从传统中发现的那些法律技术都被国家治理轻易驯服，与实现国家现代化为目标的治理问题紧密联系在一起。在这一现代化过程中，法律的主要作用不是要确认社会秩序，而是孙中山先生所说的，法律被当作是一种“建国”方略，而不是“治国”方略。法律在此扮演的角色，从总体看就是要推进对现有社会秩序的全面改造和重新构建，尤其是国家要以“立法”的形式推进现代化进程。[②]

正是在这一传统的政法思想背景下，我们才能理解新中国成立后，必须通过废除国民党旧的法律“六法全书”，才能真正通过立法建立符合新中国成立目标、任务的新的法律制度，从而确立马克思主义的国家观、法律观。而 1954 年通过的《宪法》，则是以国家根本法的形式，确认了近代以来中国各族人民的奋斗成果，规定了国家的根本制度和根本任务，尤其是《宪法》序言从国家历史、现实、未来的角度，明确了中国共产党是国家一切事业的领导核心的宪法地位。现行《宪法》第一条第二款明确规定：“社会主义制度是中华人民共和国的根本制度，中国共产党领导是中国特色社会主义最本质的特征。”改革开放以来，中国的法治建设进入了立法时代。出于审判林彪、江青反革命集团案的需要，1979 年全国人大率先制定了刑法、刑事诉讼法、法院组织法等法律。随着经济领域改革在 20 世纪 80 年代的逐步深入，尤其是 1992 年党的十四大明确提出经济体制改革的目标是建立起社会主义市场经济体制，有关市场经济领

---

① 强世功.法律与治理——国家转型中的法律[M].北京：中国政法大学出版社，2003：123-124.

② 苏力.道路通向城市——转型中国的法治[M].北京：法律出版社，2004：21.

域的重要法律法规开始大规模地移植并成功建立，直到2010年中国特色社会主义法律体系形成。

在这个过程中，党的第二代领导集体提出“加强社会主义民主，健全社会主义法制”的历史任务，确定了“有法可依，有法必依，执法必严，违法必究”的法制建设方针，形成了邓小平理论中的法制思想重要部分。第三代领导集体继续全面推进改革开放和社会主义现代化建设，将依法治国、建设社会主义法治国家，确立为党领导人民治理国家的基本方略，并写入宪法。党的十八大以来，以习近平为核心的党中央围绕全面依法治国作出一系列重要论述，形成全面依法治国新理念新思想新战略，深刻回答了中国特色社会主义法治向哪里走、跟谁走、走什么路、实现什么目标等重大问题。

习近平深刻指出：“要回到我们的本源上去认识，一定要认清，中国最大的国情就是中国共产党的领导。什么是中国特色？这就是中国特色。”[①]实际上，中国共产党对国家和社会的领导，是政治、思想和组织的全面领导，在同级各种国家机关和社会组织中，党委居于轴心地位，“总揽全局、协调各方”。这是中国共产党领导的党政体制的基本框架和要求。[②] 实践中，党对作为立法机关的人民代表大会的领导，则主要是通过组织领导和过程领导得以实现。具体来说，党对人大的领导在工作中因事而异。在选举和人事任免上，党委全面介入；在立法过程中则是抓大放小，重要法律全过程介入，不重要的法律是宏观把握、过程监控；在监督领域，在更大程度上则是人大常委会主动争取党的领导。[③]

从党所领导的有中国特色的社会主义现代化建设事业总体来看，由于我国是一个地域辽阔、人口众多的国家，各地政治、经济、文化发展不平衡，尽管改革开放以来经济社会发展取得了举世瞩目的成就，但是我国仍然是一个发展中国家，仍处于并将长期处于社会主义初级阶段，人民日益增长的物质文化需求同落后的社会生产力之间的矛盾没有变，发展仍是解决我国所有问题的关键，这是中国最基本的国情、最大的实际。当前，发展中不平衡、不协调、不可持续的问题仍然十分突出，因此，正确认识当代中国的国情是做好立法工作的基本出发点，要从实际出发，最根本的是从中国国情出发，深入实际调查研究，全面把握客观规律，始终把改革开放和社会主义现代化建设的宏伟实践作为立法的基础，充分发挥立法在引领、推动和保障改革方面的重

① 习近平.中国共产党领导是中国特色社会主义最本质的特征[J].奋斗，2020(14)：4-17.
② 景跃进，陈明明，肖滨.当代中国政府与政治[M].北京：中国人民大学出版社，2016：23.
③ 何俊志.从苏维埃到人民代表大会制[M].北京：复旦大学出版社，2011：284，295.

要作用。①

二、立法与经济国情

一般来说，人们主要从生产力和生产关系的意义上使用“经济”概念，因而所谓的经济状况指的是整个社会的物质资料的生产和再生产。法律对于经济的作用主要表现在，通过对经济关系的确认来规范其中的经济行为，进而起到维护特定的经济秩序的目的。任何一个社会的法，都把维护一定的经济制度作为重要任务。我国的社会主义立法必须确认和维护社会主义的经济制度，确认和维护人民民主专政的国家政权赖以存在的经济基础。新中国成立70年以来，伴随着新中国特色社会主义现代化建设事业的蓬勃发展，在不同时期立法活动的展开都紧密围绕着该阶段经济活动重大制度需求，为经济社会建设事业的进步提供了良好的法制环境。

新中国成立后，国家开始在解放区实行土地改革。从1953年起，党中央在全国开始实施第一个五年计划，并系统地实施国家的社会主义工业化及对农业、手工业和资本主义工商业的社会主义改造。根据《共同纲领》的规定，党中央认为应该适时实行普选产生全国人民代表大会，制定宪法。1954年《宪法》获得通过，主要就国体、政体、经济制度以及国家机构、公民基本权利义务等主要问题作出了规定。根据这一时期党中央对社会主义建设的总体设想，最重要的目标是在这个过渡时期，完成社会主义改造，这样才能真正使逐步实现工业、农业、国防和科学技术的现代化具备基础条件。因此，1954年《宪法》中对于过渡时期的总任务在序言中给予明确规定，并着重对相应的国家经济制度也就是所有制问题予以确认，从而为新时期建立社会主义制度并推动社会主义各项事业建设提供根本保障。

1978年党中央总结新中国成立以来正反两方面的经验，解放思想、实事求是，实现了全党工作中心向经济建设的转移，开启了改革开放的伟大征程。党的十二大提出，我们党领导人民继续制定和完备各种法律，要把更多的经济关系和经济活动的准则用法律的形式规定下来，使法律成为调节经济关系和经济活动的重要手段。党的十三大明确强调，法制建设必须贯穿于改革的全过程，必须保障建设和改革的秩序，使改革的成果得以巩固，要尽可能用法律或制度的形式加以明确。正是对于这些改革开放现实国情的回应，我国的立法工作开始了全方位的推进。从1988年起，通过修改《宪法》，明确了非公有制经济的法律地位，修改了中外合资企业法、外资企业法、中外合作经营企业法、全民所有制工业企业法、专利法、著作权法、涉外经济合同法、

① 武增.中华人民共和国立法法解读[M].北京：中国法制出版社，2015：23-24.

海商法、土地管理法等一大批经济领域的法律；制定了民法通则、民事诉讼法、继承法等民事方面的法律；制定了环境保护法、水污染防治法、大气污染防治法、矿产资源法、水法、草原法、渔业法、森林法等一大批环境资源的法律。尽管如此，正如万里同志曾经指出的，这与现实生活提出的要求，与完备法制的目标，都还有很大的距离，因此立法工作需要有一个通盘考虑，通过制定立法计划的方式有步骤地进行，成熟一个，制定一个。条件不成熟的，继续由政府制定形成法规。① 客观来看，1980 年代我国的立法工作因为实行改革开放、推行以经济建设为中心的国家战略，在诸多领域展开的大规模的立法工作，为后来的法制建设奠定了基本框架并积累了丰富的实践经验。

从 1990 年代起，国家确定了建立“社会主义市场经济”的改革目标，准备同时用好政府和市场“两只手”。江泽民同志强调：“市场对发展经济的积极作用已经为社会主义国家越来越多的人所认识，必须发挥计划调节的优势保证整个经济全面发展，保证资源的公平有效配置，防止两极分化。”②1993 年《中共中央关于建立社会主义市场经济体制若干问题的决定》指出，要遵循宪法规定的原则，加快经济立法，进一步完善民商法律、刑事法律、有关国家机构和行政管理方面的法律，20 世纪末初步建立适应社会主义市场经济体制的法律体系。第八届全国人大及其常委会制定出了一批有关社会主义市场经济方面的法律。通过宪法修正案，把我国处于社会主义初级阶段、建设中国特色社会主义理论和坚持改革开放等内容载入宪法，以国家根本法的形式确立了建设中国特色社会主义理论的指导地位；规定“国家实行社会主义市场经济”“国家加强经济立法，完善宏观调控”，为建立和发展社会主义市场经济提供了宪法依据。同时，围绕市场经济体制的主要环节，在规范市场主体、确立市场规则、完善宏观调控、对外开放等方面加快了市场经济的立法工作。

回顾改革开放四十年的立法工作与当代中国国情之间的良性互动，还需要对发生在广阔农村的农村集体产权变革伟大实践予以高度重视，才称得上基本构成了对这一时期国家重要领域的立法工作的有效认知。

从 1982 年到 2022 年这四十年当中，经过中国农村基层的改革探索和党中央的顶层设计，在坚持农村土地集体所有制的前提下，将家庭承包经营的经营方式引入集体经济，形成统一经营和分散经营相结合的双层经营体制，实现了集体土地所有权与经营权的“两权分离”，使农户有了相对独立的经营自主权，进而在集体土地上找到了

---

① 万里.万里文选[M].北京：人民出版社，1995：583-584.

② 中共中央文献编辑委员会.江泽民文选：第 1 卷[M].北京：人民出版社，2006：200-201.

发挥农户家庭积极投入劳动的有效经营形式，通过改革完善了农村集体产权。另外，从家庭承包经营制作为中国农村基本经营制度的法制化历程来看，主要以党中央“一号文件”政策指导的改革，在经历反复社会试验后，最终被宪法、专门法吸收、定型，进而完成了制度化的建设。

具体到立法实践，农村基本经营制度作为基本制度的提法，最早出现在1991年的通过《中共中央关于进一步加强农业和农村工作的决定》。该决定特别强调：“把以家庭联产承包为主的责任制、统分结合的双层经营体制，作为我国乡村集体经济组织的一项基本制度长期稳定下来，并不断充实完善。”[①]1993年通过的宪法修正案，将此确立为中国改革开放新时期的农村基本经营制度。1998年的《中共中央关于农业和农村工作若干重大问题的决定》，正式表述为“以家庭承包经营为基础、统分结合的双层经营体制”。2002年通过的《中华人民共和国农村土地承包法》规定，农民土地承包经营权是依法获得的财产性权利。2007年通过的《中华人民共和国物权法》规定，农民集体所有的不动产和动产，属于本集体成员集体所有。2020年通过的《中华人民共和国民法典》明确将土地承包经营权规定为用益物权，正式建立农地的物权制度。就此，关于农村基本经营制度的改革政策，形成了以宪法和专门法律支撑的完整法律法规体系。

实际上，在21世纪以来的二十年中，党中央连续出台新农村建设、全面深化改革、农村集体产权制度改革等关于农业农村发展改革的重大决定或意见，尤其是在2018年为解决新时期社会主要矛盾提出的乡村振兴战略中，要求坚持农业农村工作优先，推动城乡融合发展，走共同富裕道路。这一决策的关键是，探索如何在社会主义市场经济条件下，推进农村集体产权改革，完善农村集体产权制度和要素市场化配置，发展新型农村集体经济。基于此，2021年第十三届全国人大常委会第二十八次会议通过《乡村振兴促进法》，其中第一条规定：“为了全面实施乡村振兴战略，促进农业全面升级、农村全面进步、农民全面发展，加快农业农村现代化，全面建设社会主义现代化国家，制定本法。”

从当代中国立法的历史实践可以看出，正如《立法法》第四条所规定的，以经济建设为中心是立法应当遵循的指导思想，现实中我国的立法就是伴随着国家建立、建设和改革三个阶段中心工作不断深化并发展进步的，而且始终坚持正确认识、深刻体察不同阶段党中央的重大决策和战略部署所提出的要求和重大意义，并将党的领导从政治、思想和组织全方位融入立法工作中，强有力地保障了国家建设、经济政治体制

① 中共中央文献研究室编.十三大以来重要文献选编(下册)[M].北京:中央文献出版社,1991:1762.

改革、对外开放和完善并发展社会主义市场经济。通过多年的艰苦努力,我国基本形成了以宪法为核心,以法律为主干,包括行政法规、地方性法规等规范性文件在内的中国特色社会主义法律体系。可以说,改革开放四十年来,通过深刻把握经济发展和法律发展相互促进的基本关系,在推动我国经济从高度集中的计划经济体制向社会主义市场经济体制的根本转变中,立法者坚持从当代中国国情和实际出发,把改革开放和社会主义现代化建设的伟大实践作为立法基础,顺应时代发展和社会进步的新要求,把握规律、因势而谋、顺势而为,通过高质量的立法工作,在实现依法管理和保障经济社会持续快速健康发展的同时,形成了与中华民族伟大复兴相适应的中国特色社会主义法律体系。

三、立法与文化国情

文化是经济和政治的反映。对文化最广义的定义,是指人们所创造的不同于自然和自身生物本能的东西,包括物质文化、精神文化和制度文化。从法律与文化关系的角度考察,文化首先具有综合性特点,是多种因素有机联系的综合体,法律在其中与不同的因素相辅相成;其次是具有民族性特点,产生于以一定的社群为基础的实践活动;再次是历史性特点,是说文化的内容和形式随着人类实践活动的发展而发展;最后是传递性特点,这一点制约着法律文化传统的传承和相互的影响。① 在这个意义上,文化对立法能够产生深远影响。

实际上,任何国家的法都只能在其文化基础上产生和存在,不能脱离自己的文化而自立自足。这一点正如孟德斯鸠所洞察的:"法律应该和国家的自然状态有关系;和寒、热、温的气候有关系;和土地的质量、形势和面积有关系;和农、猎、牧各种人民的生活方式有关系。法律应该和政制所能容忍的自由程度有关系;和居民的宗教、财富、人口、贸易、风俗、习惯相适应。最后,法律和法律之间也有关系,法律和它们的渊源,和立法者的目的,以及和作为法律建立的基础的事物的秩序也有关系。应该从所有这些观点去考察法律。这些关系综合起来就构成所谓'法的精神'。"②

立法作为法治建设的重要环节之一,文化对其决定性的影响具体体现在:首先立法设定了基本的价值标准,其来源于社会中居于支配地位的文化,通常存在于大多数人接受的道德、宗教或信念中。其次是作为立法活动产品的法律规则,通常是对社会通行规则的重述。最后是社会中的亚文化对立法的选择也有重要影响,如亚文化中的合理成分一般会被立法认可。文化与国情之间的这种互动关系,美国法学家庞德

---

① 法理学编写组.法理学(第二版)[M].北京:人民出版社,2020:271-272.

② [法]孟德斯鸠.论法的精神(上册)[M].张雁深,译.北京:商务印书馆,1961:212.

曾说:“对过去来说,法律是文明的一种产物;对现在来说,法律是维系文明的一种工具;对未来来说,法律是增进文明的一种工具。”[①]根据《立法法》第一条关于立法宗旨和第五条关于立法工作所要遵循的宪法的指导思想的规定,概括来说,在我国立法工作中一切考量的出发点和落脚点最终都是服务于中国特色社会主义事业建设。也就是在这个意义上,社会主义国家的立法事业,就必须立足于各个时期国家在文化领域的战略思想和政策方针,通过立改废的立法活动对此提供必备的保障作用和规范作用。

就新的文化建设来看,新中国进行了深刻的社会变革和文化变革。具体来说,通过土地改革、社会主义改造,在农村实现了比较公平的土地分配,在城市没收官僚资本和接收外国资产,确立了公有制经济,从而打破了几千年来形成的封建地主剥削性质的等级制度和观念。通过废除古代羁縻制度并确立了民族区域自治制度,彻底改变了民族歧视和压迫的落后现状,确立了各民族平等团结互助的新型关系。[②] 通过去除宗教制度、家族制度当中的封建因素对人民自由选择支配权利的阻碍,确立起了人民伟大、劳动光荣的社会主义新文化,普通劳动者获得了空前的社会地位,普及了平等文化。“人民创造历史、劳动者最光荣”的理念、“工人参加管理、干部参加劳动”的经济民主探索、“官兵一致同甘共苦”的作风、“破除资产阶级法权、缩小三大差别”的愿景,都从根本上改变了传统中国的政治、社会和文化。[③] 实践中,这场社会和文化的变革成了启动中国建设现代化的动力。新中国建立了一个公平、有保障和有组织的扁平化社会,普及了平等文化,使得国家和人民成为利益一致的共同体,是一场大规模的平民化运动,使得普通劳动者获得了主人心态,团结了最大多数的人民群众,五十六个民族团结在“社会主义大家庭”,为建设一个现代化新中国努力奋斗的决心得到了前所未有的激励和鼓舞。概括来说,新中国建设的这种新文化,就是毛泽东同志所强调的“无产阶级领导的人民大众的反帝反封建的文化”[④]。因而,这种以平等为中心的文化在新的时代要想实现,必将面临一切落后集团利益及其观念的阻碍,在这个意义上,通过民主立法、科学立法促进保障新中国社会主义文化的发展就成为迫切需要。

显然,社会主义文化是一个包含了丰富内涵的概念包,在新中国现代化建设的各个阶段中,国家在坚持对社会主义这个核心价值展开宣传和教育的同时,还针对不同

---

① [美]罗斯科·庞德.法律史解释[M].邓正来,译.北京:中国法制出版社,2002:212.

② 常安.缔造社会主义中华民族大家庭——新中国民族区域自治制度的奠基历程[J].学术月刊,2019(9).

③ 江宇.大国新路:中国道路的历史和未来[M].上海:中信出版集团,2019:147-148.

④ 毛泽东选集:第3卷[M].北京:人民出版社,1991:855.

时期的社会主义建设的重大需求提出了相应的文化建设立法任务。以宪法立法为例,考察我国当代的立法实践可见,1949 年《共同纲领》就专章规定:“中华人民共和国的文化教育为新民主主义的,即民族的、科学的、大众的文化教育。”从 1954 年制定第一部宪法开始,经过多次对宪法的修正,通过国体、政体和国家结构形式等规定,在政治上确立了社会主义作为国家根本制度;通过确立起生产资料的社会主义公有制,体现了社会主义的国家根本制度的本质特征,才最终确保劳动人民在经济、政治上的主人翁地位,才有可能通过国家建设具备统一的社会利益和雄厚的物质力量,达到实现全体社会成员共同富裕的社会主义核心价值目标。具体来看,“五四宪法”概括性规定发展生产力以改进人民的物质生活和文化生活;“八二宪法”从精神文明角度规定了我国的文化制度;2004 年通过的宪法修正案序言中则规定“沿着中国特色社会主义道路,集中力量进行社会主义现代化建设。……推动物质文明、政治文明和精神文明协调发展,把我国建设成为富强、民主、文明的社会主义国家”。可见,立法工作的实践始终在根据不同时期的国家文化建设立法需求,在宪法规范的设定上不断进行调整,从而使法律规则更加具有科学性、严肃性和时代契合性。

就具体的文化国情对当代立法活动的影响来看,特别值得一提的是社会主义核心价值观的提出,尤其是如何融入法治建设并主导立法的问题。2006 年党中央明确提出“建设社会主义核心价值体系”的重大命题。党中央强调社会主义核心价值体系是社会主义意识形态的本质体现,是“兴国之魂”,建设社会主义核心价值体系是推动文化大发展大繁荣的根本任务。十八大报告明确提出“三个倡导”,即“倡导富强、民主、文明、和谐,倡导自由、平等、公正、法治,倡导爱国、敬业、诚信、友善,积极培育社会主义核心价值观”,这成为对社会主义核心价值观的最新概括。习近平强调,要培育和践行社会主义核心价值观。因此,如何通过立法提供制度保障,促进社会主义核心价值观引领社会作用的实现,就成为当前法治建设领域的重大政治任务。对此,2018 年通过的宪法修正案,就将“国家提倡爱祖国、爱人民、爱劳动、爱科学、爱社会主义的公德”修改为“国家倡导社会主义核心价值观,提倡爱祖国、爱人民、爱劳动、爱科学、爱社会主义的公德”。

考虑到社会主义核心价值观对于新时期国家发展所具有的重大现实意义,2018 年 5 月中共中央印发了《社会主义核心价值观融入法治建设立法修法规划》(以下简称《规划》),要求各地区各部门结合实际认真贯彻落实,进一步彰显法律法规的社会主义核心价值观导向,着力把社会主义核心价值观融入法律法规的立改废释全过程,确保各项立法导向更加鲜明、要求更加明确、措施更加有力,力争经过 5 年到 10 年时间，推动社会主义核心价值观全面融入中国特色社会主义法律体系，筑牢全国各族人民团结奋斗的共同思想道德基础，为决胜全面建设社会主义现代化国家、夺取新时代中国特色社会主义伟大胜利、实现中华民族伟大复兴的中国梦、实现人民对美好生活的向往，提供坚实制度保障。为此，《规划》提出六个方面主要任务：一是以保护产权、维护契约、统一市场、平等交换、公平竞争等为基本导向，完善社会主义市场经济法律制度；二是坚持和巩固人民主体地位，推进社会主义民主政治法治化；三是发挥先进文化育人化人作用，建立健全文化法律制度；四是着眼人民最关心的最直接的最现实的利益问题，加快完善民生法律制度；五是促进人与自然和谐发展，建立严格严密的生态文明法律制度；六是加强道德领域突出问题专项立法，把一些基本道德要求及时上升为法律规范。基于此我们不难预见，在未来的较长一段时间，社会主义核心价值观将被持续且高质量地融入诸多领域的立法活动中，从而使国家通过法律的治理活动与当代中国和平崛起的重大现实国情产生深度融合并作出应有的贡献。

拓展阅读

[1]苏力.二十世纪中国的现代化和法治[J].法学研究，1998(01).

[2]强世功.迈向立法者的法理学——法律移植背景下对当代法理学的反思[J].中国社会科学，2005(01).

[3]刘松山.党领导立法工作需要研究解决的几个重要问题[J].法学，2017(05).

第五章　立法的指导思想与基本原则

知识脉络图

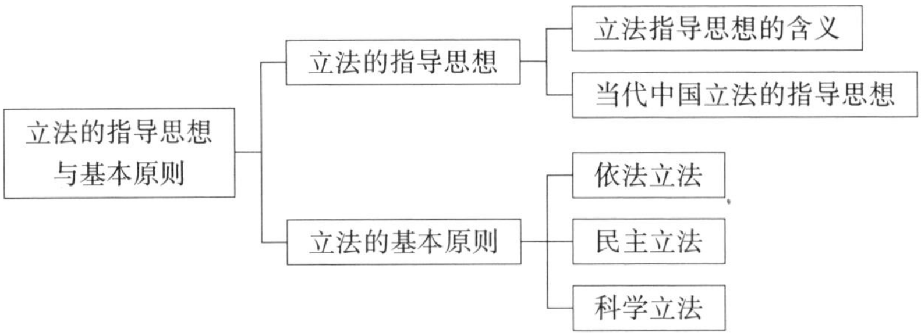

第一节　立法的指导思想

一、立法指导思想的含义

无论是个体的人，还是一个组织乃至国家，在特定阶段从事某些特定活动的时候，总会受相对确定的“思想意识”的指引。对于个人来说，我们通常会用“世界观、人生观、价值观”来描述相对稳定的思想意识对人的行为选择的影响。对于组织或者国家来说，惯常的表述是指导思想，譬如我们在讲到中国新民主主义革命的胜利和社会主义事业的成就时，就会强调这是在马克思列宁主义、毛泽东思想的指引下取得的。

每个国家的建设和发展总会遵从一定的指导思想，立法作为国家的一项重要活动，当然也不例外。任何时代和国家的立法都是自觉不自觉地在一定的指导思想下进行的，指导思想不是凭空产生的，它受制于物质生活条件，集中反映的是执政者的意志。一般来说,只有在一定时期的社会意识形态中占据主导地位、有利于执政者维护其自身及其所代表群体的利益,才能在立法活动中被奉为指导思想。如中国奴隶制立法以神权和宗法思想为指导,汉代以后封建制立法依据封建正统儒家思想进行。西欧中世纪立法以神学法律观为指导,中世纪结束后,西欧乃至整个西方立法逐渐以一个新的世界观即资产阶级世界观为指导。尤其是启蒙思想对当时的资产阶级革命及后续的立法影响巨大,无论是美国的《独立宣言》,还是法国的《人权宣言》以及后来的《法国民法典》,都是沐浴着启蒙思想而产生的,这些法律文件的许多条文都直接来源于启蒙思想家的经典性论述。正如马克思在讲到《法国民法典》时所指出的:"法典并不起源于旧约全书,而是起源于伏尔泰、卢梭、孔多赛、米拉波、孟德斯鸠的思想,起源于法国革命"。①

从我国自新中国成立以来的立法活动可以看出,不同时期的指导思想对整个立法活动的影响很大。从 1957 年至 1978 年,我们国家的指导思想是"以阶级斗争为纲",立法的指导思想也不能例外,立法活动不仅极不正常,而且少之又少,即便制定少量法律,也要强调"以阶级斗争为纲"的指导思想,1975 年制定的"七五宪法",就是如此。改革开放之后,我国的指导思想发生了重大变化,从阶级斗争转为以经济建设为中心。于是不论是整个立法事业的发展,还是具体法律的制定,都体现出鲜明的时代特色和社会主义现代化建设的总体指导思想。在此指导思想的指引下,立法工作取得了巨大的成就。

立法的指导思想在立法活动中如此重要,那么其基本的含义是什么,该如何表述?有学者认为,"立法指导思想是立法主体据以进行立法活动的重要的理论根据,是为立法活动指明方向的理性认识。"②也有学者认为,"立法指导思想是立法遵循的总的思想原则、政治原则,在立法中发挥根本性、全局性、方向性作用。"③还有学者认为,"立法指导思想就是国家进行立法活动的理论基础。"④由此可见,立法指导思想最为核心的是其"理论性",强调理论的指导作用,具有根本性和长远性。一个国家的立法指导思想既影响着人们对立法原理的阐释,也决定着一个国家立法制度和立法技术的总体面貌,和立法原则相比较,更为宏观,可以说是"立法原则的原则"。

---

① 马克思恩格斯全集:第 1 卷[M].北京:人民出版社,1956:129.
② 周旺生.立法学(第二版)[M].北京:法律出版社,2009:61.
③ 韩中伟,杨涛,李晓棠.中国立法原理论[M].兰州:甘肃民族出版社,2008:49.
④ 孙敢,侯淑雯.立法学教程[M].北京:中国政法大学出版社,2000:50.

二、当代中国立法的指导思想

当代中国的立法指导思想随着经济社会的发展变化而有所变化，在《立法法》中专门进行了明确，其第三条规定："立法应当坚持中国共产党的领导，坚持以马克思列宁主义、毛泽东思想、邓小平理论、'三个代表'重要思想、科学发展观、习近平新时代中国特色社会主义思想为指导，推进中国特色社会主义法治体系建设，保障在法治轨道上全面建设社会主义现代化国家。"第四条规定："立法应当坚持以经济建设为中心，坚持改革开放，贯彻新发展理念，保障以中国式现代化全面推进中华民族伟大复兴。"对此规定，我们稍作一些扩展性说明，以明确我国现阶段立法指导思想的核心内容和重要作用。

首先是"坚持中国共产党的领导"。在我国，坚持中国共产党的领导是中国特色社会主义最本质的特征，是社会主义法治建设最根本的保证，党领导立法是做好立法工作的根本保障，也是我国立法工作必须长期坚持的指导思想。为了贯彻这一指导思想，早在1991年中共中央就制定了《关于加强对国家立法工作领导的若干意见》，强调立法中涉及重大体制和重大政策调整，决策权在中央，必须由党中央统筹协调，经党中央讨论决定，以确保重大立法决策能够体现党的主张和人民意愿。2016年，中共中央出台了《关于加强党领导立法工作的意见》，再次强调，凡涉及重大体制和重大政策调整的立法，必须报党中央讨论决定。回望改革开放以来的立法实践，一些重大的立法活动都是首先由党中央提出，如《宪法》的五次修改，都是在党中央的全会上提出，而后再经全国人民代表大会通过。再如"全面二胎"政策的放开、国家监察委员会的设立等都遵循了这一程序，体现了坚持党的领导的指导思想。

其次是"坚持以马克思列宁主义、毛泽东思想、邓小平理论、'三个代表'重要思想、科学发展观、习近平新时代中国特色社会主义思想为指导"指导我们革命建设事业走向成功的重要理论法宝就是马克思列宁主义，其核心是马克思主义中的辩证唯物主义和历史唯物主义。辩证唯物主义认为经济基础或者物质生活条件决定着包括法律制度在内的上层建筑，因此，立法应当以客观实际为依据，不能主观臆断，无论是立法理论的创立，还是立法规划的制定，乃至具体立法项目的选择和内容设计，都必须立足于本国或本地区的实际；历史唯物主义则强调人类社会历史发展有其自身的客观规律，立法这种社会现象也有其自身的发展规律，如社会发展中，我们认识到了人民群众才是历史的创造者，那么，在立法活动中，我们也要注重反映民意、集中民智，通过民主立法来提高立法质量，进而实现社会的公平公正和和谐有序。此次修改对指导思想作了补充，体现了指导思想的体系性和现实性，也相对明确地指出了立法承担起推进中国特色社会主义法治体系建设，保障在法治轨道上全面建设社会主义现代化国家的重任。

再次是“坚持以经济建设为中心，坚持改革开放，贯彻新发展理念，保障以中国式现代化全面推进中华民族伟大复兴”。坚持以经济建设为中心、坚持改革开放是我国社会主义初级阶段基本路线的重要内容，是我国社会主义道路经历曲折发展后得出的经验教训，也是我国社会主义现代化建设事业的总体指导思想，理应在立法中予以体现和落实。我国自改革开放以来，制定了大量民商事法律法规、经济法律法规和促进对外开放交往的法律法规，形成了有利于经济发展、民生改善和外贸发展的法律体系，都是这一指导思想发挥作用的结果。民事法律中的《中华人民共和国民法总则》《中华人民共和国物权法》《中华人民共和国合同法》乃至2020年通过的《民法典》，商事法律中的《中华人民共和国公司法》《中华人民共和国合伙企业法》《中华人民共和国证券法》，涉外交往方面的《中华人民共和国外商投资法》《中华人民共和国涉外民事关系法律适用法》等，都有力地促进了我国的经济发展、提升了对外开放水平。和原来的表述相比，增加了新发展理念的要求，也强调要保障以中国式现代化全面推进中华民族伟大复兴，尤其是把新发展理念作为高质量立法的指引，具有重大的现实指导意义。

第二节　立法的基本原则

众所周知，古往今来的立法都是在坚持一定原则的基础上进行的，立法的基本原则在很多国家都以观念的形态发挥作用，很少有国家把立法的基本原则明确地规定在法律制度中。我国在《立法法》颁布之前，立法的基本原则也主要是以观念的形态存在，如从民主与法制的关系出发强调立法的民主性，强调要立足实际，以科学的态度对待立法工作等。2000年出台的《立法法》分别在第四、五、六条规定了依法立法、民主立法、科学立法的基本原则，实现了立法基本原则由观念形态向法定制度形式的转变。

《立法法》颁布以后，在党的有关报告中对上述基本原则予以重点强调。例如，

2007年党的十七大报告明确提出“要坚持科学立法、民主立法,完善中国特色社会主义法律体系”。党的十八大报告提出“要推进科学立法、严格执法、公正司法、全民守法。”党的十八届四中全会通过的《中共中央关于全面推进依法治国若干重大问题的决定》,进一步提出“深入推进科学立法、民主立法”。党的十九大报告提出,“深化依法治国实践,推进科学立法、民主立法、依法立法,以良法促进发展、保障善治。”党的二十大报告再次强调推进科学立法、民主立法、依法立法,统筹立改废释纂,增强立法系统性、整体性、协同性、时效性。

党的相关文件以及日常的学术研究把科学立法放在最前面,继而是民主立法和依法立法,主要是依据这几个术语提出的先后顺序排列的。《立法法》条文规定的顺序则依次可以概括为依法立法、民主立法、科学立法。这三项基本原则的表述本身没有确定的逻辑顺位,也不体现其地位和作用,三者密切关联、互为补充、缺一不可。本书依据《立法法》规定的条文顺序来逐一说明。

一、依法立法

《立法法》第五条规定:“立法应当依照法定的权限和程序,从国家整体利益出发,维护社会主义法制的统一、尊严、权威。”该条规定一方面体现了各国立法所共同遵循的原则,即“立法应当依照法定的权限和程序”的法治原则,另一方面,也体现了我国立法原则的国情特色,即“从国家整体利益出发,维护社会主义法制的统一和尊严”。

首先是权限法定,即立法应当依照法定的权限和程序。依法立法这一原则强调各有关机关都必须在宪法、法律规定的范围内行使职权,不能超越法定的权限范围。各级立法机关的立法权限在《立法法》中有比较全面细致的规定,特别是第十一条集中列举了只能由法律规定的事项,如国家主权事项,犯罪与刑罚,对公民政治权利的剥夺、限制人身自由的强制措施和处罚,税种的设立、税率的确定和税收征收管理等税收基本制度等,明确了全国人民代表大会及其常务委员会立法的专属范围。《立法法》也比较集中地对地方的立法权限和立法程序进行了规定。此外,国务院还制定了《行政法规制定程序条例》《规章制定程序条例》,各省和设区的市基本上都制定了“地方立法条例”,对各自的立法权限和立法程序作了进一步细化。

立法权限法定这一原则比较有针对性,因为在实践中存在一定程度的越权立法现象,特别是在一些地方立法中表现较为突出。如甘肃省人大常委会于2011年通过了《甘肃省道路交通安全条例》,该条例规定了“因调查交通事故案件需要,公安机关交通管理部门可以查阅或者复制交通事故当事人通信记录,有关单位应当及时、如实、无偿提供,不得伪造、隐匿、转移、销毁”。这一规定在当时被认为是地方立法的一种特色和创新,内蒙古也效仿甘肃的规定,在《内蒙古自治区〈实施中华人民共和国道路交通安全法〉办法》中作出了相同的规定。这两个地方性法规违反了依法立法的原则,因为涉及公民通信自由这一基本权利,只有法律才可以作出规定,地方性法规无权规定。后来经全国人大常委会法工委认定上述规定“缺乏法律依据”,分别向甘肃、内蒙古两地人大常委会发函,督促地方作出纠正。除了立法权限法定之外,还要求立法的程序法定,关于立法程序,《立法法》中也有较为系统的规定,分别对全国人大、全国人大常委会、国务院等立法主体需要遵循的程序做出了明确规定,从法案的提出、到法案的审议、表决都有一套程序性规定,既有利于保证立法质量,也有利于提高立法效率。

其次,依法立法要求“立法要从国家整体利益出发,维护社会主义法制的统一和尊严”,这一点既是我国单一制国家性质的基本要求,也是建设中国特色社会主义法治国家的现实需要。法制的统一强调宪法具有最高的法律效力,一切法律、行政法规、地方性法规、自治条例和单行条例、规章都不得同宪法相抵触。在我国,法制的统一既有深厚的历史根基,又是现实国情的基本要求。历史上,除了间或存在过少数分裂割据的时期外,包括立法在内的整个法制是统一的,这在世界上比较少见。现实国情方面,政治上,我国坚持中国共产党的集中统一领导;经济上,实行的是统一的市场经济体制,市场是天生的平等派,它要求统一的法制来保障市场交易的自由公平。关于维护国家的整体利益这一点,既是中国特色社会主义的本质要求,也是我国社会主义制度的优势所在。立法本质上涉及的是利益的分配,需要在长远利益和短期利益、国家集体利益和个人利益、整体利益和局部利益之间进行取舍。在取舍过程中,我们应当注重维护国家的整体利益和长远利益。以近年来的环保立法为例,在科学发展观、习近平生态文明思想等指引下,我们得出的一个共识就是绝不能以牺牲生态环境为代价换取经济的一时发展,生态文明建设事关国家整体利益,一些环保立法可能暂时制约了地方的经济发展,但是从长远考虑,还是应该保护环境,所以,我们要织密生态环境保护法律体系。再以农村土地的相关立法为例,多年来,一直有人鼓吹土地私有化,或许土地私有化在短期内对部分地区、部分群体有利,但是这事关国家整体和长远利益,无论是政策调整,还是立法修正,都必须是以国家整体利益为重。为了保证不突破耕地红线,保证我国的粮食安全,把饭碗牢牢端在自己手中,同时为了提高土地收益,放活土地经营权,我们实行“三权分置”改革,即所有权、承包权、经营权三权分置。实施“三权分置”的核心就是明确赋予经营权应有的法律地位和权能。再以

《香港特别行政区维护国家安全法》为例,正如全国人大常委会法工委主任沈春耀在新闻发布会上所指出的那样,这部法律的公布将有效地维护国家安全,同时防范、制止和惩治与香港特别行政区有关的危害国家安全的犯罪,堵塞香港特别行政区在维护国家安全方面存在的制度漏洞。这部法律的公布施行,对于新形势下坚持和完善"一国两制"制度体系,维护国家主权、安全、发展利益,确保香港长治久安和长期繁荣稳定,具有重大而深远的意义。

总而言之,法治国家的建设,必须发挥立法先行的作用,要实现以良法促进善治的目标,形成完备的法律体系,必须坚持依法立法这一基本原则。

二、民主立法

立法历史发展的一个重要规律就是越来越民主化。民主立法的原则在我国《立法法》的第六条中有明确规定,"立法应当坚持和发展全过程人民民主,尊重和保障人权,保障和促进社会公平正义。立法应当体现人民的意志,发扬社会主义民主,坚持立法公开,保障人民通过多种途径参与立法活动。"民主立法基本原则的确立具有十分重大的意义,至少体现在如下几个方面:第一,有利于在立法中全面反映人民的意志,而不仅仅反映部分利益群体的意志。增加立法的透明度,防止恣意妄为,在一定程度上可以避免由于关门立法可能产生的恣意专横和立法偏私现象,降低立法、执法成本。第二,有利于全面了解各种不同的利益要求,使立法的内容更加科学合理,进而提高立法质量和立法水平,如《劳动合同法》在制定过程中,只有通过民主立法,用人单位和劳动者才能充分表达各自的利益诉求,最终在立法中实现各方利益的平衡。第三,有利于使立法的最终结果得到公众的认同和支持,因为公众一旦参加程序,那么就很难抗拒程序可能带来的后果,除非在程序方面存在明显不公。

讲到民主立法,西方国家是先行的。西方的民主立法大体可以分为直接民主与间接民主两种形式。直接民主是指公民可以直接参与公共事务决策的制度,表现为直接选举、全民公决等。例如,在古希腊的许多城邦中,公民团体不仅有选举权,而且有直接立法的权力。当时除公民全体大会以外,并没有所谓的议会或代议团体,这样,公民团体就不仅是最高的立法机关,也是唯一的立法机关。现今仅有国家,用全民公投这种直接民主的形式来决定国家事务,如瑞士于 2012 年就是否在餐厅、酒吧等地全面禁止吸烟举行全民公投,结果超过六成民众反对这一议案,导致难以通过相关立法来禁止在公共场所吸烟。直接民主这一看似公平、正义的制度构架在一定意义上只能适应小国寡民的古代社会,在地广人多的现代社会,公民直接参与政治似乎显得不太可能,参与成本比较高,因此有必要通过选举一定数量的公意代表来代替他们行使最高权力,这就是间接民主,也称代议制民主。代议制民主作为一种正当的民主制度确立以后,议会立法才逐渐成为主流。到了20世纪六七十年代,随着民主社会的日渐成熟和民主意识的不断提高,人们在公共决策时更加注重表达及维护自己的利益诉求,代议制民主的弊端开始被人们所诟病。西方国家又重新重视起古典民主精神理念,提出了参与民主理论,并在此基础上提出了“直接参与+代议政治”的民主发展思路。由此可见,单一的民主形式有其优势,但也存在一定的问题,需要互为补充,才能真正实现民主立法想要达成的目标。

在我国,同样采用直接民主和间接民主相结合的模式来落实民主立法的原则。一方面,我们通过民主选举的方式产生人大代表,由这些人大代表来行使立法权,人民的意志在立法中得以间接体现;另一方面,我们坚持立法公开,保障人民通过多种途径参与立法活动,也就是通过立法公众参与的方式,以集中民智,保证人民参与立法的权利。只有把间接民主和直接民主二者结合起来,才能真正落实民主立法原则。当然,我们还需要进一步完善人民代表大会制度,重点是完善人大代表的选任和监督机制,以保证间接民主的效果,也需要完善立法公众参与机制,以发挥好直接民主的作用。

民主立法的基本原则在《立法法》的相关规定中有较多的体现,如第三十九条第一款规定,全国人民代表大会常务委员会在立法过程中需要遵循以下程序:“列入常务委员会会议议程的法律案,宪法和法律委员会、有关的专门委员会和常务委员会工作机构应当听取各方面的意见。听取意见可以采取座谈会、论证会、听证会等多种形式。”第二款规定:“法律案有关问题专业性较强,需要进行可行性评价的,应当召开论证会,听取有关专家、部门和全国人民代表大会代表等方面的意见。论证情况应当向常务委员会报告。”例如,十一届全国人大常委会在制定《中华人民共和国食品安全法》时,针对食品安全监管中的一些专业问题,全国人大宪法和法律委员会、全国人大常委会法制工作委员会组织召开了食品安全法(草案)立法论证会,专家学者、企业联合会、食品行业协会、卫生部、国家质检总局等单位参加,取得了很好的效果。第四款规定:“常务委员会工作机构应当将法律草案发送相关领域的全国人民代表大会代表、地方人民代表大会常务委员会以及有关部门、组织和专家征求意见。”例如,在《民法典》制定过程中,这一规定就有直接体现。民法典草案经全国人大常委会审议后,全国人大常委会办公厅将草案印发给十三届全国人大代表、部署组织全国人大代表研读讨论民法典草案工作,征求代表意见。同时,法制工作委员会还将草案印发地方人大、基层立法联系点、中央有关部门征求意见,并在中国人大网公布征求社会公众意见。法制工作委员会还在北京召开多个座谈会,听取有关部门、专家的意见。仅仅在 2019 年年底的意见征集中,短短一个月就有一万三千多网民提出的十一万多条意见。可见,公众参与立法的热情高涨,民主立法原则得到了贯彻落实。民主立法不仅在中央立法中有所体现,在地方立法中也日渐受到重视。从各地人大的官方网站可以发现,几乎每一部法规的出台,都会在其官方网站、报纸等媒体公布征求意见稿,来听取民意、集中民智,以提高立法透明度和立法质量。

三、科学立法

"科学立法"可以有两种理解:一是科学地立法,强调过程科学,主要指立法机制要健全,立法的程序设置要科学,立法的权限分配要合理,立法的技术要先进等;二是科学的立法,强调结果科学,主要指立法的内容能够合理界定权力与权利,不同层级的法律法规之间不抵触、协调统一,法律规则能够较好地体现社会发展规律等。过程的科学与结果的科学密切关联,前者是后者的必要条件,没有科学的立法机制和立法程序,就难以保证立法内容的科学合理。以 2015 年修改《立法法》为例,我们之所以赋予设区的市以一定范围的立法权限,对立法体制进行了适当的调整,同时就设区的市地方立法在批准与备案审查等方面进行了明确,目的就在于保证程序的科学,进而保证地方立法能够更好地适应本地经济社会发展的实际情况,在城乡建设与管理、环境保护、历史文化保护等方面制定出有特色、可操作、不抵触的地方性法规、规章。实践证明,近几年设区的市立法比较活跃,制定了不少质量较高的地方立法,较好地遵从了科学立法这一基本原则。

科学立法这一原则在我国的确立经历了较长的历史过程。早在新中国成立之初,毛泽东同志在领导制定 1954 年《宪法》时,在《关于中华人民共和国宪法草案》中明确指出"搞宪法是搞科学",毛主席非常重视对罗马尼亚、波兰、德国、捷克、法国等国宪法文本的经验的借鉴,注重从其他国家的宪法文本中总结出宪法的基本内涵,本身就是一种科学的态度,反映出了当时的领导人对待宪法制定的严肃态度和科学精神,和我们今天强调科学立法的内在精神是一致的。此后多年,我国的法治建设遭遇了挫折,立法活动本身很少且很不正常,科学立法再未提及。改革开放之后,我们逐步强调各项决策的科学化、民主化,很少提及立法的科学化问题,直至 2006 年党的十六届六中全会,提出了要坚持科学立法,十七大报告予以重申,十八大报告进一步将科学立法确定为法治建设的基本方针之一,十九大、二十大报告更是从建设中国特色社会主义法治体系的角度,强调要形成完备的法律规范体系,必须注重科学立法、民主立法、依法立法,这是对新形势下加强和改进立法工作的基本要求。

《立法法》第七条规定："立法应当从实际出发，适应经济社会发展和全面深化改革的要求，科学合理地规定公民、法人和其他组织的权利与义务、国家机关的权力与责任。法律规范应当明确、具体，具有针对性和可执行性。"据此，我们可以从以下几个方面进行解读：

第一，立法应当从实际出发，适应经济社会发展和全面深化改革的要求。一切从实际出发是我们干任何事情都要遵从的原则，立法也不能例外。立法必须以特定国家或地区的实际情况来确定立法项目、设计具体制度，但凡脱离实际，就会增加执法、司法及守法成本，法律难以得到好的实施效果。典型的一个例子就是《中华人民共和国外商投资法》（以下简称《外商投资法》）的出台，我国在改革开放之初，制定了《中华人民共和国中外合资经营企业法》《中华人民共和国外资企业法》和《中华人民共和国中外合作经营企业法》，目的在于吸引外来资金和学习国外先进的管理经验，符合当时的实际情况。随着我国对外开放的进一步深入，有必要制定一部统一的规范外商投资的法律，而且要在投资促进、投资管理方面进一步保护外商投资权益，以推动形成全面开放新格局，促进社会主义市场经济健康发展。我国进一步完善社会主义市场经济体制，必然要借助扩大开放的力量，要形成全面开放的新格局。以上即中国当前最大的实际情况，于是《外商投资法》应运而生，就是科学立法的直接体现。

第二，科学合理地规定公民、法人和其他组织的权利与义务、国家机关的权力与责任。法律规则中最核心的就是权利与权力，现代法治强调制约公权力，保护私权利。如果能够科学地规定权力，最大限度地发挥权力维护公共秩序的功能，本身就是法律规则科学性的体现。我国自改革开放以来，所进行的经济体制改革，从本质上讲，就是逐步放松管制权力、赋予人们更多权利的过程，通过立法来实现发挥市场决定性作用和更好发挥政府作用的改革目标。以民事立法为例，其修改完善都是围绕科学合理地规定公民、法人和其他组织的权利与义务而展开，《中华人民共和国民法通则》及《中华人民共和国民法总则》（以下简称《民法总则》）旨在为民事活动确立基本规则，《中华人民共和国物权法》《中华人民共和国侵权责任法》《中华人民共和国合同法》（以下简称《合同法》）以及《中华人民共和国著作权法》《中华人民共和国专利法》《中华人民共和国商标法》等知识产权立法，都是为了明确个体的权利边界，保障交易的公平公正。而今，在总结前述法律实践经验的基础上，我们颁布了《民法典》，平等保护个体的生命健康、财产安全、交易便利、生活幸福、人格尊严等各方面权利，及时关切高空抛物、高铁霸座、抢夺方向盘、个人隐私、离婚冷静期等社会热点。

公民的日常民事活动都可以在其中找到依据,堪称公民权利的宣言书。正如习近平所强调的,“实施好民法典是坚持以人民为中心、保障人民权益实现和发展的必然要求,是发展社会主义市场经济、巩固社会主义基本经济制度的必然要求,是提高我们党治国理政水平的必然要求。”概而言之,《民法典》的颁布实施及其制定过程,都集中体现了科学立法的基本原则。

第三,法律规范应当明确、具体,具有针对性和可执行性。这是从立法技术的层面来讲科学立法原则的贯彻落实。立法要发挥其指引、评价等作用,就不能模糊不清。无论是立法活动的统筹,还是法律法规的构造以及立法语言的表述,都要力求具体、明确。如果立法不能做到这一点,就难以落实在执法、司法及守法等法治实施环节,那么,这样的法律就是一张废纸,形同虚设,失去其存在价值,当然,也就谈不上科学立法了。

拓展阅读

[1]汪习根,宋丁博男.论党领导立法的实现方式[J].中共中央党校学报,2016(02).
[2]冯玉军,王柏荣.科学立法的科学性标准探析[J].中国人民大学学报,2014(01).
[3]代水平.立法公众参与困境的解决——以埃莉诺·奥斯特罗姆的集体行动理论为视角[J].西北大学学报(哲学社会科学版),2013(01).

第二编

立法制度

第六章　立法体制

知识脉络图

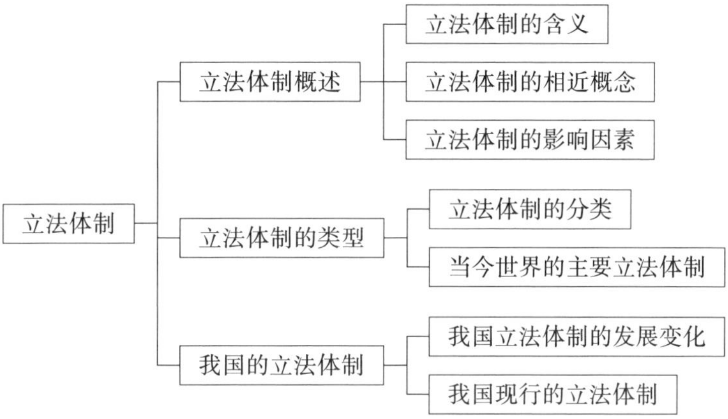

第一节　立法体制概述

众所周知，全面依法治国的总抓手是建设中国特色社会主义法治体系，法治体系建设首先要形成完善的法律规范体系，实际上就是立法问题。科学立法是立法必须遵循的一个重要原则，既可以从过程的角度来理解，即科学地立法，也可以从结果的角度来理解，即科学的立法。如何推进科学立法，习近平强调，关键是完善立法体制。① 因此，立法体制是立法制度中至关重要的一个问题，有必要作深入分析。

① 中共中央党史和文献研究院.论全面依法治国（摘编）[M].北京：中央文献出版社，2020：114.

一、立法体制的含义

我国学界关于立法体制的概念,大致有三种不同的意见:一是认为立法体制是关于立法权限划分的制度;二是认为立法体制除了立法权限的划分还应当包含立法机关的设置;三是认为立法体制是关于立法机关的设置、立法权限的划分以及立法权运行的基本原则和基本制度的总称。还有学者认为立法程序问题也应当归于立法体制。[①] 从现有的研究来看,三种学说无一例外地将立法权限的划分作为立法体制的核心内容,立法主体、立法机构的设置、组织原则、活动形式和立法程序都是围绕立法权限的划分展开。从"体制"一词本身的含义来看,《辞海》将"体制"一词解释为国家机关、企事业单位管理权限划分的制度。[②]《现代汉语词典》将"体制"解释为国家机关、企事业单位的组织制度。[③]《汉语大词典》中"体制"一词有"格局、机构、组织制度、礼制和规矩"等含义。[④] 从现有的研究和工具所解释的含义来看,体制是基本制度的具体化,核心是权限的组织化和结构化。立法体制集中探讨的是立法的机构设置、权限划分、组织方式等问题。

综上所述,立法体制是关于立法权限划分的制度,既包括同级国家权力机关和行政机关对立法权的分工,也包括中央与地方对立法权的划分;以及在立法权划分基础上的权力运行机制所构成的整体,其核心当然是立法权的体系和关系。[⑤⑥]

二、立法体制的相近概念

(一)立法体制与立法制度

立法制度是立法活动、立法过程所必须遵循的各种实体性准则的总称,是国家法制的重要组成部分。[⑦] 立法制度集中反映了一个国家法制的价值判断和价值取向,与立法体制在社会和国家治理中呈现出整体与部分的关系。换言之,立法制度包含立法体制,立法体制是立法制度的具体化。立法制度除了包含立法体制,还包含立法程序制度以及立法监督、立法修改等其他技术性内容和环节。

(二)立法体制与立法体系

立法体系也称法律体系,是一国现行全部规范性法律文件形成的有机整体,也是

① 朱力宇,叶传星.立法学(第四版)[M].北京:中国人民大学出版社,2015:103.
② 辞海[M].上海:上海人民出版社,1977:200.
③ 现代汉语词典[M].北京:商务印书馆,1978:1119.
④ 汉语大词典[M].上海:上海辞书出版社,1986:414.
⑤ 朱力宇,叶传星.立法学(第四版)[M].北京:中国人民大学出版社,2015:104.
⑥ 周旺生.立法学教程[M].北京:北京大学出版社,2006:157-158.
⑦ 周旺生.立法学教程[M].北京:北京大学出版社,2006:155.

一个国家各种法律具有内在联系而形成的体系。[①] 立法体系是根据法律渊源和效力的不同而划分的，是一个静态的系统。立法体制是动态运行的有机构成。立法体系是现有规范性法律文件的体系，立法体制是围绕立法权限的体系、制度，是立法权的运行体系和有关立法权载体的制度。[②]

（三）立法体制与立法程序

立法程序是指有法权的国家机关，在制定、认可、修改、补充和废止法的活动中，所须遵循的法定步骤和方法。[③] 立法体制包含立法程序，还包含行使立法权的国家机关在法案制定和公布前后的有关立法活动所应遵循的步骤、方法和原则。从概念来看，立法体制的范围明显大于立法程序，立法程序是立法体制的组成部分，立法体制通过立法程序呈现出来。

三、立法体制的影响因素

一般来讲，立法体制作为国家制度的重要组成部分，主要取决于一个国家的国体和政体；除此之外，还可能受到该国的结构形式、民族状况和历史传统等一系列主客观因素的影响。一国的立法体制还与其经济基础、政治结构、文化特性和社会特征存在着千丝万缕的联系，一般在宪法或者立法法中予以体现。

首先，根据马克思主义的国家学说，国体决定政体。换言之，国家性质决定政权的组织形式和国家管理方式。反过来，政体对国体具有反作用，影响着国家治理效能。就立法体制而言，政体决定了立法权的归属。具体来讲，政体决定了立法权限在各国家机关的划分，即立法权是只掌握在立法机关的手中，还是行政机关也在一定范围内享有立法权；立法、行政、司法和监察等国家权力如何配置。从世界范围内来看，主要有两种分权模式，一种是西方国家的分权制衡模式，即实行三权分立，各权力之间互相制衡，相互制约，另一种是我国的议行合一模式，即全国人民代表大会是最高国家权力机关，其他国家机关一律由它产生，权力自然也就来源于全国人民代表大会。

其次，从中央与地方的关系来看，国家结构形式决定了中央与地方立法权限的划分。从实践情况来看，可以分为单一制国家和联邦制国家，单一制国家的地方立法权是中央授予的，地方没有立法权或者只有较小的立法权；而联邦制国家的地方立法权其实是大于联邦立法权的，地方让渡部分立法权交由联邦行使，因此联邦的立法权来

① 高轩.立法学简明教程[M].广州：暨南大学出版社，2020：55.

② 曾粤兴.立法学[M].北京：清华大学出版社，2014：94.

③ 周旺生.立法学教程[M].北京：北京大学出版社，2006：238.

自地方,这一点与单一制国家正好相反。虽然我国是单一制国家,但是基于特殊的国情,除了地方行政区域以外,享有高度自治权的香港、澳门特别行政区,其立法权限高于普通地方行政区域。民族区域自治地方还可以制定自治条例和单行条例,在处理本民族事务方面享有多于普通地方行政区域的立法权。

最后,文化传统也会影响立法体制。例如,我国自古以来就有“大一统”的传统,统一成为民族心理构成的重要组成部分。因此,在立法体制中就体现为“统一多层次”的特征。“集中”的色彩就更为浓厚一些。

第二节 立法体制的类型

一、立法体制的分类

立法体制的核心问题是立法权的配置和运行,而立法权的划分又不可能突破国家的政治经济体制和各种因素的约束,因此多样化的立法体制的核心分类标准依然是立法权的配置和运行。立法权限的划分涵盖了一个国家全部的立法事项,不但包括立法机关或者权力机关的立法,还包括行政立法和地方立法。当然立法体制的分类也会受到其他多方面因素的影响,其他因素通过间接影响国家治理结构和国家组织的方式对立法体制产生影响,如民族区域自治制度。再如由于经济和技术问题的专业性和复杂性,立法机关就会将专业性技术性事项授权给行政机关或者专门机关制定技术标准或者进行专门立法。除此之外,立法体制的分类既要尊重历史和传统的选择,又要考虑现实的国情因素。

(一)单一立法体制和复合立法体制

按照国家立法权是否属于同一类型的国家机关行使分类,可以分为单一立法体制和复合立法体制。当代大多数国家的立法体制都属于单一立法体制,由国家权力机关或者立法机关行使立法权;也有少数国家是复合立法体制,国家立法权由立法机关、国家元首和行政机关共同行使,如美国或者法国;也有国家的司法机关实际上享有立法权,如英美法系的判例法就是司法机关造法的结果。

(二)一级立法体制和二级立法体制

依照中央和地方对于立法权的分配不同,分为一级立法体制和二级立法体制,实质上是中央集权的立法模式和中央地方分权的立法模式。一级立法体制一般只能由国会或者说最高国家权力机关行使立法权;而二级立法体制是由中央和地方分别行使立法权。

(三)独立立法体制和制衡立法体制

根据国家立法权是否会受到其他机关的制约,可以分为独立立法体制和制衡立法体制。独立立法体制是指立法机关在行使立法权时一般不受到其他机关的制约,如由最高国家权力机关行使立法权的国家。制衡立法体制是指立法权的行使是在三权分立的基础上进行,立法、司法、行政既相互独立又相互制衡。制衡立法体制中的国家元首、政府首脑都会对立法活动产生较大的影响,甚至直接参与立法权的行使,如总统有权批准或者否决立法机关的立法,甚至解散立法机关。司法机关在制衡立法体制中也对立法权有一定的制约作用,司法机关可以对立法机关的立法进行司法审查,立法机关所制定的法律也可能因为违宪而被司法机关宣布无效。

(四)专制立法体制和民主立法体制

依据国家立法权是否遵循民主的原则进行分配和运行,可以分为民主立法体制和专制立法体制。专制立法体制一般是由君主或者某一个阶级或阶层掌握立法权,历史上在很多国家曾出现过,在经历了民主主义革命和民族主义革命之后,多数国家已经废止了专制立法体制。当代世界上绝大多数国家的立法体制都属于民主立法体制,至少在形式上是民主立法体制的形式,当然各国在民主的形式、程度和范围上还存在诸多差异。

二、当今世界的主要立法体制

(一)单一一级立法体制

单一一级立法体制是立法权只能由中央一级的一个机关来行使,既不能是中央和地方两级,也不能是中央或者地方一级的几个机关行使。但是由于各国的国情不同,行使立法权的中央一级的机关又各不相同。

一种情况是国家立法权由中央一级的专门的立法机关行使,一般是由议会行使,有的国家也称之为立法会议[①],如海地、萨摩亚和哥斯达黎加等国。第二种是国家立法权由一个以立法为主同时兼有其他职能的机关行使,如古巴[②]和阿尔巴尼亚。第三种是国家立法权由一个掌握国家军政大权的权力机关行使,同时该权力机关还掌握

① 哥斯达黎加立法大会[EB/OL].中国人大网.[2022-4-16].http://www.npc.gov.cn/npc/c15917/201106/baf66473cb54466883f6bb1891c08feb.shtml.

② 古巴全国人民政权代表大会[EB/OL].中国人大网[2022-4-16].http://www.npc.gov.cn/npc/c16115/201401/8a559c937c9a40118cfdd5c1361a2695.shtml.

立法权和行政权,如保加利亚宪法规定,[①]国民议会是最高国家权力机关也是唯一的立法机关,同时兼具行政职权;也有国家是由总统委员会、军事委员会或者救国委员会等行使立法权,在国家政权正式确立后,转由国民议会行使,如利比亚就是由国家过渡委员会行使立法权[②]。第四种是立法权由君主、总统、总督或者议员联合组成的议会行使,如新西兰根据《1986年宪法法案》的规定,英国国王是国家元首,总督为其代表,与新西兰国会联合行使立法权。[③] 第五种是由国家元首单独行使,这样的国家虽然也设有立法委员会或者同样性质的专门委员会,但是这些委员会只是作为总统的咨询机构而没有实质意义上的立法权,如布隆迪[④]。

(二)单一两级立法体制

单一两级立法体制的国家主要是实行共和政体的联邦制国家。单一两级立法体制是指中央和地方都有立法权,立法权的行使是由中央或者地方的某一个立法机关行使,一般是国会或者地方议会,如美国就是按照美国宪法规定,国会由参议院和众议院组成,行使联邦立法权。两院在权力上相当,但是职责各有侧重,又互相制约。例如,征税的议案只能由众议院提出,参议院不能提出征税议案却能够审议和修正众议院提交的征税议案。依据宪法,总统缺位时,第一继任人为副总统兼参议长,第二继任人为众议长。对总统的弹劾权由众议院行使,参议院则可以进行弹劾的审判或者主持听证。众议院对总统的弹劾须经参议院出席议员的绝对多数通过才能确定。[⑤]美国各州议会行使州立法权,除了内布拉斯加州,一般也都实行两院制。[⑥] 州议会的立法权限比较宽泛,凡是不属于联邦立法的事项以及不属于联邦和州宪法明文禁止的立法事项,州议会都可以行使。州议会主要的立法职权包括但不限于:制定、修改或者废除法律;审议决议和财政法案;审议法案;对州宪法提出修正案等。州议会一般每年开会一次,会期通常不超过两个月。有的州议会通过法案后还主动将法案交付公民复决,以多数通过作为法案通过的最后程序。[⑦]

---

① 保加利亚议会[EB/OL].中国人大网[2022-4-17].http://www.npc.gov.cn/zgrdw/npc/xinwen/2011-05/20/content_1656366.htm.

② 利比亚[EB/OL].中华人民共和国商务部网站[2022-4-17].http://policy.mofcom.gov.cn/page/nation/Libya.html.

③ 新西兰[EB/OL].中华人民共和国商务部网站[2022-4-17].http://policy.mofcom.gov.cn/page/nation/New_Zealand.html.

④ 布隆迪[EB/OL].中华人民共和国商务部网站[2022-4-17].http://policy.mofcom.gov.cn/page/nation/Burundi.html.详见《布隆迪共和国宪法》第六部分立法权和第七部分行政权和立法权。

⑤ 王晓民.世界各国议会全书[M].北京:世界知识出版社,2001:622-623.

⑥ 王晓民.国外议会研究文丛(第一辑)[M]北京:华夏出版社,2001:76-77.

⑦ 曾广载.西方国家宪法和政府[M].武汉:湖北教育出版社,1989:240-241.

(三)其他立法体制

除了上述立法体制之外,根据各国国情的不同还存在诸多具有特殊性的立法体制。有的国家的立法权是由立法机关和行政首脑或者国家元首共同行使,而行政首脑和国家元首并非议会成员,如冰岛的立法权是由议会和总统共同行使①;再如丹麦的立法权是由议会和君主共同行使的复合型立法体制。有的国家属于宗教性国家,教会拥有很大的权力,教皇作为政府的附属性权力机关,在立法、司法、行政上均有话语权,如梵蒂冈。

第三节　我国的立法体制

一、我国立法体制的发展变化

我国现行立法体制的基本框架是由 1982 年《宪法》确立的,在 2000 年《立法法》颁布实施以前,我国立法体制的具体框架和表述没有统一的说法,也没有统一的标准,一直处于不断地发展完善之中。立法体制的核心要素是立法权限的配置。立法体制的发展变化也是围绕这一要素展开。我国立法体制的发展变化经历了一个由集权到分权、分权中又有相对集中的过程。

1949 年至 1954 年,我国立法主体呈现多元化状态,且权限较大。新中国成立之初,我国废除了国民政府时期的"六法全书",以《中国人民政治协商会议共同纲领》作为施政纲领,起到了临时宪法的作用。立法权限只规定了"既有利于国家统一,又有利于因地制宜"的基本原则,并没有明确立法权限的具体划分。因为没有具体明确的立法范围,因此这一时期的立法主体较为多元,立法的权限范围也较为广泛,但是地方的立法权主要来自中央的"授权"且容易被限制甚至收回。1954 年第一届全国人民代表大会通过了《宪法》和其他五部有关国家机构的宪法性法律,确立了由中央统一行使国家立法权的制度,除民族自治地方外,取消了一般地方的立法权。

1955 年至 1978 年,我国立法权集中在中央,地方立法活动基本上处于停滞的状态。1955 年通过的《关于授权常务委员会制定单行法规的决议》赋予全国人大常委会以国家立法权。这一时期,高度集中的计划经济体制和高度集权的政治体制导致

---

① 冰岛[EB/OL].中国商务部网站[2022-4-22].http://policy.mofcom.gov.cn/page/nation/Iceland.html.

了立法工作不同于其他历史时期。无论中央还是地方,立法机构运转都出现了异常,在地方组织法没有明确废止的情况下,地方立法活动却基本上停滞了。

1979 年至 2014 年,地方立法权逐步扩大,立法工作有据可循。党的十一届三中全会后,从中央到地方都开始进入法制化建设的轨道,1979 年五届全国人大通过的《中华人民共和国地方各级人民代表大会和地方各级人民政府组织法》和 1982 年《宪法》为中央和地方的立法权划分了界限,也为立法工作厘定了基本框架。党的十五大把依法治国确定为基本方略,并于 2000 年制定了新中国成立以来的第一部《立法法》,为维护法制统一、提高立法质量奠定了制度性基础。

从 2015 年至 2023 年,地方立法权逐步展开,立法体制上仍然存在需要完善的地方。2014 年党的十八届四中全会提出了赋予设区的市地方立法权,并明确了立法的权限范围。2015 年《立法法》修改,将地方立法权的主体扩充了近五倍,明确广东省东莞市、中山市,甘肃省嘉峪关市,海南省三沙市等四个不设区的市比照适用设区的市享有立法权。立法体制的这一修订被 2018 年新修订的《宪法》所确认,是立法体制进一步完善的表现。

2023 年 3 月 13 日,十四届全国人大一次会议审议通过了修改《立法法》的决定,这是继 2015 年《立法法》修改后的第二次修改。这次修改,完善了我国立法的指导思想和原则,健全了立法体制机制和程序,明确了合宪性审查的程序规定,总结了新时代立法发展的实践,是宪法实施在立法领域的实践,是对人民代表大会制度的完善。

二、我国现行的立法体制

我国是单一制国家,地域广阔、地方经济社会各有特色且发展不平衡,为了使法律既能通行全国,又能适应各地不同的发展需要,根据宪法"遵循中央统一领导,充分发挥地方主动性的原则",确立了我国统一的、分层次的立法体制。2015 年《立法法》的修改进一步完善了我国的立法体制。党的十八届四中全会对完善我国的立法体制明确指出要"健全有立法权的人大主导立法工作的体制机制,发挥人大及其常委会在立法工作中的主导作用。建立由全国人大相关专门委员会、全国人大常委会法制工作委员会组织有关部门参与起草综合性、全局性、基础性等重要法律草案制度。增加有法治实践经验的专职常委的比例。依法建立健全专门委员会、工作委员会立法专家顾问制度。""明确地方立法权限和范围,依法赋予设区的市地方立法权"。

(一)全国人大及其常委会行使国家立法权

根据宪法,全国人民代表大会负责修改宪法。修宪权是最高的立法权,只能由全国人民代表大会行使;全国人大还行使制定和修改刑事、民事、国家机构的和其他的基本法律的职权。全国人大常委会制定和修改除应当由全国人大制定的法律以外的其他法律;在全国人大闭会期间,对全国人大制定的法律进行部分补充和修改,但不得同该法律的基本原则相抵触。2023 年修改的《立法法》第十一条规定只能制定法律的事项分别是:国家主权事项;各级人民代表大会、人民政府、监察委员会、人民法院和人民检察院的产生、组织和职权;民族区域自治制度、特别行政区制度、基层群众自治制度;犯罪和刑罚;对公民政治权利的剥夺、限制人身自由的强制措施和处罚;税种的设立、税率的确定和税收征管等税收基本制度;对非国有财产的征收、征用;民事基本制度;基本经济制度以及财政、海关、金融和外贸的基本制度;诉讼制度和仲裁基本制度;必须由全国人民代表大会及其常务委员会制定法律的其他事项。

(二)国务院及其职能部门的立法权

1.国务院有权制定行政法规

根据《立法法》第七十二条之规定,"国务院根据宪法和法律,制定行政法规。行政法规可以就下列事项作出规定:(一)为执行法律需要制定行政法规;(二)《宪法》第八十九条规定的国务院行政管理职权的事项。应当由全国人民代表大会及其常务委员会制定法律的事项,国务院根据全国人民代表大会及其常务委员会的授权决定先制定行政法规,经过实践检验,制定法律的条件成熟时,国务院应当及时提请全国人民代表大会及其常务委员会制定法律。"

2.国务院职能部门有权制定部门规章

首先,国务院法制机构有立法计划的编制权。国务院根据国家的总体安排部署编制年度立法计划,报国务院审批。《立法法》第七十三条规定:"国务院法制机构应当根据国家总体工作部署拟订国务院年度立法计划,报国务院审批。国务院年度立法计划中的法律项目应当与全国人民代表大会常务委员会的立法规划和年度立法计划相衔接。国务院法制机构应当及时跟踪了解国务院各部门落实立法计划的情况,加强组织协调和督促指导。"

其次,国务院各职能部门在其职责范围内制定行政规章,具有行政立法权。《立法法》第九十一条规定:"国务院各部、委员会、中国人民银行、审计署和具有行政管理职能的直属机构以及法律规定的机构,可以根据法律和国务院的行政法规、决定、命令,在本部门的权限范围内,制定规章。部门规章规定的事项应当属于执行法律或者国务院的行政法规、决定、命令的事项。没有法律或者国务院的行政法规、决定、命令的依据,部门规章不得设定减损公民、法人和其他组织权利或者增加其义务的规范,不得增加本部门的权力或者减少本部门的法定职责。"

最后,各职能部门也可以联合行使行政立法权。《立法法》第八十二条规定:“涉及两个以上国务院部门职权范围的事项,应当提请国务院制定行政法规或者由国务院有关部门联合制定规章。”

(三)地方立法权

1.地方权力机关有权制定地方性法规

首先,《立法法》第八十、八十一条规定:“省、自治区、直辖市的人民代表大会及其常务委员会根据本行政区域的具体情况和实际需要,在不同宪法、法律、行政法规相抵触的前提下,可以制定地方性法规。设区的市的人民代表大会及其常务委员会根据本市的具体情况和实际需要,在不同宪法、法律、行政法规和本省、自治区的地方性法规相抵触的前提下,可以对城乡建设与管理、生态文明建设、历史文化保护、基层治理等方面的事项制定地方性法规,法律对设区的市制定地方性法规的事项另有规定的,从其规定。设区的市的地方性法规须报省、自治区的人民代表大会常务委员会批准后施行。”

其次,《立法法》第八十二条规定:“(一)为执行法律、行政法规的规定,需要根据本行政区域的实际情况作具体规定的事项;(二)属于地方性事务需要制定地方性法规的事项。除本法第十一条规定的事项外,其他事项国家尚未制定法律或者行政法规的,省、自治区、直辖市和设区的市、自治州根据本地方的具体情况和实际需要,可以先制定地方性法规。在国家制定的法律或者行政法规生效后,地方性法规同法律或者行政法规相抵触的规定无效,制定机关应当及时予以修改或者废止。设区的市、自治州根据本条第一款、第二款制定地方性法规,限于本法第八十一条第一款规定的事项。”

最后,省、自治区的人民代表大会常务委员会对报请批准的地方性法规,应当对其合法性进行审查,同宪法、法律、行政法规和本省、自治区的地方性法规不抵触的,应当在四个月内予以批准。省、自治区的人民代表大会常务委员会在对报请批准的设区的市的地方性法规进行审查时,发现其同本省、自治区的人民政府的规章相抵触的,应当作出处理决定。

2.地方政府有权制定政府规章

《立法法》第九十三条规定:“省、自治区、直辖市和设区的市、自治州的人民政府,可以根据法律、行政法规和本省、自治区、直辖市的地方性法规,制定规章。地方政府规章可以就下列事项作出规定:(一)为执行法律、行政法规、地方性法规的规定需要制定规章的事项;(二)属于本行政区域的具体行政管理事项。”

设区的市、自治州的人民政府制定地方政府规章,限于城乡建设与管理、生态文明建设、历史文化保护、基层治理等方面的事项。已经制定的地方政府规章,涉及上述事项范围以外的,继续有效。除省、自治区的人民政府所在地的市,经济特区所在地的市和国务院已经批准的较大的市以外,其他设区的市、自治州的人民政府开始制定规章的时间,与本省、自治区人民代表大会常务委员会确定的本市、自治州开始制定地方性法规的时间同步。

应当制定地方性法规但条件尚不成熟的,因行政管理迫切需要,可以先制定地方政府规章。规章实施满两年需要继续实施规章所规定的行政措施的,应当提请本级人民代表大会或者其常务委员会制定地方性法规。没有法律、行政法规、地方性法规的依据,地方政府规章不得设定减损公民、法人和其他组织权利或者增加其义务的规范。"

3.民族自治地方的立法权限

首先,《中华人民共和国民族区域自治法》(以下简称《民族区域自治法》)第二条和第十五条规定:"各少数民族聚居的地方实行区域自治。民族自治地方分为自治区、自治州、自治县。各民族自治地方都是中华人民共和国不可分离的部分。""民族自治地方的自治机关是自治区、自治州、自治县的人民代表大会和人民政府。民族自治地方的自治机关的组织和工作,根据宪法和法律,由民族自治地方的自治条例或者单行条例规定。"

其次,《民族区域自治法》第二十五条规定:"民族自治地方的自治机关在国家计划的指导下,根据本地方的特点和需要,制定经济建设的方针、政策和计划,自主地安排和管理地方性的经济建设事业。"

最后,《民族区域自治法》第十九条规定:"民族自治地方的人民代表大会有权依照当地民族的政治、经济和文化的特点,制定自治条例和单行条例。自治区的自治条例和单行条例,报全国人民代表大会常务委员会批准后生效。自治州、自治县的自治条例和单行条例报省、自治区、直辖市的人民代表大会常务委员会批准后生效,并报全国人民代表大会常务委员会和国务院备案。"

4.监察机关的立法权限

2019年10月,第十三届全国人大常委会第十四次会议通过了《全国人民代表大会常务委员会关于国家监察委员会制定监察法规的决定》,由国家监察委员会根据宪法和法律,制定监察法规;监察法规应当经国家监察委员会全体会议决定,由国家监察委员会发布公告予以公布;同时监察法规应当在公布后三十日内报全国人大常委会备案。并对监察法规可以规定的事项作出明确的规定,即为执行法律的规定需要制定监察法规的事项;为履行领导地方各级监察委员会工作的职责需要制定监察法规的事项。

5.军事机关的立法权限

《立法法》第一百一十七条规定:"中央军事委员会根据宪法和法律,制定军事法规。中国人民解放军各战区、军兵种和中国人民武装警察部队,可以根据法律和中央军事委员会的军事法规、决定、命令,在其权限范围内,制定军事规章。军事法规、军事规章在武装力量内部实施。军事法规、军事规章的制定、修改和废止办法,由中央军事委员会依照本法规定的原则制定。"

此外,《立法法》第七十七条规定:"有关国防建设的行政法规,可以由国务院总理、中央军事委员会主席共同签署国务院、中央军事委员会令公布。"

6.港澳特别行政区的立法权限

《宪法》第三十一条和《香港特别行政区基本法》《澳门特别行政区基本法》(以下简称港澳基本法)规定了港澳作为特别行政区的立法权。港澳基本法规定实行"一国两制"后,中国大陆作为主体仍然实行社会主义制度,港澳保持资本主义制度不变,同时港澳作为特别行政区在不与《宪法》和港澳基本法相抵触的原则下,享有独立的立法权,可以根据自身的经济、政治、文化、社会发展实际情况制定法律,我国的立法体制呈现出了更具特色的多层次性。

(四)授权立法

为了适应社会发展的需要,授权立法在实践中经常运用。新中国成立初期,为了适应社会主义改造和社会主义事业发展的需要,全国人民代表大会授权常务委员会,在全国人民代表大会闭会期间,根据情况的发展和工作需要,对现行法律中一些已经不适用的条文,适时地加以修改,作出新的规定。改革开放时期,全国人民代表大会根据宪法规定,授权国务院和经济特区在不同宪法和法律的基本原则相抵触的情况下,可以制定有关经济体制改革和经济社会发展的法律法规。

从法理上讲,专门的授权立法无可厚非,某一机关有相应的立法权就可以依法进行授权或者委托,但是在我国因为没有宪法和法律上的依据,又经常是一揽子授权,因此规范性有待于进一步完善。2023 年《立法法》修改后,第十二、十三、十四、十五、十六、七十二和八十四条对授权立法进行了相关的规定和完善。

首先,明确了授权立法的范围。《立法法》第十二条规定:"本法第十一条规定的事项尚未制定法律的,全国人民代表大会及其常务委员会有权作出决定,授权国务院可以根据实际需要，对其中的部分事项先制定行政法规，但是有关犯罪和刑罚、对公民政治权利的剥夺和限制人身自由的强制措施和处罚、司法制度等事项除外。”《立法法》第八十四条规定：“经济特区所在地的省、市的人民代表大会及其常务委员会根据全国人民代表大会的授权决定，制定法规，在经济特区范围内实施。”

其次，明确了授权立法不得越权的原则。《立法法》第十三条和第十五条规定：“授权决定应当明确授权的目的、事项、范围、期限以及被授权机关实施授权决定应当遵循的原则等。授权的期限不得超过五年，但是授权决定另有规定的除外。被授权机关应当在授权期限届满的六个月以前，向授权机关报告授权决定实施的情况，并提出是否需要制定有关法律的意见；需要继续授权的，可以提出相关意见，由全国人民代表大会及其常务委员会决定。被授权机关应当严格按照授权决定行使被授予的权力。被授权机关不得将被授予的权力转授给其他机关。”

最后，明确了授权立法的行使期限。《立法法》第十四条和第十六条规定：“授权立法事项，经过实践检验，制定法律的条件成熟时，由全国人民代表大会及其常务委员会及时制定法律。法律制定后，相应立法事项的授权终止。全国人民代表大会及其常务委员会可以根据改革发展的需要，决定就特定事项授权在规定期限和范围内暂时调整或者暂时停止适用法律的部分规定。”

拓展阅读

[1]曹海晶.当代中国立法体制的社会生态研究[D].华中师范大学,2004.
[2]周尚君.中国立法体制的组织生成与制度逻辑[J].学术月刊,2020(11).
[3]钱大军.立法权的策略配置与回归——一个组织角度的探索[J].现代法学,2020(02).

第七章　立法主体

知识脉络图

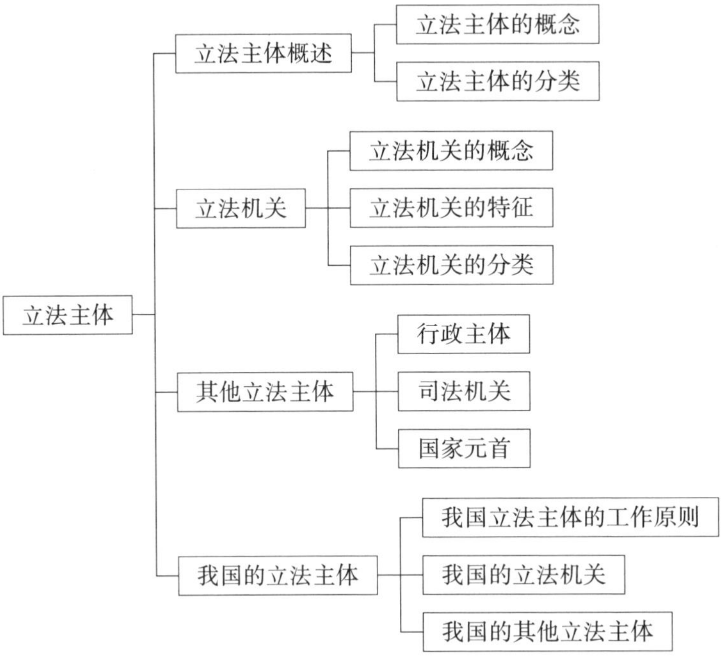

第一节　立法主体概述

一、立法主体的概念

洛克在《政府论》中曾这样定义立法权："立法权是得自于人民的委托性权力，享有这种权力的人不能将其转让于他人,立法权旨在指导如何使用国家力量以保障社会及其成员的权利。”[①]从立法权的历史演进看,习惯法时代,立法权多来自于权威者,但这并不是说有权威就有立法权,而是随着共同体的扩大,需要有专门创造规则的权力,从而产生了立法权。伴随着人类社会的发展,近代意义上民族国家的诞生,立法者也开始从其他专业中分离出来,呈现出复合型和类型化的特征。自此,立法权作为一项重要的国家权力,一般应当由立法主体行使。

立法权是立法主体的专属权力,不享有立法权的组织或者个人不能成为立法主体。立法权是法定权力,立法主体应当是根据宪法和法律,有权制定、修改、补充、废止各种规范性文件以及认可法律规范的国家机关、社会组织、团体和个人。[②] 以法律规定为标准,立法主体是依法有权进行或者参与法的制定、认可和变动的国家机关的总称[③],强调的是立法主体的唯一性,即只能是国家机关。从社会的发展来看,越来越多的社会组织和第三方机构承担社会管理和社会服务的职能,其立法权的扩展也是发展趋势。

从法定条件和功能价值分析,立法主体可以看作是形式立法主体和实质立法主体的集合。形式立法主体是立法工作的重要参与者,是由法律规定的制定、修改、认可、补充、废止各种规范性文件的国家机关或者其他法定组织;而实质立法主体是为了让立法能够发挥实质性功能和价值而参与立法的主体,这类主体能够对立法产生实质性影响,但是没有法定的立法权。两者的结合可能是现代国家立法的需求,也是立法行为的发展趋势。立法要体现人民的意志,保障人民的权益,就需要多种利益主体的参与,而不能仅仅体现所谓统治阶级的意志;同时立法要具有权威性,立法要具有强制力,立法还要具有稳定性和专业性,而不能仅仅是依靠自律性的道德行为。从这些价值上分析,立法主体就不能仅仅具有法定性。

另外,从世界各国的法治建设情况来看,尽管立法的参与主体对立法工作能产生重要影响,但是立法体制的运行实质还是立法权的配置和运行,离开立法权,立法工作就是空谈。从这个意义上讲,立法应当是具有立法权的机关所进行的制定、修改、补充、废止各项规范性文件的活动;但是现代国家的立法又必须注重立法的实际功能和价值,因此还应当注意发挥各类立法主体的作用。综上,立法主体应当是依据宪法和法律规定或者由法律授权,按照一定的程序制定、修改、废止、解释规范性法律文件

---

① [英]洛克.政府论(下篇):论政府的真正起源、范围和目的[M].叶启芳,瞿菊农,译,北京:商务印书馆,2017:89-91.

② 朱力宇,叶传星.立法学(第四版)[M].北京:中国人民大学出版社,2013:99.

③ 周旺生.立法学(第二版)[M].北京:法律出版社,2009:164.

的国家机关或者其他组织。

二、立法主体的分类

(一)有立法权的立法主体

立法体制是立法权配置和运行的系统。立法主体是立法权配置和运行的主要承担者。作为立法主体,立法权是核心要素。立法是法律法规规定或者授权的活动,也就意味着立法主体的资格应当有法律上的依据,也可以看作是法律直接向法律主体强加的履行法定行为的义务。[①]

首先,我国《宪法》第五十八条、第八十九条第一款、第九十条第二款、第一百条、第一百一十六条规定了我国立法主体的原则和范围,我国的立法主体包括全国人民代表大会及其常务委员会、国务院、国务院的组成部门,各省、自治区、直辖市和设区的市的人民代表大会及其常务委员会、民族自治地方的人民代表大会。

其次,我国《立法法》第十条、第七十二条、第八十一条、第八十五条、第九十一条对我国立法主体作出了具体规定。立法主体包括全国人民代表大会及其常务委员会,国务院,国家监察委员会,省、自治区、直辖市和设区的市、自治州的人民代表大会及其常务委员会;民族自治地方的人民代表大会,国务院各部、各委员会、中国人民银行、审计署以及法律规定的机构,省、自治区、直辖市和设区的市、自治州的人民政府,中央军事委员会和中国人民解放军各战区、军兵种和中国人民武装警察部队。

最后,为了规范军事立法工作,完善军事法规制度体系,保证军事立法质量,2016年军事体制改革以后,军委原四大总部已经改制为15个机关部门,2017年专门制定了《军事立法工作条例》,对军事立法予以全面规定。

从上述法律规定来看,有立法权的主体包括法定的立法主体和授权的立法主体,法定的立法主体和授权的立法主体在权限范围、立法程序和监督方式等方面有显著的差异。根据我国《立法法》第十条的规定,全国人民代表大会和全国人民代表大会常务委员会行使国家立法权。这说明我国的人民代表大会既是权力机关也是国家立法机关,属于法定的立法主体,其立法权来源于宪法或者立法法的明文规定。

并非所有立法主体的权限都是法定的,有的立法主体的权限来自其他立法主体的授权,属于授权立法的主体。例如,1992年全国人民代表大会常务委员会依法授权深圳市人民代表大会及其常务委员会、人民政府享有经济特区的立法权,该项授权至

---

① [英]约瑟夫·拉兹.法律体系的概念[M].吴玉章,译,北京:中国法制出版社,2003:147.

今仍然有效。[1] 但是相较于法定的立法主体,授权立法主体会有权限、范围等方面的限制。从我国《立法法》的规定来看,能够被授权立法的主体仅限于国务院和经济特区所在地的省、市人民代表大会及其常务委员会。同时,国务院针对法律的保留事项制定行政法规的授权主体是全国人大及其常务委员会,但是对经济特区所在地的省、市人民代表大会及其常务委员会制定特区法规的授权主体只能是全国人民代表大会,全国人民代表大会的常务委员会不具有授权的资格。

(二)参与立法的其他主体

从实现立法的功能看,立法的过程需要多方参与,从而实现立法过程中完备的利益表达和立法的可行性。立法实践中,各种社会组织以及专业人士都会就某些立法提出立法建议,甚至参加立法文本的起草工作,尤其现代社会,参与立法的主体对立法的作用也越来越大,构成了立法主体不可或缺的部分。

一方面,社会组织、利益集团以及对国家或者社会具有一定影响力的民间组织对立法活动也可以起到引导和制约的作用。这些组织不具有立法权,他们对立法的作用更多地体现在策划和决策的过程中。另一方面,某些处在特殊位置上的个人对立法活动也具有很大的作用。例如,一个国家的总统,尤其是政教合一国家的宗教首领,这些个人可以通过自身所处的位置或者所具有的特殊身份对立法活动施加影响。

第二节 立法机关

一、立法机关的概念

狭义的立法机关通常是指依法行使立法权,制定、认可、修改、解释、补充或者废止法律的国家代议机关,通常指议会或者代表机关。[2] 现代国家的立法机关一般都是

---

① 1992年7月1日第七届全国人民代表大会常务委员会第二十六次会议通过。根据《第七届全国人民代表大会第二次会议关于国务院提请审议授权深圳市制定深圳经济特区法规和规章的议案的决定》,第七届全国人民代表大会常务委员会第二十六次会议审议了国务院关于提请授权深圳市人民代表大会及其常务委员会和深圳市人民政府分别制定深圳经济特区法规和深圳经济特区规章的议案,决定授权深圳市人民代表大会及其常务委员会根据具体情况和实际需要,遵循宪法的规定以及法律和行政法规的基本原则,制定法规,在深圳经济特区实施,并报全国人民代表大会常务委员会、国务院和广东省人民代表大会常务委员会备案;授权深圳市人民政府制定规章并在深圳经济特区组织实施。

② 徐向华.立法学教程(第二版)[M].北京:北京大学出版社,2017:84.

专门的立法机关,也是国家的民意机关或者代议机关,虽然行政机关与司法机关在一定程度上也具有立法职能,但是其主要的职责依然是执法和司法,一般不能将其称为立法机关。由于各国历史传统和具体国情发展的不同,各国的立法机关会有一定范围上的差异,但是从国家治理和社会发展需要的角度看,各国一般都会设立专门的立法机关,立法机关也是国家最为重要的立法主体,行使立法权,为调整社会关系提供制度供给。各国的立法机关可能在名称上有所不同,如英美国家一般称为议会或者国会,我国称为人民代表大会,俄罗斯称为杜马。但是一般都认为立法机关是国家权力的重要组成部分,是民意机关,有的国家的立法机关还是最高权力机关。

二、立法机关的特征

根据立法机关的概念,同时将其与其他立法主体相较,立法机关有如下特征:

首先,立法机关是国家机关。现代法治国家中立法、司法、行政、监察等多项国家权力共同构建国家政权活动,其中立法机关行使国家立法权,是现代国家治理中的起始性权力,对国家和社会的治理有举足轻重的作用,而立法权的承担者——立法机关也是国家机关之一。

其次,从活动和职能上讲,立法机关进行的是立法活动,承担的是立法职能。与其他国家机关不同,立法机关主要承担立法职能,虽然有的立法机关还承担其他的职能,比如选举,但是立法职能是立法机关最重要的职能,因此其所进行的活动,也主要是立法活动。

再次,立法机关从事立法活动的表现形式是法律。立法机关承担立法职能,其主要的成果是制定具有普遍拘束力的法律。与其他立法主体相比,立法机关制定的法律的效力位阶仅次于宪法,而优于其他立法主体制定的规范性文件。

最后,立法机关的活动方式是由代表以会议的方式进行。立法机关一般是由直接选举或者间接选举的代表组成的,并以会议的方式实现其职能,集体讨论、表决通过国家的重大事项,一般是集体负责制,而不是首长负责制,这也是立法机关与行政机关在决策上的重要区别。

三、立法机关的分类

(一)法定立法机关和授权立法机关

以立法权取得方式的不同,可以分为法定立法机关和授权立法机关。如果立法机关的立法权的取得是由宪法和法律直接规定的,则为法定立法机关;而有的立法机关的立法权是由其他立法机关授予的,则为授权立法机关。例如,依照我国《立法法》的规定,全国人大及其常委会就是法定的立法机关,国务院在制定行政法规的权限上也属于法定立法机关。根据《第七届全国人民代表大会第二次会议关于国务院提请审议授权深圳市制定深圳经济特区法规和规章的议案的决定》，决定授权深圳市人民代表大会及其常务委员会根据具体情况和实际需要，遵循宪法的规定以及法律和行政法规的基本原则，制定法规，在深圳经济特区实施，就属于授权立法机关。

(二)专门立法机关和非专门立法机关

以立法机关的职能是否具有专门性，可以分为专门立法机关和非专门立法机关。是否具有专门性，国内学者有不同的理解，有的学者认为专门性是指唯一性；[①]有的学者则认为专门性是指主要行使立法职能。[②] 如果以唯一性为标准，则当今世界上少有专门性的立法机关，当今世界多数国家的立法机关的职能都是综合性职能，即除行使立法权、进行立法活动、承担立法职能以外，还行使决定、任免等诸多职能。如果以主要行使立法职能为标准，则专门立法机关就是各国法律规定的议会或者国会等代议机关，而区别于兼具立法功能的行政机关或者司法机关。

(三)中央立法机关和地方立法机关

以立法机关的级别不同可以分为中央立法机关和地方立法机关。世界上大多数国家都存在中央和地方两级立法体制，不同级别的立法机关对不同的立法事项具有立法权限。一般来讲，中央立法机关对中央权限的立法事项进行立法；地方立法机关对地方权限的立法事项进行立法，而某事项是属于中央事项还是地方事项一般都在一国宪法中有明文规定，没有规定的则因为国家体制的不同而分权不同。例如，在单一制国家中，地方的权力来源于中央，宪法没有明文规定的情况下，是否属于地方立法事项由中央决定；联邦制国家中，只要宪法没有规定属于联邦事项的，一般都由地方行使立法权进行立法管理。

(四)普通立法机关和特别立法机关

以立法机关是否为常设机关为标准，可以划分为普通立法机关和特别立法机关。普通立法机关一般为一个国家的常设立法机关，以制定、修改和废止法律为其主要职能，也是现代国家主要立法工作的承担者，现代各国基本上都采用这一模式，有的国家称为议会或者国会，有的国家称为人民代表大会或者最高人民会议。特别立法机关一般都是为了制定宪法而临时成立的立法机构，在宪法制定后即行解散。例如，1787 年美国早期的 13 个州为修改《邦联条例》而召集的制宪会议，制定了世界上第一部成文宪法。

---

① 周旺生.立法学(第二版)[M].北京:法律出版社,2009:173-175.

② 高轩.立法学简明教程[M].广州:暨南大学出版社,2020:31.

(五)一院制立法机关和两院制立法机关

以立法机关是由一个议事机构组成还是由多个议事机构组成,可以分为一院制立法机关和两院制立法机关。一院制立法机关一般只有一个议事机构和其他附属辅助性机构组成,便于集中议事,简化立法程序,有利于集中主要的资源,提高工作效率,比如朝鲜宪法就规定最高人民会议是朝鲜最高国家权力机关,最高人民会议闭会期间的常设机构为最高人民会议常任委员会。[①] 两院制立法机关设有两个议事机构,同时设有与其相对应的附属辅助性机构,两院制立法机关有利于政治上的制衡,对于平衡各方的利益需求和政治上的民主性更为有利。例如,美国的参议院与众议院、英国的上议院与下议院就属于两院制。

第三节 其他立法主体

一、行政主体

行政主体是行政法上的学理概念,我国的法律并没有对行政主体给出确切的概念。从行政法学的研究来看,行政主体是指能够以自己的名义对外实施国家行政管理职能并承担相应法律后果的行政机关或者社会组织。行政主体是行政法主体的一种,严格意义上讲,行政主体只存在于行政管理法律关系中,其他的行政关系中,并没有完全意义上的行政主体的概念。[②] 从行政主体的概念看,行政主体包括行政机关和其他社会组织,这里的其他社会组织是指除行政机关以外的行使一定行政职能的法律、法规授权的组织和其他社会公权力组织。[③]行政主体作为一国重要的行政管理主体自然需要承担管理的职能,虽然不属于立法机关,但是立法权作为行使管理职能的一项重要手段,行政主体自然不能不享有。

行政主体承担立法职能,行使立法权,制定行政规范性文件的活动是行政立法。但是对于行政立法的界定,学界却有不同的看法,大部分学者认为行政立法既应当从机关的性质,又应当从所制定的法律规范的性质进行界定,[④]尤其自 20 世纪 80 年代

---

① 朝鲜[EB/OL].中华人民共和国商务部网站[2022-5-15].http://policy.mofcom.gov.cn/page/nation/DPR_of_Korea.html.

②③④ 姜明安.行政法与行政诉讼法(第七版)[M].北京:高等教育出版社,2019:87,107,159.

以来，这种看法被学界的普遍认同，也为官方教材所采纳，写入了马克思主义理论研究和建设工程重点教材。[①] 但是也有学者认为凡是制定行政法规范的行为，不论制定主体的性质，都应当属于行政立法。[②]

行政立法也是学理上的概念，法律并没有准确的含义。《中华人民共和国行政诉讼法》（以下简称《行政诉讼法》）第十三条规定的不予受理的案件中第二款“行政法规、规章或者行政机关制定、发布的具有普遍约束力的决定、命令”基本上涵盖了所有的行政立法，从这条法律规定不难看出，行政立法的主体应当是行政机关。

值得注意的是，在现代国家中，除了作为行政机关的立法主体，在诸多的立法过程中还有其他参与立法的主体，有的主体甚至是取得了授权之后进行规范性文件的制定活动，而且制定的规范性文件具有一定的拘束力。例如，西方诸多国家的行业协会、商业协会和自治组织都能够制定类似“规章”的具有普遍拘束力的规范性文件。从行政法规范的角度看，这些组织应当属于行政主体，因为他们不同程度地承担一定的公权力；从行政立法的角度看，他们不是行政机关，制定的规范性文件不属于行政立法，但是这些规范性文件却有相当意义上的拘束力；从立法学的研究角度看，这些主体制定规范性文件的行为也应当属于一种立法行为，至少是一种参与立法的行为。

二、司法机关

司法机关是行使司法权的国家机关，但是从实践来看，各国司法机关都存在不同程度的“法官造法”的活动，法官所造之法在案件的审判中也起着重要的作用。司法机关除了承担审判职能以外，还承担了创制判例的职能，通过判例实现造法的功能，尤其在英美法系国家，遵循先例的原则也是重要的法律原则。

首先，创制判例。法院在案件审判时会形成有拘束力的判决，从生效判决中概括出一般法律原则和规则，并将这些原则和规则适用于其他案件的审判，同时能够对其他案件的审判产生拘束力。英美法系国家也在判例中形成了“遵循先例”的原则，逐步形成了判例法。判例法在英美法系国家是正式法律渊源，在大陆法系国家也属于非正式法律渊源。

司法审查权是法院造法的另一种方式。现代法治国家的司法机关在不同程度上拥有司法审查权，有的是在案件的审理过程中，可以对法律法规和其他规范性文件提出附带性审查，有的则可以直接对法律法规和其他规范性文件进行审查，如德国的宪

---

① 《行政法与行政诉讼法学》编写组.行政法与行政诉讼法学（第二版）［M］.北京：高等教育出版社，2018：104.

② 应松年.行政法学总论［M］.北京：工人出版社，1985：266.

法法院就可以直接受理公民对法律提起的诉讼,很可能因为法律违反上位法的规定或者违宪而导致法律的无效,事实上宣告了法律的无效、废止,是立法权的一种变相实施。除此之外,有的司法机关还具有宪法的解释权,如美国联邦法院就通过“马伯里诉麦迪逊案”取得了宪法的解释权,通过对宪法的解释进行法官造法。

三、国家元首

国家元首是一个国家实质上或者形式上的最高首脑,也是对内对外的最高代表。国家元首的职权一般由国家宪法明文规定,一般包括公布法律权、发布命令权、任免权、荣典权和部分外交权力等。就国家元首的立法职权而言,主要包括两种方式:一种通过任免权、公布法律权或者影响议会程序的方式直接行使立法权,比如新加坡、印尼等国就可以通过召集议会、宣布休会或者闭会、解散议会等控制议会开会程序的方式;通过任命议员的方式;通过批准或者否定法律案的方式直接行使立法权。[①] 另一种通过取得议会的授权间接行使立法权。例如,美国宪法就规定美国总统除了法定的签署或否定法案的权力以外,还可以行使国会授予的立法权,同时美国总统的预算办公室还可以对行政机关,尤其是管制机构指定的法律实施细则进行审查和评估。

第四节 我国的立法主体

一、我国立法主体的工作原则

我国《宪法》明文规定,中华人民共和国的国家机构实行民主集中制的原则。民主集中制是我们党的根本组织原则和领导制度,是充分发扬党内民主和正确实行集中制的有机结合,既能够最大限度地激发全党的创造力,又能统一全党思想和行动,能够有效地克服议而不决的分散主义。民主集中制原则也是我党的根本领导制度和工作制度。党领导贯彻民主集中制的原则就是将坚持集体领导和个人分工负责相结合,在广泛听取各方面意见建议的基础上,既要防止名为集体领导实为无人负责,又要防止个人专断。

我国的人民代表大会制度就是民主集中制具体运用的集中体现。全国各级人民代表大会及其常务委员会在行使国家权力时,按照民主集中制原则,实行少数服从多

---

① 吴大英.比较立法制度[M].北京:群众出版社,1992:235.

数的原则，对各项职权范围内的事情进行民主表决。同时各级国家行政机关、审判机关、检察机关和监察机关由各级权力机关选举产生，对各级人大负责，受人大监督。正如彭真同志所说："民主集中制，首先是民主。人大及其常委会审议、决定问题时，在广泛的、高度的民主基础上进行，各种意见自然会趋于一致，真正集中。经过广泛民主，充分讨论，绝大多数人的意见一致了，极少数不同意见还是会有的，怎么办？进行表决，少数服从多数。"①

民主集中制的工作原则在我国立法机关体现在：一是人民与国家的关系，各级人民代表大会都是通过人民选举产生，对人民负责，受人民监督；二是国家权力机关和其他国家机关的关系，其他国家机关由国家权力机关产生，对权力机关负责，受权力机关监督；三是央地关系，中央与地方的国家机构的职权划分，遵循在中央的统一领导下，充分发挥地方的自主性和积极性；四是组织关系，充分实行"四个服从"。

二、我国的立法机关

我国的立法机关主要是人民代表大会及其常务委员会，全国人民代表大会行使国家最高权力，直接负责国家事务的议决；地方各级人民代表大会是地方最高权力机关，负责地方事务的议决。其他国家机关均由人民代表大会产生，对其负责，受其监督。

（一）我国立法机关的设置

根据我国《宪法》《地方组织法》《立法法》等法律的规定，我国立法机关可以分为中央立法机关和地方立法机关，中央立法机关即全国人民代表大会及其常务委员会，地方立法机关是省、自治区、直辖市以及设区的市的人民代表大会及其常务委员会；还有国务院批准的较大市、经济特区所在市和省会所在市的人民代表大会及其常务委员会。虽然我国的地方人民代表大会到乡镇一级，但是县乡两级的人民代表大会没有立法职能，不行使立法权。民族自治地方的人民代表大会可以制定自治条例和单行条例，属于特殊地方的立法权。

（二）我国立法机关的组成

根据《宪法》的规定，我国立法机关主要由人民代表大会和常务委员会组成。人民代表大会在会议期间还会成立主席团确保人民代表大会顺利进行。我国县乡两级人民代表大会是由人民直接选举产生的，其他各级人民代表大会是由下级人大间接选举产生的。我国《中华人民共和国全国人民代表大会和地方各级人民代表大会选举法》第十六条第二款规定全国人大代表的名额不超过三千，且代表名额分配要兼具

① 彭真.彭真文选[M].北京：人民出版社，1991：615.

地域性特征和职业性特征,同时《宪法》第五十九条还规定必须有军队代表。实践中为了增强代表的广泛性,还需要对妇女、人数较少的少数民族和特殊群体进行照顾。这些都充分体现了我国人大代表的普遍性和平等性。

人民代表大会常务委员会是我国人民代表大会的常设机关,由本级人民代表选举产生,对本级人民代表大会负责。《立法法》第二十条规定了常委会应当在提请大会审议前提前将法律案发给代表审阅。同时常委会立法权的行使与人大有所不同。《立法法》第二十九至四十七条,通过专门的章节规定了常委会立法权行使的程序。

除常委会以外,人民代表大会的常设机构还包括民族、法律、监察和司法、财政经济、科教文卫、外事、华侨、环境与资源保护、农村与农业、社会建设等专门委员会。《立法法》第三十五条还规定:"常务委员会会议议程的法律案,由有关的专门委员会进行审议,提出审议意见,印发常务委员会会议。有关的专门委员会审议法律案时,可以邀请其他专门委员会的成员列席会议,发表意见。"

三、我国其他立法主体

根据我国《宪法》《地方组织法》《立法法》等法律的规定,我国的立法主体除了全国人大及其常委会和地方各级人大及其常委会专职负责立法的机关以外,还有行政机关、司法机关、军事机关、民族自治地方和特别行政区等立法主体。

我国有行政立法权的行政机关在中央主要包括国务院和国务院各部委、审计署、央行以及其他具有行政管理职能的直属机构;地方上主要包括省、自治区、直辖市和设区的市、较大市、省会城市所在地以及经济特区所在地的市的人民代表大会及常委会和人民政府。

首先,国务院是我国最高行政机关,是中央人民政府,也是最高国家权力机关的执行机关。根据《宪法》第七十二条的规定,国务院可以根据宪法和法律或者全国人大及其常委会的授权决定,依照法定权限和程序,制定有关行政管理的规范性文件。国务院制定的规范性文件称为行政法规。行政法规在我国立法体制中具有重要的地位和作用。

其次,根据《宪法》第九十条第二款、第八十六条,《中华人民共和国国务院组织法》第十条,《立法法》第九十一条和《中国人民银行法》第四条第一款的规定,国务院各部、各委员会、中国人民银行、审计署和具有行政管理职能的直属机构以及法律规定的机构,可以根据法律和国务院的行政法规、决定、命令,在本部门的权限范围内,制定规章。部门规章是国务院各部门根据法律和国务院的行政法规、决定、命令,在本部门权限内按照规定的程序所制定的规定、办法、规则等规范性文件的总称。

再次,作为地方行政立法的主体主要是地级市以上的人民政府。根据《立法法》第九十三条的规定:“省、自治区、直辖市和设区的市、自治州的人民政府,可以根据法律、行政法规和本省、自治区、直辖市的地方性法规,制定规章。地方政府规章普遍适用于本地区行政管理工作。”

最后,根据《全国人民代表大会常务委员会关于国家监察委员会制定监察法规的决定》的规定,国家监察委员会有制定监察法规的权限。中央军事委员会以及各总部、军兵种、军区作为国家武装力量的领导机关和执行机关,有权制定军事法规和军事规章。我国的民族区域自治地方、自治州、自治县的人民代表大会可以制定自治条例和单行条例,并且可以根据本民族的特点变通执行。

拓展阅读

[1]程庆栋.论设区的市的立法权:权限范围与权力行使[J].政治与法律,2015(08).
[2]冯洋.论地方立法权的范围——地方分权理论与比较分析的双重视角[J].行政法学研究,2017(02).
[3]王克稳.论中央与地方立法机关立法事项的划分[J].行政法学研究,2022(03).

第八章 立法程序

知识脉络图

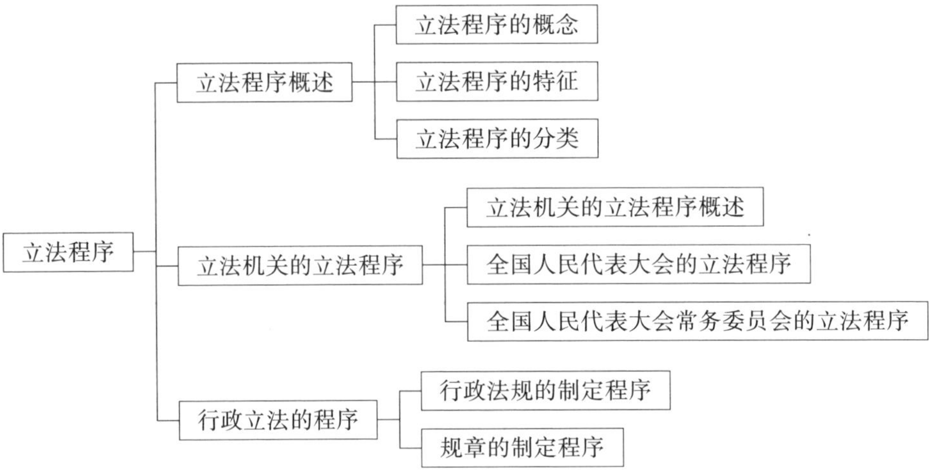

第一节 立法程序概述

一、立法程序的概念

立法程序的概念不能等同于立法过程的概念。立法程序的概念中的关键性元素是立法权的运行过程，而立法过程不仅仅是立法权的运行，还包括与立法权运行相关的全部活动。例如，草案起草的过程就不是立法程序的开端，也不能算作立法程序，不包含立法权的运行；而草案的起草过程就可以算作立法过程的开始。从立法权的运行看，立法权从运行开始就与立法主体密切结合，有立法权的机关开始运用立法权就可以算作立法程序的开始，而起草法律草案的主体并不一定享有立法权。从世界各国的立法规定看，立法议案的提出应当认为是立法程序的开始，这就意味着仅仅有法律草案，并不代表立法程序的启动。立法规划是立法权运行的方式之一，但是立法规划并非制定法律，而是立法机关的工作计划的重要组成部分，从立法权的运行看，立法规划并不是制定具有国家强制力的规范性法律文件的行为，而是立法机关的工作计划；从立法规划的意义看，立法规划并不意味着法律的公布和实施，而是对于规范性法律文件的制定提出的设想。

从立法权运行的角度看，立法程序是有立法权的国家机关，在制定、认可、修改、补充和废止法的活动中，所应当遵循的法定的步骤和方法。① 从立法职能看，立法程序是规范立法机关的会议组织方式、议案的提出、审查、讨论、修改等立法过程的程式，及其应有的规律，以及委任立法的运用和限制。② 从程序的外延看，立法程序是指立法主体在产生和变动法律规范性文件的活动中所必须遵循的法定的时间、步骤、顺序、方式的总称。③ 从现有研究和分析来看，立法程序和立法过程是密不可分的，但是立法程序尤其需要强调立法权的运行，一是因为立法本身就是国家立法权的运行；二是因为立法程序是对立法权本身的规范。综上，立法程序是指有立法权的机关或者授权组织在制定、变动规范性文件的活动中所必须遵循的法定的步骤和方法。④

二、立法程序的特征

从立法程序的内涵分析，立法程序有以下几方面的特征：

首先，从权力运行角度看，立法程序是有立法权的主体行使立法权的过程。前文已述，无论是立法规划还是法律草案的起草都不能算作立法程序的启动，主要原因是两者并没有运用立法权。立法规划是有立法权的机关进行工作计划的活动；起草法律草案也不需要有立法权的机关进行，因此不能算作立法程序的启动。

其次，从活动性质看，立法程序是法定的活动。因为是立法权的运行，因此从权力制约的角度讲，立法程序不同的步骤和方法都是规范的对象。立法程序中所涉及的立法主体、立法内容以及必要的步骤都应当由宪法、法律和立法性文件进行明确的规定。立法主体如果违背法定的步骤和方法，立法过程就会出现程序违法，对立法结果会产生改变或者撤销等不利影响。⑤

---

① 周旺生.立法学（第二版）[M].北京：法律出版社，2009：220.

② 罗智渊.立法程序论[M].台北：正中书局，1974：3.

③ 刘明利.立法学[M].济南：山东大学出版社，2002：131.

④ 徐向华.立法学教程（第二版）[M].北京：北京大学出版社，2017：158.

⑤ 徐向华.中国立法关系论[M].杭州：浙江人民出版社，1999：202.

再次,从行为主体角度分析,立法程序是有立法权的国家机关制定法律法规的过程。这其中既包括专门的立法机关,也包括其他由宪法、法律赋予立法权的立法主体。无论是哪种立法主体,都必须遵守相应的立法程序,遵守制定法律法规的步骤和方式。

最后,从活动本身来看,立法程序具有专业性和职业化的特征。立法程序是有立法权的国家机关制定规范性法律文件活动的步骤和方法,立法程序只规范有立法权的机关的立法性行为,对该机关的其他活动和行为不具有拘束力。法治国家立法程序所涉及的诸如立法主体、立法模式、立法内容等与立法相关的事项都是由宪法、法律或者其他相关法规规定的。

三、立法程序的分类

立法程序纷繁复杂,依照不同的标准,可以对立法程序进行如下的分类:①

第一,以规范性法律文件是否成文为标准,可以分为成文法立法程序和判例法立法程序。所谓成文法又称制定法,是国家机关依据法定程序制定发布的具有系统性的法律文件,其最典型的表现形式就是法典。判例法是由普通法法院或者衡平法法院的判决中所包含的法律原则和规则对本法院以后的裁判或者对其他法院的裁判具有法律上的拘束力,判例法的基础是"遵循先例"。从程序上讲,制定法一般由立法机关按照法定的立法程序进行立法活动,而判例法是法官造法,它在英美法系国家也称为"法官法"。

第二,以立法程序的严格程度不同,可以分为宪法立法程序和普通法律立法程序。宪法是一个国家的根本性法律,是规定国体、政体的根本法。为了维护宪法的权威和尊严,宪法的制定程序不同于一般性法律。从各国制定宪法的过程看,一般在建国初期都会成立类似于制宪会议的组织来起草宪法文本,宪法文本的起草也是各政治团体博弈的结果。宪法的通过一般要求绝对多数,有的国家甚至要求全民公决。普通法律一般都是过半数通过就生效。

第三,以一个国家立法的效力范围区分,可以分为中央立法的立法程序和地方立法的立法程序。单一制国家中,地方权力来源于中央,地方立法的立法程序基本上是效仿中央,同时地方的立法步骤和方法也基本上与中央一致,所不同的是地方立法一般是在中央立法之后进行。地方立法多数时候是对中央立法结合本地实际的具体化。联邦制国家中,联邦权力来源于地方,地方的权限范围比联邦更宽泛,所以地方立法的事项和程序一般不受联邦的约束,而仅仅受宪法的约束。

除上述标准以外,划分立法程序的种类还有很多,比如依照立法机关的不同,还

---

① 徐向华.立法学教程(第二版)[M].北京:北京大学出版社,2017:164.

可以分为代议机关的立法程序和行政机关的立法程序;因为立法权限来源的不同,还可以分为自主立法和授权立法;依照立法事项的不同,还可以分为一般立法程序和特别立法程序等。

第二节　立法机关的立法程序

一、立法机关的立法程序概述

立法机关的立法程序就是代议机关的立法程序,也是法律的制定程序。立法机关的立法程序哪些是必要的,研究中尚存在诸多争议。有学者主张立法机关的立法程序应当分为"四个阶段",即提出立法议案、审议法律草案、表决和通过法律草案、公布法律;[①]也有学者主张"五阶段",即起草法律、提出立法议案、审议法律草案、表决和通过法律草案、公布法律;[②]还有学者主张分为"六阶段",即制定法律规划、起草法律、提出立法议案、审议法律草案、表决和通过法律草案、公布法律。[③] 从不同学者的观点明显可以看出"四阶段"是立法机关立法程序的核心,起草法律和制定法律规划是否应当作为立法机关的立法程序尚存在争议。前文已述,立法程序是规范立法权,规范有立法权的机关立法活动的方式,起草法律既不是行使立法权的活动,也不是立法机关的立法活动;制定法律规划只是有立法权的机关的日常工作之一,不是立法活动。从实践情况看,我国《立法法》第二章第二节和第三节规定了全国人民代表大会及其常务委员会的立法程序,从法律规定看,并未规定制定立法规划和起草法律的活动,而是直接从法案的提交开始进入立法程序。因此立法机关的立法程序本书采用"四阶段"说。

二、全国人民代表大会的立法程序

(一)提出法律案

《立法法》第十七条规定:"全国人民代表大会主席团可以向全国人民代表大会提出法律案,由全国人民代表大会会议审议。全国人民代表大会常务委员会、国务

① 孙敢,侯淑雯.立法学教程[M].北京:中国政法大学出版社,2000:183.
② 蔡定剑.中国人民代表大会制度[M].北京:法律出版社,1998:302.
③ 李步云,王永清.中国立法的基本理论和制度[M].北京:中国法制出版社,1998:144.

院、中央军事委员会、国家监察委员会、最高人民法院、最高人民检察院、全国人民代表大会各专门委员会,可以向全国人民代表大会提出法律案,由主席团决定列入会议议程。”

《立法法》第十八条规定:“一个代表团或者三十名以上的代表联名,可以向全国人民代表大会提出法律案,由主席团决定是否列入会议议程,或者先交有关的专门委员会审议、提出是否列入会议议程的意见,再决定是否列入会议议程。专门委员会审议的时候,可以邀请提案人列席会议,发表意见。”

从《立法法》的规定看,提出法律案是法律制定程序的开始。法律案的提起是依法享有提案权的主体依照法定程序向立法机关提出制定某项法律的程序。《宪法》第六十二条规定了全国人大的十五项职权,其中有关立法权的包括修改宪法,制定和修改刑事、民事、国家机构的和其他的基本法律,根据这项规定,向全国人大提出法律案必须在全国人大的职权范围内,不能超越全国人大的职权。

1.提出法律案的主体

根据《立法法》第十七、十八条的规定,提出法律案的主体主要分为两类,一类是机关主体,一类是代表主体。其中机关主体又分为三类:一是全国人大主席团,主席团是全国人大会议的主持者,其主要职责是决定大会副秘书长的人选、会议日程、议案表决办法,向会议提出议案的截止日期以及其他有关事项。因大会期间可能会临时提出法律案,因此规定主席团可以提出法律案。二是全国人大常委会、全国人大各专门委员会,常委会是全国人大的常设机构,对需要由全国人大制定的法律,由常委会先行审议并提出法律案,有利于全国人大的立法工作;专门委员会是常设性专门机构,在全国人大及其常委会闭会期间,开展经常性工作,职责就是研究、审议和拟定议案,并向全国人大及其常委会提出。三是国务院、中央军委、国家监察委员会、最高人民法院、最高人民检察院,它们工作中的事项,需要由全国人大制定法律的,可以向全国人大提出法律案。

代表主体主要包括两类:一是代表团,二是代表联名。代表团作为提案主体时,全国人大代表由各省、自治区、直辖市、特别行政区和军队选举产生,按选举单位组成代表团。虽然每个代表团的人数不等,但都享有同等的提案权,即每一个代表团都构成一个提案主体,代表团的提案由代表团全体代表的多数通过。代表联名作为提案主体时,代表联合提出法律案,要求有三十名以上的代表联名。一般是一人领衔提出,其他代表签名附议。代表联名提出法律案不受代表团限制,即使代表分处不同的代表团,都可以共同联名提出法律案,只要符合三十名以上的人数要求即可。

2.法律案的形式和内容

法律案是有关法律制定的建议,内容一般都比较概括,提出法律案的同时也应当提出法律草案,法律草案的内容比较具体、系统、完整,是法律未被通过以前的文本。一般而言,提出法律案和法律草案是同时进行的,一起提交的还应当包含法律草案的文本及其说明,并需要提供参阅的资料,说明制定或者修改法律的必要性和可行性,以及对起草法律草案过程中出现的重大分歧意见的协调处理情况。

3.提出法律案的程序和处理

不同的提案主体,提出法律案的程序不同,可分机关提案主体和代表提案主体,这两类主体的提案程序和处理方式有一定的差别。

(1)机关提案主体提案的程序和处理。大会主席团提出法律案,要经主席团会议审议讨论并由主席团会议通过。全国人大常委会提出法律案,一般是由有关的提案主体向常委会提出,经常委会会议审议讨论,需要提请大会通过的,由常委会会议决定提请大会审议。专门委员会提出法律案,要经专门委员会全体会议审议通过,然后可以先向常委会提出,经常委会会议审议修改后再向大会提出,也可以直接向大会提出。国务院、中央军委、国家监察委员会、最高人民法院和最高人民检察院提出法律案的,应当先由本机关首长签署,然后可以向常委会提出,经常委会审议修改后向大会提出,也可以直接向大会提出。国防建设的法律案,一般由国务院和中央军委联合提出。主席团提出的法律案可以直接列入大会议程,其他机关提出的法律案由大会主席团列入大会议程。向全国人大提出的法律案,在列入会议议程之前,提案机关可以撤回。

(2)代表提案主体提案的程序和处理。根据《立法法》第十八条的规定,代表提案主体有两类,一类是代表团提案主体,一类是代表联名提案主体。《宪法》第七十二条规定:"全国人民代表大会和全国人民代表大会常务委员会组成人员,有权依照法律规定的程序分别提出属于其职权范围内的议案。"这是代表提案主体的宪法性依据。《立法法》第十八条对代表团和代表联名提案进行了具体规定:"全国人大代表是由各省、自治区、直辖市、特别行政区和军队选举产生的,并且按照选举单位成立代表团,每个代表团人数不等,但是享有相同的提案权,代表团的提案由代表团全体代表的多数通过。"

《全国人民代表大会和地方各级人民代表大会代表法》第九条规定,代表有权依照法律规定的程序向本级人大提出属于本级人大职权范围内的议案。议案应当有案由、案据和方案。代表团或者代表联名提出法律案的,应当同时提出法律草案文本及其说明,并提供必要的参阅文献。草案应当包括制定或者修改法律的必要性、可行性和主要内容,以及起草过程中对重大分歧意见的协调处理情况。

代表团或者代表联名提出的法律案,有三种处理方式:一是由大会主席团决定直接列入会议议程;二是由大会主席团决定不列入大会议程;三是对是否列入会议议程不作决定,主席团可以先交有关的专门委员会审议、提出是否列入会议议程的建议,再由主席团决定是否列入会议议程。

(二)审议法律案

《立法法》第十九、二十一、二十二、二十三、二十四条分别从常委会对法律案先行审议、代表团对法律案的审议、专门委员会对法律案的审议、宪法和法律委员会对法律案的统一审议、主席团常务主席召开会议审议法律案的重大问题和大会授权常委会审议大会的法律案等方面进行了详细的规定。

第一,《立法法》第十九条规定:"向全国人大提出的法律案,在全国人大闭会期间,可以先向常委会提出,经常委会依照本法第二章第三节规定的程序审议后,决定提请全国人大审议,由常委会向大会全体会议说明,或者由提案人向大会全体会议作说明。常委会依照前款规定审议法律案,应当通过多种形式征求全国人大代表的意见,并将有关情况予以反馈;专门委员会和常务委员会工作机构进行立法调研,可以邀请有关的全国人民代表参加。"

全国人大每年举行一次会议,由全国人大常委会召集,常委会是全国人大的常设机关,在大会闭会期间行使国家权力。为了使大会有较好的审议法律案的基础,在大会闭会期间,可以先向常委会提出并由常委会审议。根据宪法的相关规定,全国人大制定和修改刑事、民事、国家机构的和其他的法律,因此这类法律案必须向全国人大提出,但是由于会期的限制,无法向大会提出的,可以先向常委会提出,这里必须强调的是"在大会闭会期间",在大会召开期间提出法律案的,不适用上述规定。还应当强调,可以先向常委会提出法律案的主体,应当是有权向全国人大及其常委会提出法律案的主体,其他主体则不适用该规定。

此外,《立法法》第二十条规定:"常委会决定提请全国人民代表大会会议审议的法律议案,应当在会议举行的一个月前将法律草案发给代表。"《中华人民共和国全国人民代表大会议事规则》(以下简称《全国人大议事规则》)第五条规定,全国人民代表大会常务委员会在全国人民代表大会会议举行前,进行下列准备工作:提出会议议程草案;提出主席团和秘书长名单草案;决定列席会议人员名单;会议的其他准备事项。《中华人民共和国全国人民代表大会议事规则》(以下简称《全国人大议事规则》)第六条规定:“全国人大常委会在全国人大会议举行的一个月前,将开会日期和建议会议讨论的主要事项通知代表,并将准备提请会议审议的法律草案发给代表。”因此《立法法》规定,常委会决定提请大会审议的法律案,应当在会议举行前的一个月印发给代表。需要特别注意的是,提前一个月向代表发送法律草案的规定,不适用于临时召集的全国人大会议。到目前为止,我国还没有临时召开过全国人大的临时会议。

第二,《立法法》第二十一条规定:“全国人大会议议程的法律案,大会全体会议听取提案人的说明后,由各代表团进行审议。各代表团审议法律案时,提案人应当派人听取意见,回答询问。各代表团审议法律案时,根据代表团的要求,有关机关、组织应当派人介绍情况。”

大会全体会议由全体代表参加,其主要任务是听取提案人对法律草案的说明和对法律案进行表决,必要时也可以组织大会发言。大会在听取法律案的说明后,由各代表团进行审议,代表团审议的形式有两种:一是代表团全体会议审议;二是代表小组审议。代表团在会议期间,对全国人大的各项议案进行审议,人数较多的代表团可以分成若干小组进行审议工作,人数较少的代表团不再分组,集中开会审议。

依照法律规定,提案人应当派人听取意见回答咨询,即提案人员参加代表团对法律案的审议是一种义务。提案人派人参加审议活动有两个作用:一是听取代表意见,在听取代表意见的基础上,对法律草案进一步完善;二是与代表沟通,回答代表有关法律案审议中的问题。对提案人来说,无论代表团是否提出要求,都应当派人到会听取意见;而对于机关、组织来说,只有在代表团提出要求时,才需要派人介绍情况。此外,由代表团或者代表联名提案时,由有关主管部门介绍相关情况则有益于法案的审议,因此在代表团审议法律案时,向代表团介绍有关情况的不限于提案人。

第三,《立法法》第二十二条规定:“列入全国人大会议议程的法律案,由有关的专门委员会进行审议,向主席团提出审议意见,并印发会议。”专门委员会是全国人大的专门机构,法律案由专门委员会审议,是各国通行的做法,也是由专门委员会的专业性决定的。专门委员会要召集全体会议讨论,审议后向主席团提出审议意见,同时印发会议。由人大专门委员会审议法律案,是适应立法工作专业化趋势的,实践证明,法律案经过专门委员会的审议,对保证立法质量,具有至关重要的作用。

第四,《立法法》第二十三条规定:“列入全国人大会议议程的法律案,由宪法和法律委员会根据各代表团和有关的专门委员会的审议意见,对法律案进行统一审议,向主席团提出审议结果报告和法律草案修改稿,对涉及的合宪性问题以及重要的不同意见应当在审议结果报告中予以说明,经主席团会议审议通过后,印发会议。”

实践中,全国人大宪法和法律委员会统一审议向全国人大提出的法律案,宪法和法律委员会的统一审议工作和全国人大常委会的工作机构法制工作委员会(下文简称“法工委”)共同完成。一般来讲,先由法工委汇总并研究各代表团和专门委员会的审议意见,并进行逐条研究,提出修改建议。接着宪法和法律委员会召开全体会议,根据法工委汇总的审议意见和法工委提出的修改建议,对法律案进行逐条审议。随后宪法和法律委员会对法律案进行审议,向主席团提出审议报告和法律草案的修改稿。最后法律案修改稿经各代表团审议后,由宪法和法律委员会根据各代表团的审议意见,对法律草案修改稿再次进行修改研究,提出法律案建议表决稿,由主席团提请大会全体会议表决。

第五,《立法法》第二十四条规定:“列入全国人大会议议程的法律案,必要时,主席团常务主席可以召开各代表团团长的会议,就法律案中的重大问题听取各代表团的审议意见,进行讨论,并将讨论的情况和意见向主席团报告。主席团常务主席也可以就法律案中的重大专门性问题,召集代表团推选的有关代表进行讨论,并将讨论的情况和意见向主席团报告。”

根据《全国人大议事规则》第十三条的规定,大会期间,主席团常务主席可以根据需要召开代表团团长会议,由代表团团长反映本代表团对会议各项议题的讨论情况和审议意见,传达主席团会议的决定和意见等。值得注意的是,法律没有规定何为重大问题,实践中其标准由主席团掌握。一般来说,重大问题应当是各代表团在审议法律案中提出的不同意见。代表团团长应当如实反映本代表团对法律案中重大问题的审议意见。主席团常务主席应当将代表团团长会议讨论的情况和意见向主席团报告,以便主席团了解和掌握情况。

此外,《立法法》第二十五条规定了法律案的撤回。《立法法》第十七、十八条规定了不同的提案人提出的法律案列入大会议程的程序和方式,根据规定,在列入大会议程前,大会尚未对法律案进行审议,所以,在这一阶段撤回,无须经任何统一程序。另一种情况是列入大会议程后,要求撤回的情况,即在经过确定列入大会程序后,具有一定的法律效力,就成为大会内容的一项,不再受提案人的支配,所以对撤回法律案有法定的要求,就是要在进入表决前,必须说明理由。

第六,《立法法》第二十六条规定了大会授权常委会审议大会的法律案情形。本条所说的重大问题是指法律案的重要条款或者核心条款,或者代表提出的意见较多、分歧较大的条款,涉及公民、法人的权利与义务或者国家机关重大职责的重大调整、社会普遍关注的影响较大的问题。由于会期的有限性,在对重大问题或者其他问题的研究难以得出定论的情况下,不宜仓促表决,此时,法律案可以暂时不交付表决。按以下两种方式处理:一是授权常委会根据代表意见进一步审议,作出决定;二是授权常委会根据代表意见进一步审议,提出修改方案。

(三)法律案的表决与通过

《立法法》第二十七条规定了主席团将法律案提请大会全体会议表决的情形。首先,由宪法和法律委员会提出法律草案表决稿。列入全国人大会议议程的法律案,由宪法和法律委员会根据各代表团和有关专门委员会的审议意见,对法律案进行统一审议。审议后向主席团提交审议结果报告和法律草案的修改稿,其中应当对重要的不同意见予以说明。经主席团会议审议后,将法律草案修改稿印发给参加会议的各代表,由各代表团进行再次审议。法律草案经过各代表团审议后,由宪法和法律委员会根据各代表团的审议意见,对法律草案修改稿再次进行研究,提出法律草案建议表决稿。再经各代表团审议后,经主席团审议提出法律草案表决稿后,由主席团提请大会全体会议表决。

法律案经过审议后,就进入了表决程序。法律案的表决结果就是通过或者不通过。表决的原则均遵循少数服从多数的原则。全国人大对法律案的表决,采取整体表决的办法,即就整个法律草案进行表决,而不是逐条表决。全国人大表决通过法律案,采取一般多数原则,即以最高国家权力机关全体成员过半数赞成才能通过,表决结果由会议主持人当场宣布。

(四)法律案的公布

《立法法》第二十八条是关于公布全国人大通过法律的规定。法律的公布是立法机关或者国家元首将已经通过的法律以一定的形式予以公布,以便全社会遵守执行。立法机关表决通过了法律案产生了法律,但是法律的生效还应当经过法律的公布程序。法律通过后,未经法定程序和法定形式予以公布的,都不具有效力,不能产生拘束力。在我国,国家主席签署公布法律,是必经的步骤,以证明该法律已经履行宪法定程序,产生法律效力。

三、全国人民代表大会常务委员会的立法程序

全国人大常委会是全国人大的常设机关,《宪法》第六十七条第二、三款规定了全国人大常委会的立法权,即制定和修改除应当由全国人大制定的法律以外的其他法律;在全国人大闭会期间,对全国人大制定的法律进行部分补充和修改,但不得同该法律的基本原则相抵触。

《立法法》第二十九至四十七条专门规定了常委会立法的程序。从《立法法》规定的程序看,全国人大常委会的立法程序和全国人大的立法程序大体一致,都遵循提出法律案、审议法律案、表决和通过法律案、公布法律四个阶段,只是因为立法权的不同,在提案主体、审议法律案的方式、表决方式等方面有所不同。因此这部分内容只介绍常委会立法程序中与全国人大立法程序的区别,不再对全部内容进行详细说明。

(一)提出法律案

从提案主体上看,《立法法》第二十九、三十条规定了两类主体:一类是国务院、中央军委、最高人民法院、最高人民检察院、全国人大的专门委员会、全国人大常委会委员长会议等;一类是常委会组成人员十人以上联名。提案主体应当就与本机关职权有关的事项行使立法提案权;提案的内容应当属于常委会的职权范围,提案还应当包括法律草案的文本说明。

《立法法》第三十一条还规定了法律草案应当提前印发给常委会组成人员和全国人大代表列席常委会会议的人员。要充分发挥人大代表在立法中的作用,不仅是立法反映民意的制度性要求,也是科学立法、民主立法和提高立法质量的题中应有之义。

(二)审议法律案

《立法法》第三十一至四十二条是关于法律案的审议方式,以及审议过程中其他情况的处理方式的规定。从审议方式上看,常委会对法律案的审议方式包括三审制、分组审议、专门委员会审议、宪法和法律委员会审议等;针对审议过程中法律案出现的情况或者需要修改,甚至重新制定的情况,法律还规定了三审制的例外情况、负责人说明情况、听取意见、案前评估和法律案的撤回等情形。

三审制是第九届全国人大最终确立的常委会的立法程序:一审是听取提案人对法律草案的说明,进行初步审议;二审是初次审议后经过两个月或者更长的时间,常委会委员对法律草案进行充分调查研究之后,围绕法律草案的重点、难点和分歧意见,再次进行审议;三审是在专门委员会根据常委会组成人员的审议意见对法律草案进行修改并提出审议结果报告的基础上,再做审议,如果意见不大,即交付表决。

在明确了三审制审议方式的基础上,常委会还有具体的会议形式。一是全体会议,即常委会全体组成人员参加的会议,这是常委会行使职权最基本的会议方式之一。二是分组会议,即将常委会组成人员分成若干小组开会,便于常委会组成人员讨论问题,发表意见。目前常委会组成人员共分六个小组召开分组会议,以便发表意见。三是联组会议,即在分组会议的基础上召开的若干小组联席会议,是在分组会议审议的基础上对议案进行进一步审议，在更大的范围内让对法律案有不同意见的常委会组成人员有直接的交锋机会。

实践中，并不是所有的法律草案都要经过三审，《立法法》第三十三条就规定了三审制的例外情况，对一些调整事项较为单一、各方面的意见比较一致的法律案，可以经一次常委会会议审议通过。除一般的三审制外，常委会的立法程序中还包括分组审议、专门委员会审议、宪法和法律委员会统一审议程序。常委会分组审议法律案是常委会组成人员审议法律案的重要环节，因为常委会审议法律案的基本形式是分组会议，常委会组成人员对法律草案发表意见多数是在分组会议上，应当说分组审议是常委会审议法律草案的基础。

有两种情况，还需要专门委员会审议法律案，其审议法律案的基本程序是：一是法律案与本委员会有关，专门委员会对法律案的内容是否可行、结构是否正确、文字是否适当等方面进行审议并提出建议；二是列入常委会的草案经审议，委员长会议认为存在重大问题，决定交有关专门委员会进一步调查研究提出审议意见后，再决定提交常委会会议审议。

专门委员会审议之后，宪法和法律委员会根据常务委员会组成人员、有关的专门委员会的审议意见和各方面提出的意见，对法律案进行统一审议。宪法和法律委员会审议草案的程序如下：第一，认真整理常委会组成人员对草案提出的意见，同时印发给会议各成员；第二，根据立法需要召开有关方面的座谈会、论证会或者听证会，听取各方面的意见和建议；第三，将草案印发至各地和有关部门征求意见，并将意见进行书面整理；第四，除不应当公布的，法律草案需向全社会公布，并整理社会层面的反馈意见；最后，根据各方面的反馈意见由法工委对草案进行修改，提出法律草案的修改稿。

（三）法律案的表决和通过

根据《立法法》第四十四条的规定，全国人大常委会的立法程序中包括表决程序和单独表决程序，表决程序与全国人大会议基本上相一致，此处不再详细论述。单独表决是由参加表决者（本条中是指全国人大常委会组成人员）对法律草案中分歧意见较大的重要条款先行单独表决，再就整个草案进行表决的方式。全国人大及其常委会表决一律采用整体表决的程序，2014 年党的十八届四中全会通过了《中共中央关于全面推进依法治国若干重大问题的决定》，确定了对重要条款可以单独表决这一程序。第四十四条第二款规定了法律草案表决稿交付常委会会议表决前，委员长会议根据常委会会议审议情况，可以决定将个别意见分歧较大的重要条款提请常委会会议单独表决的程序。

（四）法律案的公布

《立法法》第四十七条规定："常委会通过的法律由国家主席签署主席令予以公布。"公布程序分为两个步骤：第一步，是由国家元首依法在公布文件上签字，以证明该项法律是依法制定的，并证明该项法律与立法机关通过的完全一致；第二步是刊告，将国家元首签字的法律，刊登在正式刊物或者法律规定的载体上。

第三节 行政立法的程序

一、行政法规的制定程序

行政法规是国务院根据宪法和法律或者全国人大及其常委会的授权，按照法定程序制定的关于行政管理的规范性文件。行政法规在我国立法体制中具有重要的地位，其效力位阶仅次于法律，对实施宪法和法律，促进依法行政，推进国家建设和经济发展，维护社会稳定发挥着重要的作用。《立法法》第三章专门对行政法规的制定依据、权限范围和程序作了具体规定，规范了行政法规制定的步骤。

（一）行政法规的立法权限

《立法法》第七十二条规定了行政法规的立法权限范围。

一是为了执行法律的规定制定行政法规的事项。从行政法规的实际情况来看，主要包括三个方面的行政法规：①综合性的实施细则、实施条例和实施办法，是在法律颁布之后，对法律实施中的各种问题作出比较全面、具体的规定；②为实施法律中的某一项规定而制定的专门规定，法律对具体行政管理的事项缺乏经验，只能作出原则性的规定，由实施机关进一步作出具体规定；③对法律实施的过渡、衔接问题和相关问题作出的规定。

二是宪法规定的国务院行政管理职权的事项。《宪法》第八十九条以列举的方式规定了国务院的十七项职权，外加一项兜底性职权。这些职权都是行政机关从事的执行和管理活动，国务院作为最高执行机关，同时还承担着决策的职责，并对决策进行计划、领导、组织、协调和监督，在这一过程中，国务院依据宪法和法律制定颁布行政法规是基本的治理工具。

三是全国人大及其常委会授权的事项。国务院根据全国人大及其常委会的授权决定先制定的行政法规，经过实践检验，制定法律的条件成熟时，国务院应当及时提请全国人大及其常委会制定法律。

(二)行政法规的起草程序

《立法法》第七十三条规定了行政法规制定的立项和国务院立法计划编制，根据笔者前文的论述，立法计划的编制和立项不应当纳入立法程序，而应看作国务院的行政管理活动。因此行政法规的起草程序可以视为国务院制定行政法规的开始。

《立法法》第七十四条是关于行政法规的组织起草、听取意见程序和向社会公布征求意见程序的规定。从规定来看，《行政法规制定程序条例》是《立法法》在实施中的具体化。

从起草的主体看，《行政法规制定程序条例》第十一条规定："行政法规由国务院组织起草。国务院年度立法工作计划确定行政法规由国务院的一个部门或者几个部门具体负责起草工作，也可以确定由国务院法制机构起草或者组织起草。"从本条的规定看，行政法规既可以由国务院法制机构起草，也可以由国务院的一个或者几个组成部门起草。从起草的程序看，第十三条第一款规定："起草行政法规，起草部门应当深入调查研究，总结实践经验，广泛听取有关机关、组织和公民的意见。涉及社会公众普遍关注的热点难点问题和经济社会发展遇到的突出矛盾，减损公民、法人和其他组织权利或者增加其义务，对社会公众有重要影响等重大利益调整事项的，应当进行论证咨询。听取意见可以采取召开座谈会、论证会、听证会等多种形式。"《行政法规制定程序条例》第十三条第三款规定了专业性较强的行政法规的起草，可以进行委托。

行政机关实行首长负责制，其决策的民主性较立法机关有一定的差别，因此行政法规在起草过程中应当广泛征求意见，既要注意听取有关机关、组织和社会公众的意见，又要注意听取人民代表的意见。行政法规听取意见的方式，与对法律的规定是一致的，可以采取座谈会、论证会、听证会等多种形式，除某些特殊的行政法规草案以外，行政法规起草过程中，还可以向社会公布征求意见。

(三)行政法规的审查程序

《立法法》第七十五条是关于行政法规草案审查程序的规定，根据《行政法规制定程序条例》的规定，起草机关完成起草任务以后，要依照一定的程序报送国务院法制机构审查，报送的材料除法律草案外，还应当包括行政法规送审稿的说明和立法资料、调研报告、考察报告和评估报告等相关材料。

审查的主要程序包括：一是了解起草过程、草案的主要内容及条文的含义，对草案的主要不同意见、现行有关的法律、法规和方针政策、现实的基本情况、国外的相关情况等有关情况；二是征求各方的意见，从中发现问题并针对意见和问题进行协调；三是国务院法制机构进行协调，力求达成一致意见，不能达成一致意见的应当及时报国务院决定；四是在认真研究各方面的意见，与起草部门协商后，对送审稿进行修改，形成草案和草案说明，并写出审查报告。

（四）行政法规的公布

根据《立法法》第七十七条的规定："行政法规由总理签署、国务院令公布，有关国防建设的行政法规，可以由国务院总理、中央军事委员会主席共同签署，国务院、中央军事委员会令公布。"第七十八条规定："行政法规签署公布后，应当及时在国务院公报、中国政府法制信息网和全国发行的报纸上予以刊载。"

二、规章的制定程序

规章通常称为行政规章，是行政机关依照行政职权所制定、发布的针对某类事件或者某类人的一般性规定，是一种抽象行政行为，规章主要分为部门规章和地方政府规章。

《立法法》第四章第二节从第九十一条到第九十七条专门规定了规章的制定程序。首先，规定了规章制定的权限范围、依据和制定主体。从权限范围看，部门规章规定的事项应当属于执行法律或者国务院的行政法规、决定、命令的事项，除此之外，一般不能制定部门规章；从内容上说必须是本部门业务范围的事项。地方政府规章主要是针对本行政区域的具体行政管理事项，本区域内行政管理的事项主要是城乡建设与管理、环境保护、历史文化保护等方面；或者为了执行法律、行政法规、地方性法规的规定需要制定规章的事项，在条件尚不成熟、地方行政管理迫切需要的情况下可以制定临时性行政措施。从制定依据看，部门规章的制定依据是法律、行政法规和国务院的决定、命令；地方政府规章的制定依据主要是法律、行政法规和本省、自治区、直辖市的地方性法规。从制定主体看，部门规章的制定主体包括两部分：一是国务院各部、各委员会、中国人民银行、审计署；二是具有行政管理职能的直属机构。地方政府规章的制定主体主要包括省、自治区、直辖市和设区的市、自治州的人民政府，2015 年《立法法》修改以后，广东省东莞市和中山市、甘肃省嘉峪关市、海南省三沙市的人民政府也有规章制定权。

其次，规章的起草。根据《规章制定程序条例》第十四条的规定："部委规章的起草机构是部委的一个或者几个机构的联合，也可以由部委的法制机构起草或者组织起草。地方政府规章是省、自治区、直辖市和设区的市的人民政府的一个部门或者几个部门，也可以由政府的法制机构起草或者组织起草。”同时，《规章制定程序条例》第十五条规定：“起草规章，应当深入调查研究，总结实践经验，广泛听取有关机关、组织和公民的意见。听取意见可以采取书面征求意见、座谈会、论证会、听证会等多种形式。”

再次，规章的审查。规章送审稿由法制机构统一审查，主要审查是否遵循《立法法》的原则，是否符合宪法、法律、行政法规和其他上位法的规定，是否体现行政机关职权和责任的统一等方面。在审查过程中发现规章制定的条件不成熟，涉及的制度存在较大的争议，起草单位未与相关部门协商，上报送审稿不符合报送要求的，法制机构可以缓办或者退回。

最后，规章的公布。根据《立法法》第九十六条的规定：“部门规章由部门首长签署命令予以公布。地方政府规章由省长、自治区主席、市长或者自治州州长签署命令予以公布。”签署公布后应当及时在国务院公报、部门公报和本级人民政府公报上及时发布。

拓展阅读

[1]王理万.立法官僚化：理解中国立法过程的新视角[J].中国法律评论，2016(02).
[2]王怡.论立法过程中的事实论证[J].政治与法律，2018(07).
[3]丁建峰.风险社会的立法法理学——不确定性、社会选择与程序正义[J].中山大学学报(社会科学版)，2021(04).

第九章 立法协商

知识脉络图

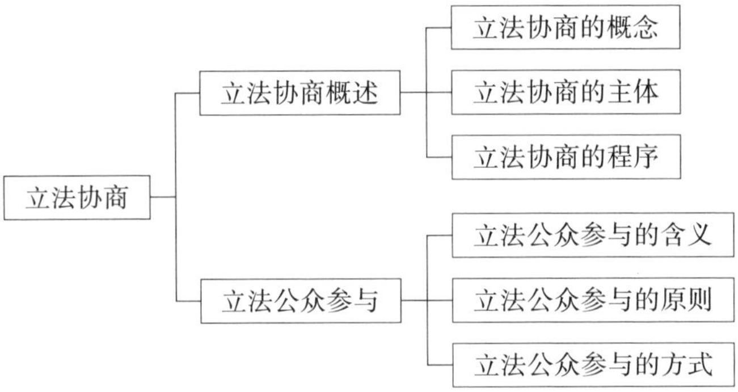

第一节 立法协商概述

一、立法协商的概念

立法协商的概念界定不尽统一，学界存在多种看法。有学者认为，协商就是政治协商，是政协参与立法机关的立法活动，针对特定的问题发表意见和建议，提出立法建议的方式，属于人民政协参政议政的方式。[①] 也有学者认为，立法协商是立法机关以法定的形式与其他国家机关、政协组织、党派团体、基层组织、社会组织和公民等主体进行协商的活动。[②] 还有学者认为，立法协商是社会组织团体进行的协商活动，并

---

① 朱志昊.论立法协商的概念、理论与类型[J].法制与社会发展，2015(4)：184-192.

② 戴激涛.立法协商：理论、实践及未来展望[J].天津行政学院学报，2015(4)：75-82.

非一定需要政协或者立法机关的参与,它是贯彻科学立法和民主立法的具体措施,有助于推进社会主义协商民主广泛多层制度化的发展。[①] 更有学者把立法协商分为广义的立法协商和狭义的立法协商,广义的立法协商是一切社会组织和个人广泛参与立法过程,并就立法中的问题进行协商的活动;狭义的立法协商是按照相关规定和程序,在立法过程中针对有关事项,由立法机关所组织的征求意见的行为。[②]

综合以上几种观点可以得出,立法协商至少应当包含以下几个要素:一是坚持党的领导。这是立法协商坚持正确的政治方向的根本保证,也是我国宪法和法律的规定。二是应当以立法机关为主导。立法协商是立法工作的重要组成部分,核心要素是立法权的运行,享有立法职权的主体是立法机关,因此立法协商工作应当以立法机关为主导。三是立法协商应当包含广泛的主体。应当包含各级党组织、立法机关、政府及其职能部门、人民政协、各民主党派和其他社会组织。四是要拓展多样化的协商方式。协商形式的多样化是立法民主化、多元化和包容性的体现,也是社会发展的趋势,目前来看,主要形式包括座谈会、论证会和听证会。

二、立法协商的主体

(一)立法机关主导

立法协商牵涉面广、过程复杂、利益焦点集中、社会关注广泛,因此需要加强人大对立法工作的组织协调。要建立健全人大与政府、政协、社会组织和人民群众等有关方面的沟通协调机制,提高立法协商、立法规划和立法计划的实施效果。按照十八届四中全会的要求,对涉及综合性、全局性、基本性法律草案的起草,由立法机关主导,有关部门参加,专家学者、企事业单位和人民群众共同参与,使各方充分表达意见和关切,凝聚共识,提高立法质量。

《立法法》第三十九条规定了专门委员会和常委会工作机构采取多种形式听取法律案意见的基本方式和职责。对于列入常委会议程的法律案应当采用座谈会、论证会、听证会的方式听取各方面的意见;对于专业性强的草案应当召开论证会;存在重大意见分歧或者涉及重大利益的,应当召开听证会听取有关基层、部门和代表的意见,并规定了听证报告制度。

(二)民主党派和人民团体

中国共产党领导的多党合作和政治协商制度是我国的政党制度,民主党派不是在野党,也不是反对党,而是参政党,以法定的方式对执政党进行政治上的建议和辅

---

① 苏绍龙.地方立法协商制度机制刍议[J].暨南学报(哲学社会科学版),2015(05):11-14.

② 张献生.关于立法协商的几个基本问题[J].中央社会主义学院学报,2014(05):11-14.

助，代表着人民的声音，所以，民主党派也是立法协商的主体而且参与立法。

我国的人民团体包括：工会、共青团、妇联、科协、法学会、青联、侨联、台联和工商联。从性质上说，人民团体属于社会组织，但是在我国有其特殊的地位、作用和功能，履行着国家赋予的政治职能，在联系人民群众中发挥着桥梁和纽带的作用。在立法实践中，涉及职工、青少年、妇女和民营企业这些特殊群体时，工会、共青团、妇联和工商联就会参与立法，立法机关应当召集人民团体进行协商和征求意见。

（三）社会组织和社会公众

立法公众参与是公众以个人身份在法律制定过程中表达意志、发表个人意见、参与立法的活动。社会主义法治国家建设过程中，公众参与立法协商是很重要的一环，但是在具体立法协商活动中，无论从立法的成本还是从公民参与能力和意愿角度，让所有公众都参与立法协商是不实际的。作为协商主体，社会组织与公民个人相比能力更强，作用更大，同时也实现了公众参与立法的应然状态，让公众参与立法变得切实可行。组织化地参与立法协商，更有利于社会的稳定，也可以将公众参与立法纳入法治化的轨道，防止出现混乱，提升了立法协商的效率。

社会公众除了以社会组织的方式参加立法协商外，还可以以专家的身份参加立法协商。当某项立法具有较强的专业性和技术性时，普通公民的专业性不够，就需要借助专业人士的判断，可以对法律制定予以充分的专业化和立法技术的考量，以实现立法的科学化和民主化。

三、立法协商的程序

立法协商要在实践中落地，必须有完备的程序化设计，我国的《立法法》虽然也明确规定了征求意见的条文，但是没有具体的程序性设计，实践中立法协商的实施效果也没有凸显出来。要确保公众有序地参与立法协商，就要设定有效运转的制度，同时配备成套的运行机制。

（一）立法协商的启动

要想获得高效的协商结果，就要充分地开展立法协商前的“预热”工作，这种“预热”工作是协商的主体之间吸纳和整合各方意见的前奏，是产生规则的前提，是健全立法机关和协商参与主体的沟通方式。①

《立法法》明文规定了全国人大常委会法工委要通过媒体公布和建立征求意见的渠道，定期将公民的立法建议进行总结整理、统计分析；而且要求其必须对公众的建议和意见进行回应，形成良性互动。在法律的起草过程中，全国人大主席团、全国人

① 胡筱秀.人民政协制度功能变迁研究[M].上海：上海人民出版社，2010：25-26.

大常委会和各专门委员会在起草法律文本的过程中，必须征求公众的意见和建议，以确保法律草案的科学性和民主性。按照原国务院法制办制定的《法律法规草案公开征求意见暂行办法》，行政法规向社会公布征求意见，必须将行政法规草案全文在中央主要媒体、中国政府法制信息网上进行公布，向社会公开征求意见，公开征求意见的期限一般不少于三十天。

从协商的准备工作来看，还应当注意协商主体的多元化，以保证代表的广泛性和法律草案的科学性，应当在立法机关或者立法主体的组织和召集下，听取各方意见，完善立法建议和法律草案。从协商的形式看，应当以多种形式充分协商，以达到科学立法、民主立法和完备表达机制的效果。从协商的层次看，不仅要注意中央层面参与主体的协商，更要注意地方，尤其是社会参与主体的协商，组织不同层面的论证会、听证会和调研会等形式，不但可以进行会议协商，还可以进行书面协商和网络协商，为立法的民主化和科学化提供程序上的支撑。

（二）立法过程中的协商

从提案主体正式向立法机关提出法律案开始，就正式进入了立法程序，前文已述，立法程序分为四个阶段，即法律案的提出、审议、表决、通过和公布，协商正是这一过程中的主要活动。

立法协商的效果，主要取决于协商力量的整合。要提高协商的质量和效果，就要加强公众立法参与的公开性，尤其是立法参与过程和形成文本的公开，同时也应当明文规定不予公开的情形，在协商过程中，要及时地向公众进行反馈。在充分协商后才能交付表决，表决应当是针对每一条进行协商后的表决，而不是整体性表决，我国目前只规定了人大常委会立法程序中的逐条表决，而未规定全国人大制定法律程序中的逐条表决。

（三）立法协商的结束和反馈

立法协商的意义在于立法过程中多元主体的利益表达，而不是寻求协商参与者意见的完全一致。立法协商参与主体在利益诉求、价值认知等方面必然存在分歧，如何达成共识，如何表达意见，如何缓解和消除分歧是立法协商的价值性追求，而并非立法协商必然达成的结果。追求这一结果的过程就是立法协商的过程，也是寻求最大公约数、合理配置资源的过程。这就需要设定立法协商结束的机制以确保协商功能的发挥：一是约定协商结束的时间点，不能无限制地协商；二是限定协商结束的程度性要件，比如少数服从多数原则。

立法协商是一门妥协的艺术，法律的制定本来就是交换和妥协的艺术，因此反馈机制就是对妥协最大的尊重和确认。我国立法机关的专门委员会在协商结束后,通过整理和综合意见出具专门的报告,对参加协商的主体所争议的焦点、主张和各自表达的要点进行具体的描述。在进入审议程序之后,全国人大专门委员会也会对法律草案表决的情况、协商的基本问题进行细致的整理和全面的说明,并及时地向参与协商的主体进行反馈,从这个意义上讲,我国对于立法协商的反馈机制是相对完备的。

第二节 立法公众参与

一、立法公众参与的含义

立法中的公民参与和公众参与的侧重点有所不同。公民参与强调的是参与主体的权利,是公民作为个体参与立法活动,这是立法作为一种政治活动正当性的基础;而公众参与是对公共事务的参与,是个人和组织参与公共事务的决策活动。[①] 参与权是公民权的部分,公众参与是参与公共事务的范畴,从这个意义上,公众参与比公民参与更为广泛,其主体包括公民个体、社会团体和社会组织等。[②]

现代国家中,通过组织参与国家政治、影响决策是常态,原子化的公众是不可能有效地参与公共政策的制定的,没有发达的社团组织就没有民主的公共政策,公众的组织程度直接决定了公众参与政策制定的层次。[③] 在立法过程中,公民组织的参与与公民个人的参与相比,更为理性、目标更为明确、效率更高,也更有利于维护个人利益和集体价值的实现,对立法决策具有完善的作用。

基于以上认识,有的学者认为,立法过程中的公众参与活动就是公众试图影响立法机关立法过程的活动,是一个国家的公民个人或团体以某种方式介入立法过程并对立法运行及其机关施加影响的活动。[④] 还有学者认为,公众参与立法,就是要对现在立法实践中听取公民意见的好的做法加以总结、完善、提高,并将其法律化、制度化,从而使国家立法主体以外的公民在立法过程中,通过一定的途径和方式参与进

① 王锡锌.利益组织化、公众参与和个体权利保障[J].东方法学,2008(4):22-44.

② 王锡锌.公共参与和行政过程:一个理念和制度分析的框架[M].北京:中国民主法制出版社,2007:74-75.

③ 耿国阶,孙萍.论公共政策制定过程中参与公众的发展[J].东北大学学报(社会科学版),2007(5):439.

④ 徐向华.新时期中国立法反思[M].上海:学林出版社,2004:132.

来,提出自己的意见和建议。

综上,公众参与立法至少应当包含以下几个因素:一是公众参与立法的目的是通过参与立法影响立法过程和结果;二是公众参与立法的主体既可以是普通公民,又可以是社会组织,甚至可以是政党,但是不能是立法机关或者其组成人员;三是代议制条件下,公民参与立法的主要形式是间接参与立法而不是直接参与立法,这样最符合效率原则和利益最大化原则。

二、立法公众参与的原则

公众参与立法原则是立法协商规则中的价值判断和理念支撑,也是立法协商制度的具体化。

第一,民主原则。民主原则应当贯穿整个立法过程的始终,应当体现为立法主体的广泛性、立法行为的约束性、立法内容的平等性和立法过程的程序性。[①] 公众参与立法的民主原则要求立法协商的过程为民意表达汇集的过程,要求在立法协商过程中公众参与的广泛性和多元性,使立法能真正代表最广大人民的最大利益。

第二,公开原则。立法公开是公民参与立法的前提,除法律规定可以不公开的,立法信息应当全方位公开,无论是立法的具体过程,还是立法中的各种文件资料,都应当予以公开,保障公众参与立法的知情权和监督权,使立法协商更为有效。在公开过程中,应当充分尊重公众对立法的批评和建议,不能因为维护社会面稳定而对立法信息不予公开,或者不完全公开,只要不是法律禁止公开的信息,都应当公开。

第三,平等原则。在立法中任何公众都享有平等参与的机会,可以自主、充分表达自己的利益、要求和意愿。集中表现为,立法前后公民能够拥有平等地获取有关立法信息的权利;立法过程中公民能够平等地参与协商程序,进行陈述、质疑和论辩。立法机关应当公正地对待参与协商的公民,不能因公民财产、地位和教育程度的不同而有任何的歧视,同时以开放的态度接受参与者的建议,并能够及时作出回应。

第四,便民原则。便民原则是立法协商工作中工作质量的重要衡量标准之一。要求立法机关在主导立法协商过程中,要为公众参与立法创造机会,提供各种便利条件、指导和服务。通过简化程序、运用先进技术手段,使公众能够更方便、快捷、有效地参与立法协商。对于特殊群体应当给予特殊的照顾,以方便其参与立法协商。2023 年《立法法》修改增加了“省、自治区、直辖市和设区的市、自治州的人民代

---

① 周旺生.立法学[M].北京:法律出版社,1998:126.

表大会常务委员会根据实际需要设立基层立法联系点,深入听取基层群众和有关方面对地方性法规、自治条例和单行条例草案的意见”。基层立法联系点是吸纳民意、汇集民智工作机制的重要举措,是发挥纽带作用,广泛联系群众、践行全过程人民民主的重要载体,也是立法便民原则的实践方式。

第五,有序原则。公众参与立法必须在宪法和法律允许的范围内,公民表达利益应当通过正常的渠道和途径。有序参与就是依法参与,在党的领导下,依照现行法律的规定,以合理的方式参与立法协商。在实践中,不断总结经验,逐步将公众参与立法的内容、程序和形式进行明确规范,通过制度性保障确保公民参与立法的权利能够顺利实现。

第六,责任原则。有权利就有义务,违反法定义务就应当承担责任。责任原则首先是有立法权的机关的法定职责。在立法实践中,立法权力和立法权利之间是有互动的,立法权力必须为立法权利的实现提供法定的保障,既包括实体性保障也包括程序性保障,如果没有提供法定的保障,则应当追究有立法权的机关的责任。同时,立法权利的实现需要权利人合法、合理地参与立法协商,不能存在欺诈或者以行使权利之名损害国家、社会和第三人的合法权益,不能聚众操纵立法,如果出现这些现象,应当追究当事人的责任。

三、立法公众参与的方式

深入推进科学立法、民主立法是提高立法质量的根本途径。经过长期的探索,我国在实践中确立了多种公民参与立法的形式,并在《立法法》第三十九、四十条规定了部分公民参与立法的形式,第三十九条规定了列入常委会会议议程的法律案,听取意见可以采取座谈会、论证会、听证会的形式;专业性较强的法律案,可以召开论证会;有重大分歧或者涉及利益关系重大调整的,应当召开听证会;常委会法工委应当就法律案征求有关部门、组织和专家的意见。第四十条规定了应当将征求意见的情况向社会通报的反馈机制。从《立法法》的规定可以看出,公民参与立法的主要方式包括座谈会、论证会、书面征求意见和听证会等方式。

1.座谈会

在立法工作中,座谈会是由有关法律草案起草单位、审议机关或者工作机构根据立法工作的需要,邀请相关主体对法律草案进行座谈讨论和发表意见的工作形式。座谈会简便易行、灵活高效,便于深入讨论问题。座谈会还可以根据立法工作的需要在法律草案初审或者二审过程中随时召开,并且参会的人员也具有较强的灵活性,既可以组织相关人员召开,也可以组织其他人员或者有关部门同时召开,且没有严格的程序性限制。

2.论证会

党的十八届四中全会指出，探索建立有关国家机关、社会团体、专家学者等对立法中涉及的重大利益调整论证咨询的机制。2015 年《立法法》修改时就将论证会作为公民参与立法的方式写入了法律文本。

根据《立法法》第三十九条的规定，论证会主要针对法律草案中技术性较强的问题，邀请相关专业人员对专业性问题的合宪性、合法性、合理性、必要性和可行性进行充分的讨论论证，获得专业性意见建议，供常委会审议时参考。论证会通常不针对一般性问题进行讨论论证，因此对立法的科学性具有较强的影响作用，如 2002 年《文物保护法》修订时，全国人大宪法和法律委员会和常委会法工委就联合文物行政部门、博物馆、文物专家、法学专家等专业人员召开了专门的论证会，就馆藏文物和民间文物的管理问题进行了集中的研究讨论。

3.书面征求意见

党的十八届四中全会指出，加强人大对立法工作的组织协调，健全立法起草、论证、协调、审议机制，健全向下级人大征询意见的机制，建立健全法律法规规章起草征求人大代表意见制度，增加人大代表列席人大常委会会议的人数，更多地发挥人大代表参与起草和修改法律作用。这里所提到的征询意见的机制，实践中常以书面征求意见的方式出现。书面征求意见一般发生在对法律草案的初审后，一般由全国人大常委会法工委向有关部门和地方书面征求意见，并对征求的意见进行整理。

4.听证会

听证制度是公民参与立法的重要制度。在我国，听证制度最初被规定在 1996 年的《行政处罚法》中，其后 1997 年制定的《价格法》也规定了听证的内容，《立法法》第三十九条也规定了听证的内容，法律案有关问题存在重大意见分歧或者涉及利益关系调整，需要听证的，应当召开听证会，听取有关基层群众代表、部门、人民团体、专家、全国人大代表和社会有关方面的意见，听证会情况应当向常委会报告。

立法听证是立法主体在立法活动中，进行有关涉及公民、法人或者其他组织的权益的立法时，为给予利害关系人发表意见的机会而主持由政府官员、专家学者、当事人、利害关系人以及其他人进行陈述意见，从而为立法主体制定规范性文件提供依据和参考的一种程序制度。①

① 朱力宇，叶传星.立法学(第五版)[M].北京：中国人民大学出版社，2023：270.

拓展阅读

[1]朱志昊.论立法协商的概念、理论与类型[J].法制与社会发展,2015(04).

[2]巢永乐,林彦.地方人大立法协商:概念厘定、实践难题与发展进路[J].经济社会体制比较,2022(03).

[3]管兵,岳经纶.立法过程中的公众参与:基于《物权法》和《就业促进法》立法参与的研究[J].政治学研究,2014(04).

第十章　立法监督

知识脉络图

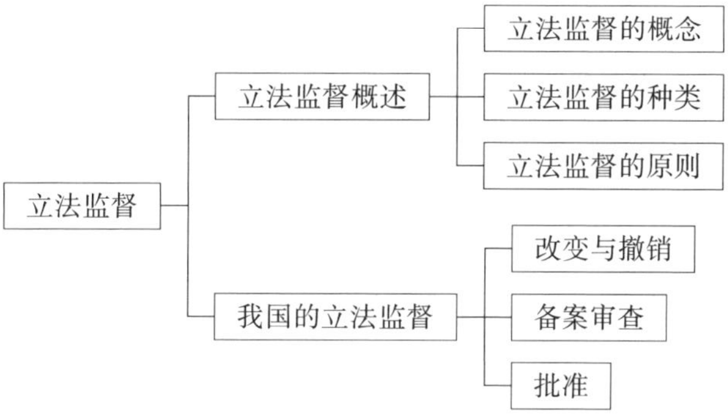

第一节　立法监督概述

一、立法监督的概念

在全面依法治国总体格局中，法治监督是一个重要方面，也是习近平法治思想的重要内容。全国人大及其常委会是法律监督机关，在监督宪法和法律的实施、监督行政机关依法行政、监督国家监察机关依法履行职责、监督司法机关公正司法、维护社会公平正义等方面负有重要责任。一切机关、组织和个人都必须以宪法为根本活动准则，任何人都不得有超越宪法和法律的特权。习近平强调，我国是单一制国家，维护国家法治统一至关重要，党的十八届四中全会决定要求“加强备案审查制度和能力建设，把所有规范性文件纳入备案审查范围，依法撤销和纠正违宪违法的规范性文件,禁止地方制发带有立法性质的文件”。2018 年以来,宪法和法律委员会在审议《中华人民共和国监察法》、修改《中华人民共和国刑事诉讼法》、修订《中华人民共和国人民法院组织法》和《中华人民共和国人民检察院组织法》等工作中,都进行了合宪性审查。[①] 十八大以来,全国人大常委会接受报备的法规、司法解释 7860 件,通过审查纠正 1900 多件。要做好合宪性审查和备案审查工作,加大主动审查力度,围绕贯彻党中央重大决策部署开展专项审查,坚决纠正违背上位法规定、立法“放水”现象。[②]

立法监督是特定主体依照法定权限和程序,对立法过程及结果进行审查,并对违宪违法的立法活动进行处理的活动。[③] 立法监督是科学立法、民主立法和依法立法的保障,应当贯穿于立法全过程。要正确把握立法监督需要从以下几个方面理解:

首先,从监督的性质看,立法监督具有法定性。立法监督是对立法权的监督,是对立法过程中立法权运行的监督,是立法体制中的重要环节。广义上讲,所有的国家机关、社会组织和公民都有权对国家事务、法律进行监督,可以通过批评、发表意见和提出建议的方式进行监督。

其次,从监督的主体看,立法监督具有专门性,因此应当是法定机关的行为,是由宪法和法律直接赋予监督权的主体进行的监督。立法监督的主体应当是专门的、依法设定的主体,这类主体能够依照宪法和相关法律的规定行使监督权,专门对立法活动和立法事项进行监督,并能够对立法活动和事项中的违宪违法行为作出处理。

再次,从监督的过程看,立法监督具有程序性。立法监督是监督主体对立法过程和结果的监督,这种监督有可能导致立法文件的立改废,因此立法监督具有法定性和严肃性,其监督行为必须在法定范围内开展。立法监督的程序性是对立法监督权的保障,也是对立法监督权的规范,能够最大限度地保障立法监督机关合法地行使权力。

最后,从监督的对象看,立法监督的对象和内容具有特定性。立法监督的对象应当包括立法过程和立法结果。立法监督是一个过程性活动,而不是一个单一的行为,在监督内容和对象上,应当具有体系性,而不是仅仅监督所制定的规范性文件。对立法过程进行监督,可以在法律实施之前就发现问题,减少法律制定带来的负面影响和社会利益的损失;对规范性文件的监督,可以有效地规范法律文本本身,减少法律文本的不规范性和与社会现实的不适应性,以及能够在法律规范文本不适应社会的时

①② 信春鹰.认真学习贯彻习近平法治思想做好人大立法监督工作[J].中国人大,2020(12)20:29.
③ 徐向华.立法学教程(第二版)[M].北京:北京大学出版社,2017:242.

及时地予以废止。

二、立法监督的种类

(一)立法行为的监督和立法结果的监督

根据立法监督的内容和对象不同可以分为对立法行为的监督和对立法结果的监督。对立法行为的监督是监督主体对立法过程的监督,是对立法程序和立法权运行的监督,监督立法权在运行过程中是否符合宪法和法律的规定,立法权是否在法定程序内运行。例如,有的国家要修订立法性规则时,必须申请宪法委员会审查要修改的事项是否属于立法性事项,如果属于立法性事项,则需要宪法委员会批准,如果修改的是条例性事项,则政府就可以进行修改,不必经过宪法委员会的批准。①

对立法结果的监督是监督主体对立法文本内容的监督,审查立法文本是否违反宪法和上位法的规定,是否与其他规范性文件相冲突,以及在现行法律法规实施运行过程中,现行的法律法规是否与发展中的社会现实相匹配,是否需要进行修改和完善,即检验经过合法有效制定的法律文本,在实践中是否还具有合理性。

实践中,对立法行为的监督和对立法结果与内容的监督应当并重,偏重于对立法行为的监督会增加立法过程的成本,同时造成立法的低效率;偏重于对立法结果和内容的监督会造成立法过程的不正当性,甚至无法用程序的合法性保证立法内容和结果的合法性,造成立法结果和内容的不合法和不合理。

(二)事前监督、事后监督和事前事后监督相结合

根据立法监督的时间不同可以分为事前监督、事后监督和事前事后监督相结合的监督。事前监督是在规范性文件生效前进行审查备案实施监督。例如,我国民族自治地方的自治条例和单行条例须报全国人大常委会或者省级人大常委会批准后生效。事前监督是事前主动审查,能够在生效前对规范性文件进行审查,提高了立法的效率,同时避免了规范性文件违反宪法和上位法的可能性,也避免了规范性文件之间冲突的可能性,提高了法律的权威性,有助于维护国家法治的统一。但是事前监督很难发现规范性文件和社会实际的不一致性,会造成立法本身与实践的脱钩。

事后监督是在规范性文件生效后实施的监督。例如,我国国务院对不适当的部门规章和地方政府规章予以改变和撤销。当今世界多数国家的事后监督都是司法机关通过司法审查进行的,我国既包括司法监督又包括上级行政机关对下级行政机关行为的复议和审查行为。事后监督能够避免事前监督的不足,可以发挥当事人在相关案件中的主动性,可以对立法进行实质性监督。但是事后监督只能在事后对立法

---

① 曹海晶.中外立法制度比较[M].北京:商务印书馆,2004:433.

进行监督,造成立法效率低下的同时还带来了负面影响,其合宪性和合法性的问题已经出现,会对法律的权威性造成负面的影响,也会提高当事人的维权成本,而且只能是对规范性文件的部分监督,不能进行全面的合法性审查。

事后监督与事前监督相结合是在规范性文件颁布生效前后,分别设立不同的审查机制和程序,对立法进行合宪性、合法性的监督。世界上多数国家都采用事前监督和事后监督相结合的模式对立法进行监督。这种监督方式一定程度上修正了单纯依靠事前监督或者事后监督的弊端,既解决了整体审查立法合法性的问题,又解决了立法能够回应社会现实的问题。但是这种监督方式容易影响法的稳定性,事前监督的模式使法律在制定过程中成本升高,事后监督一旦发现违法性甚至违宪性问题,又容易损害法律的权威性。任何一种制度都不是完美的,事前监督和事后监督相结合的模式虽然具有一定的弊端,但是这种监督模式也是适应社会发展的最优选择。

(三)合法性监督与适当性监督

根据对立法内容监督性质的不同,可以分为合法性监督、适当性监督。合法性监督是指对立法权限是否合法、程序是否合法以及是否与上位法相冲突或者与其他法律相抵触的监督。现代国家立法中普遍遵守的原则是任何超越权限、超越立法范围或者违背授权目的的立法,都是无效的,都应当被改变或者撤销。例如,我国《立法法》第八十条规定,没有法律或者国务院的行政法规、决定、命令的依据,部门规章不得减损公民、法人或者其他组织的权利或者增加其义务规范,不得增加本部门的权力或者减少本部门的法定职责。这就意味着没有上位法的依据,下位法不得减损私主体的权益,也不能增加私主体的义务;同时规章不能为本部门赋权,也不能私自降低本部门的义务。

从立法程序上讲,法律法规的制定都需要经过四个阶段,都必须有完整的法定程序,程序的完备性和规范性既是法律有效性的保障也是权威性的体现,任何违背法定程序制定的法律法规都是无效的,随时都可以改变或者撤销。

除此之外,下位法的内容不能与上位法相抵触。上位法有明确规定的,不能与上位法的规定相反;下位法的规定不但不能与上位法的规定相反,也不能抵消上位法的规定,也就是不能搞“上有政策下有对策”;上位法没有明确规定的,下位法的规定不能与上位法的立法目的和立法精神相抵触,不能超越《立法法》关于立法权限的规定,不能越权立法;下位法不能超出上位法规定的处罚的种类和幅度,否则无效。下位法只能结合实际情况,制定更为详细和具体的可操作性的规定,以更合适的方式完成上位法的立法目的和立法意图,实现上位法的立法价值,同时对上位法已经明确规定的内容，下位法不需要进行重复性规定。

对立法的适当性监督是对合法性监督的继续和补充。立法监督首先是合法性监督，但是立法主体在立法中的裁量权问题并不涉及是否合法的问题，更多的是需要裁量立法是否恰当，《立法法》第一百零七条第四款规定，法律、行政法规、地方性法规、自治条例和单行条例、规章在不适当的情况下应当予以改变或者撤销。《中华人民共和国各级人民代表大会常务委员会监督法》第三十条规定："县级以上地方各级人民代表大会常务委员会对下一级人民代表大会及其常务委员会作出的决议、决定和本级人民政府发布的决定、命令，经审查，认为有下列不适当的情形之一的，有权予以撤销，一是超越法定权限，限制或者剥夺公民、法人和其他组织的合法权利，或者增加公民、法人和其他组织的义务；二是同法律、法规相抵触的；三是有其他不适当的情形，应当予以撤销。"从《中华人民共和国各级人民代表大会常务委员会监督法》第三十条规定来看，不适当的情况基本上都是不合法的情况，而没有规定不合理的情况。而本书认为，这里可以使用行政法上的合理性原则对不适当性进行解释。例如，立法应当遵循比例原则，即立法所设定的行为模式对行为的权利、义务和责任的制度性安排都会涉及国家、社会和个人对于资源的使用和消耗，在设定权利、义务和责任时，应当考虑不同的行为模式对国家、社会和个人的影响。立法应当考虑以最小的成本实现法律效益和社会效益的最大化，并实现国家利益、社会利益和个人利益的协调发展。

三、立法监督的原则

（一）法定原则

立法监督是监督主体依据法律规定对立法活动进行监督的过程，监督的主体、对象、任务、范围、程序和方法，以及监督主体的权利义务和责任等都具有明确的法律规定。法定原则是对立法监督主体可能滥用监督权，干预立法，甚至以立法监督代替立法活动的规范。

（二）系统原则

立法监督是对立法权运行过程的监督，立法权的运行是个系统性的过程，立法监督也必然是系统性的过程。从立法监督本身看，立法监督的主体通常都是多元多层级的，监督的对象也是多元多层级的，立法监督的目标之一就是维护国家法治体系的统一性，所以，立法监督应当遵循系统性的原则，保证各监督主体的监督行为在标准、目的和处理方式上的一致性。

（三）效率原则

效率原则主要体现在两个方面，一是立法监督能够及时有效地纠正违宪违法的立法过程和立法结果，避免立法过程和立法结果出现错误，及时消解立法所产生的消极性后果；二是立法监督尽量不影响法律法规的颁布实施，在保证立法质量的前提下，能够尽量实现立法的效率原则。[①]

第二节 我国的立法监督

我国《立法法》《中华人民共和国各级人民代表大会常务委员会监督法》（以下简称《监督法》）和《法规规章备案条例》专门规定了我国的立法监督机制。从立法监督的构成要素看，立法监督主要由监督主体、监督程序、监督对象等方面构成。党的十八届四中全会提出要健全宪法实施和监督制度，一切违反宪法的行为都必须予以追究和纠正，要完善全国人大及其常委会宪法监督制度，加强备案审查制度和能力建设，把所有的规范性文件纳入备案审查范围，依法撤销和纠正违宪违法的规范性文件，禁止地方制发带有立法性质的文件。从我国现行的法律法规的规定看，距离十八届四中全会的要求还有一定的距离，我国的立法监督制度从框架上讲还不够完整，以事后监督为主兼有批准等事前监督机制，备案审查制度没有发挥出应有的功能。本书主要介绍我国现有的立法监督制度体系。

从监督方式上看，我国的《立法法》第五章规定了改变、撤销、备案审查、批准等监督方式，《立法法》还专门规定了自治条例和单行条例的批准、备案审查方式和司法解释的备案审查方式。

一、改变与撤销

《立法法》第一百零七条规定："法律、行政法规、地方性法规、自治条例和单行条例、规章有下列情形之一的，由有关机关依照本法第一百零八条规定的权限予以改变或者撤销：超越权限的；下位法违反上位法规定的；规章之间对同一事项的规定不一致的，经裁决应当改变或者撤销一方的规定的；规章的规定被认为不适当，应当予以改变或者撤销的；违背法定程序的。"

首先，是对超越立法权限的立法行为的监督。第一百零七条规定了立法监督过程中，应当予以改变或者撤销的情形，是对立法内容的监督。不同的有立法权的机关

① 徐向华.立法学教程（第二版）[M].北京：北京大学出版社，2017：248.

享有不同的立法权限,调整的社会关系也不同,《立法法》对全国人大及其常委会、国务院、自治地方的人大、地方人大及其常委会、国务院部门和地方政府的立法权作了明确的规定,超越立法权限的应当按照第一百零八条的规定予以改变或者撤销。

其次,是对下位法的监督和不同权限范围内的立法权的监督。《立法法》第九十一至一百零二条规定了不同规范性文件之间的效力。两个以上的规范性文件之间是有效力上的差异的,如果下位法与上位法相冲突,下位法就不能适用,应当予以改变或者撤销。部门规章之间、部门规章与地方政府规章之间都有同等效力,如果对同一事项的规定不一致,由国务院裁决,确定应当使用哪个规章,同时对于违法或者冲突的规章应当予以改变或者撤销。

再次,制定的规章不适当的,应当予以改变或者撤销。从行政法意义上讲,规章的制定是行政立法行为,要遵循行政法的基本原则中的合法性原则和合理性原则。合法性原则包括法律优先和法律保留原则,要求法律明文规定的要按照法律规定的积极履行,法律没有规定的,规章不能超越法律自行规定;合理性原则要求规章的制定必须符合社会发展的基本事实,还要符合比例原则的要求,规章制定不合法的应当予以撤销,不合理的要及时作出改变。

最后,程序合法是规范性文件有效的法定要件,法律、法规、规章和其他规范性文件的制定都有专门的程序性规定,有立法权的机关都应当严格依照法定的程序进行规范性文件的制定活动,否则制定的规范性文件就没有效力,需要予以撤销。从《立法法》的规定来看,违反法定程序制定的规范性文件只能予以撤销而不能仅仅作出改变,改变是对文件的局部作出的改动,而撤销是针对整部规范性文件的行为,因此违反法定程序的文件只能撤销不能改变。

对于《立法法》第一百零七条规定的应当予以改变或者撤销的规范性文件,结合第九十七条的规定,分别由不同的机关作出撤销或者改变的决定。因为对法律、法规、自治条例和单行条例、规章的撤销权由不同的机关行使,也就是说对于不同的规范性文件的立法监督权由不同的监督主体行使,监督主体应当在法定的权限范围内对监督对象予以撤销或者改变。

第一,全国人大的立法监督权。《宪法》第六十二条规定,全国人大有权改变或者撤销全国人大常委会不适当的决定。因此全国人大常委会制定的法律不适当的,全国人大有权改变或者撤销。除此之外,全国人大常委会还批准自治区制定的自治条例和单行条例,如果批准行为不适当,全国人大也可以予以改变或者撤销,这也是对立法行为的监督。

第二,全国人大常委会的立法监督权。根据《宪法》第六十七条的规定,全国人大常委会有权撤销国务院制定的同宪法、法律相抵触的行政法规、决定和命令;有权撤销省、自治区、直辖市国家权力机关制定的同宪法、法律和行政法规相抵触的地方性法规和决议。全国人大常委会还有权撤销自治州、自治县的自治条例和单行条例。自治州、自治县的自治条例和单行条例一般是由省、自治区、直辖市的人大常委会批准后生效的,其效力等级比较高,如果出现违宪问题,则应当由全国人大常委会予以改变或撤销。

第三,国务院的立法监督权。根据《宪法》第八十九条的规定,国务院有权改变或者撤销各部、各委员会发布的不适当的命令、指示和规章,改变或者撤销地方各级国家行政机关的不适当的命令和决定。

第四,省级人大的立法监督权。省级人大是地方最高国家权力机关,省级人大常委会是其常设机构,人民代表大会有权监督其常委会的工作,因此对其常委会制定和批准的不适当的地方性法规,有权予以改变或者撤销。

第五,地方人大常委会的立法监督权。地方人大常委会是地方人大的常设机关,地方人大是地方国家权力机关,地方政府由同级人大选举产生,并对其负责。地方人大常委会可以撤销本级人民政府制定的不适当的规章。《立法法》中的地方人大及其常委会是指设区的市和自治州的人大常委会,以及省一级的人大常委会,因为县乡两级人大和政府没有立法权。

第六,省、自治区人民政府的立法监督权。省、自治区人民政府领导下级政府的工作,有权改变或者撤销下级政府不适当的决定。对下一级政府所制定的不适当的规章,有权予以改变或者撤销。下一级政府制定的规章就是设区的市和自治州人民政府制定的规章。

第七,授权机关的立法监督权。《立法法》第十三、十五条对授权的目的、事项、范围、期限、原则和不得转授权作出了明确的规定,授权是指全国人大及其常委会授权国务院制定行政法规和授权经济特区人大及其常委会制定特区法规。从法律规定来看,授权机关认为被授权机关所制定的法规出现第一百零七条的情况,或者违反了第十三、十五条的情况,授权机关有权撤销被授权机关制定的法规,必要时还可以撤销授权。

二、备案审查

《立法法》规定了对立法予以改变或者撤销的情形和各机关立法监督的权限。除了改变和撤销,立法监督的方式还包括备案审查机制,《立法法》第一百零九条就规定了立法监督的备案审查机制，行政法规、地方性法规、自治条例和单行条例、规章应当在公布后三十日内报有关机关备案。从这项规定看，行政立法和地方性立法都需要备案，只是备案机关有所不同。

备案作为立法监督的一种方式，从现行法律规定和实践来看，这种监督方式相较于改变或者撤销是较为被动平和的方式。备案是否需要审查，学界和实务界争议也比较大，有学者认为备案就必须审查，审查之后才能备案；有学者则认为备案不一定要进行主动的审查，是否需要审查可以根据实际情况的需要来决定。备案是为了全面了解立法情况，加强对立法的监督，便于备案机关进行审查，消除规范性文件的不适当性和冲突，从这个意义上讲，备案最起码是立法监督的基础。2000 年《立法法》通过以后，全国人大常委会委员长会议通过了《行政法规、地方性法规、自治条例和单行条例、经济特区法规备案审查工作程序》，对需要备案审查的规范性文件的范围、期限、程序及审查处理程序作了专门的规定。2004 年全国人大常委会法制工作委员会于 2004 年成立法规备案审查室，专门负责行政法规、地方性法规的备案审查，主要审查是否与上位法冲突；原国务院法制办根据《法规规章备案条例》主要审查地方性法规、地方政府规章和国务院部门规章是否冲突。2023 年《立法法》修订，扩大了地方立法主体的范围，党的十八届四中全会提出要“加强备案审查制度和能力建设”的要求，从实践来看，备案审查工作还有诸多需要完善的地方。

从备案的期限看，我国对法规、规章等规范性文件的备案审查工作属于事后审查，要在法规、规章等规范性文件制定并公布后，才要求备案。从立法程序看，法规规章等规范性文件的公布是立法程序的最后一步，公布后法律就进入了颁布实施的阶段，这就意味着立法监督并不介入立法过程。有些规范性文件的制定是需要经过事前批准的，但是批准作为立法程序中的一个步骤，很多时候更近似于立项或者提出法律议案，而不是作为立法监督的一种程序，加上备案审查事后监督的弱化，立法监督的功能就很难见效。我国《立法法》规定备案的期限为公布后三十日内，这一规定也为备案的规范化提供了刚性的制度依据，但是备案审查的制度性功能仍然是有限的。

《立法法》第一百一十条规定的是审查的要求，从本条的规定看，法规的审查方式包括主动审查和被动审查。对于报送备案的规范性文件进行主动审查的规定是 2015 年《立法法》修改后新加入的内容，之前一直都是被动审查。经过近几年的实践，对法规进行主动审查，被认为是一种有效的方式。专门委员会可以对报送备案的规范性文件进行主动审查，常委会备案审查工作机构也可以对报送备案的规范性文件进行主动审查。值得注意的是，第一百一十一条第一款用的是“可以”，这就意味着对规范性文件的备案审查不是必须进行的,而是视实际情况而定的。每年报送全国人大常委会备案审查的行政法规和地方性法规浩如烟海,《立法法》修改后,进一步扩大了地方立法权,设区的市和自治州的人大及其常委会也可以制定地方性法规,这就会进一步增加需要备案审查的法规的数量,而从事备案审查的工作人员是有限的,如果要求所有的法规都进入审查环节是不现实的。

从被动审查看,第一百一十条第一、二款的规定,公民、组织认为行政法规、地方性法规、自治条例和单行条例与宪法或法律相抵触,可以通过提出审查要求和审查建议的方式启动审查程序。一旦有权力机关提出审查要求,就进入了正式的审查程序,常委会工作机构收到审查要求后,应当分送有关的专门委员会进行审查,专门委员会承担审查任务。对公民、组织提出的审查建议,应当由常委会的工作机构先进行审查研究,认为确有必要的,应当送有关的专门委员会进行审查。

《立法法》第一百一十二条是关于法规审查程序的规定。根据第一百一十二条的规定,对行政法规、地方性法规、自治条例和单行条例的审查程序主要分为两步:一是提出审查意见。全国人大专门委员会、常委会工作机构经过主动审查,如果发现行政法规、地方性法规、自治条例和单行条例与宪法、法律相抵触或存在合宪合法性问题,可以由专门委员会以书面形式直接向制定机关提出审查意见;也可以由常委会工作机构向制定机关提出书面研究意见;还可以由宪法和法律委员会与有关的专门委员会、常委会工作机构联合召开会议,要求制定机关到会就有关问题作出说明,经过审查机关与制定机关沟通后,再由审查机关向制定机关提出审查意见。二是提出撤销议案的建议。宪法和法律委员会、有关专门委员会、常委会工作机构审查后,如果认为行政法规确与宪法或者法律相抵触,或者认为地方性法规、自治条例和单行条例与宪法、法律或者行政法规相抵触或存在合宪合法性问题,而制定机关不予修改的,为了切实纠正违法问题,维护国家法制统一,宪法和法律委员会、有关的专门委员会应当向委员长会议提出撤销案,常委会工作机构应当向委员长会议提出撤销建议。

《立法法》第一百一十九条规定了司法解释报送备案内容。第一百一十九条第二款规定:“最高人民法院、最高人民检察院作出的属于审判、检察工作中具体应用法律的解释,应当自公布之日起三十日内报全国人大常委会备案。”《立法法》对司法解释的备案审查制度,主要是考虑法律要适应复杂多变的社会生活就必须给法律适用留下一定的裁量空间,同时还要防止在司法适用过程中脱离法律的原意,从而保证法律的有效实施。

三、批准

《立法法》第八十、八十一条规定,设区的市有权制定地方性法规,但需要报省、自治区的人大常委会批准。与修改前的《立法法》相比较,地方性法规的制定主体从之前的49个较大市扩充为322个设区的市和自治州,地方性法规制定主体的扩大也带来了地方性立法权滥用的风险,因此《立法法》第八十、八十一条规定的批准制度就成为防止设区的市滥用地方立法权的关键。

首先,《立法法》第八十一条第三款规定:“除省、自治区的人民政府所在地的市,经济特区所在地的市和国务院批准的较大的市以外,其他设区的市开始制定地方性法规的具体步骤和时间,由省、自治区的人民代表大会常委会综合考虑本省、自治区所辖的设区的市的人口数量、地域面积、经济社会发展情况以及立法需求、立法能力等因素确定,并报全国人大常委会和国务院备案。”这意味着未经省级人大常委会批准,设区的市不能制定地方性法规。

其次,《立法法》第八十一条第一款和第八十二条第三款规定,除法律另有规定的,设区的市的人大及其常委会只能就城乡建设管理、生态文明建设、历史文化保护基层治理等方面的事项制定地方性法规。这对设区的市的地方性立法事项进行了明确的规定。

再次,《立法法》第八十一条第一款规定:“设区的市的人大及其常委会制定的地方性法规须报省、自治区的人大常委会批准后施行。设区的市的人大及其常委会制定的地方性法规需经省级人大常委会批准后生效。且省级人大常委会对报请批准的地方性法规应当进行合法性审查,同宪法、法律、行政法规和本省的地方性法规不抵触的,在四个月内批准。”

最后,根据《立法法》第一百一十、一百一十一、一百一十二条的规定,建立了对设区的市的人大和常委会制定的地方性法规的备案审查制度。

拓展阅读

[1]封丽霞.制度与能力:备案审查制度的困境与出路[J].政治与法律,2018(12).
[2]刘松山.备案审查、合宪性审查和宪法监督需要研究解决的若干重要问题[J].中国法律评论,2018(04).
[3]焦洪昌,曹舒.备案审查制度在国家治理现代化中的宪制定位[J].广东社会科学,2021(02).

第十一章 立法解释

知识脉络图

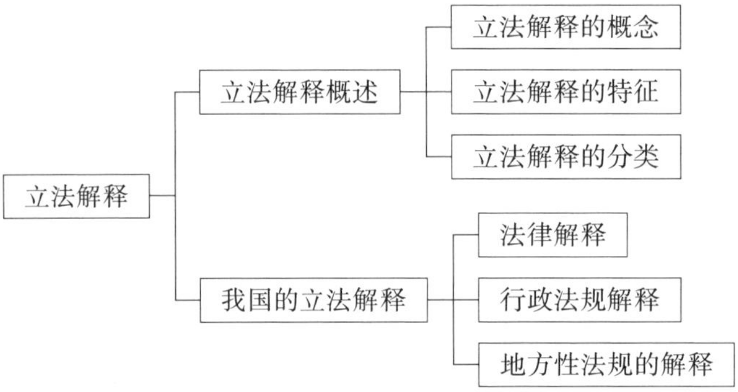

第一节 立法解释概述

一、立法解释的概念

学界对立法解释的界定尚不统一。有的学者认为立法解释仅指全国人大常委会针对狭义的法律进行的相关解释。有的学者认为立法解释仅包括立法部门对自己制定的法律或者地方性法规所进行的解释。从法理上讲,有立法权的部门对自身制定的规范性文件也理应拥有解释权,无论享有立法权的部门是立法机关还是行政机关。换言之,立法解释应当是立法者自己的解释,也是立法者行使立法权的具体表现形式之一,立法权应当包含解释权。

从我国现行的规定来看,我国的立法解释制度尚无完备的规定,但是主要的立法解释的法律框架由《宪法》《立法法》和1981年6月10日第五届全国人大常委会第十九次会议通过的《关于加强法律解释工作的决议》(下文简称《决议》)共同构成。《决议》确立了“以全国人大常委会为主体的各机关分工配合的法律解释体制”。从立法解释的主体上看,我国立法解释主体是全国人大常委会和地方人大常委会。[①] 从解释的内容上看,立法解释主要包括对宪法、法律和地方性法规的解释。[②] 当然也有学者认为立法解释的内容只包含对宪法和法律的解释,[③]还有学者认为立法解释是立法部门对宪法、法律、法规和规章的解释。[④] 从现有研究来看,立法解释的概念主要是从解释的主体和内容进行界定。综合上述观点,立法解释是有立法权的机关对自己或者下级制定的规范性文件作出解释的过程和行为。因此,我国的立法解释是由立法部门对其所制定的法律、法规、自治条例、单行条例、规章所作出的解释。其中既包括全国人大常委会对法律条款的解释,也包括国务院对行政法规的解释,还包括各级地方人大及其常委会对其制定的地方性法规、自治条例和单行条例的解释,以及国务院组成部门对其制定的规章的解释和设区的市以上的地方人民政府对自己制定的规章的解释。

二、立法解释的特征

首先,从立法解释的主体上看,立法解释的主体应当是享有立法权的、宪法和法律明确规定的机关。从世界各国的通行做法来看,立法解释的主体既包括国家的中央立法机关,也包括地方立法机关,以及在法律适用过程中的适用机关,如美国的联邦法院和我国的最高人民法院。还有执法机关在执法过程中对自身制定的规则的解释,如地方政府在执法过程中对自己制定的规章的解释。

其次,从解释的内容上看,立法机关是对已生效的法律文本进行立法目的、立法原意和立法文件中条文、词义等方面的解释;执法机关是对已经生效的法律文本在执行实施过程中的具体执行的解释,执法机关的解释一般是与具体执行实践的结合,执法机关的解释首先应当遵守立法机关的解释;司法机关是对已生效的法律文本在司法适用过程的解释,司法机关的解释既要遵守文本的原意,又要注重司法适用中的公平公正。

再次,立法解释是事后解释,也是程序性解释。从解释的时间来看,立法解释是法律、法规在实施后一段时间内,有立法权的机关对其制定的文本的部分内容进行的

---

① 刘桂新,江国华.中国立法解释制度的困境与出路[J].学习与实践,2015(5):53-58.

② 黎枫.论立法解释制度——兼评立法法对法律解释制度的规定[J].政治与法律,2000(6):3-7.

③ 徐显明.法理学[M].北京:中国政法大学出版社,2010:241.

④ 张文显.法理学[M].北京:高等教育出版社,2012:282.

解释，尤其是对其中的概念、术语和某些特定的范畴进行的解释。从程序上来看，立法解释应当遵循法定的解释程序，这一法定程序是立法解释的必要程序，因为立法解释也属于有权解释，其解释产生的内容与法律法规具有同等的效力，因此，必须是法定主体依据法定程序进行的解释才能产生同法律法规同等的效力。

最后，从解释的形式看，立法解释必须以明示的方式作出。《立法法》第四十九条规定："全国人大常委会的立法解释必须以正式明示的形式作出。"这一规定将立法解释和其他法律解释进行了有效的区分。因为立法解释的内容和法律具有同等效力，解释机关只有通过发布书面解释的文件或者明示的形式才能使解释生效，这一过程相当于立法程序的公布环节。

三、立法解释的分类

通常情况下，对立法解释可以分为以下几个类别。

（一）字面解释、系统解释、历史解释、限缩解释、扩大解释等

根据解释的方法不同，可以分为字面解释、系统解释、历史解释、限缩解释、扩大解释等。字面解释是指对规范性文本中的条文进行的解释，就是对条文字面意思的通常解释或者是常用意思、常用方法的解释，字面解释要求既不能扩大词语原有的意思，也不能缩小词语原有的意思。系统解释是指解释机关将要解释的条文放在整个部门法或者整个法律体系内进行解释，解释的时候还应当考虑法律规范之间的内在联系，通过将特定的词语或者条文放在特定的语义系统中进行解释，阐明其内容和含义。历史解释是指将条文或者词语放在特定的历史语境下，所谓特定的历史语境就是要考虑立法的时间、地点以及当时特定的历史条件，对法律条文或者法律文本的内容和含义进行包含特定的目的或者价值的解释。限缩解释是指解释机关在进行立法解释时，将条文的字面意思限制在某些特定含义上的解释，如民法中子女的赡养义务，就只能解释为成年的有赡养能力的子女，而不能解释为所有的子女。扩大解释是指解释机关将条文或者规范性文件的含义进行扩大，其目的是涵盖更多的社会情况，将更多的情况纳入法律的管辖范围，但是法律，尤其是刑法，严格禁止类推扩大。

（二）中央立法解释和地方立法解释

根据解释主体的不同，立法解释可以分为中央立法解释和地方立法解释。中央立法机关对法律的解释，或者中央行政机关对其制定的规范性文件的解释，就属于中央立法解释。例如，在我国，全国人大及其常委会对法律的解释、国务院对行政法规的解释，以及国务院的组成部门对其制定的规章的解释，都属于中央立法解释。地方立法机关或者政府对政府规章的解释是地方立法解释。例如，我国地方人大及其常

委会对地方性法规的解释，和有地方行政立法权的地方政府对地方政府规章的解释，就是地方立法解释。

第二节　我国的立法解释

从现行的法律规定看，我国的立法解释包括全国人大及其常委会对法律的解释；国务院对行政法规的解释；省、自治区、直辖市的人大及其常委会以及设区的市的人大及其常委会分别对本级的地方性法规作出的解释；具有地方行政立法权的国务院部门和地方人民政府对自己制定的部门规章和地方政府规章作出的解释。

一、法律解释

我国《宪法》《立法法》专门对法律的立法解释进行了规定，《宪法》第六十七条赋予了全国人大常委会对宪法和法律的解释权，《立法法》第二章第四节专门规定了法律解释的权限、范围、程序和效力。此外，全国人大常委会《关于加强法律解释工作的决议》(1981)对全国人大常委会的立法解释权作了明确的规定，凡是关于法律条文本身需要进一步明确界限或者补充规定的情况，由全国人大常委会进行解释，其实也变相将立法解释延伸解释为立法权。

(一)法律解释的权限

《立法法》第四十八条规定，法律解释权属于全国人大常委会。立法解释是对法律文本的含义进行具体化和明确性的说明。1955年《全国人民代表大会常委会关于解释法律问题的决议》规定，凡关于法律、法令条文本身需要进一步明确界限或者补充规定的，由全国人民代表大会常务委员会分别进行解释或者用法令加以规定。1981年全国人大常委会《关于加强法律解释工作的决议》规定，凡是关于法律条文本身需要进一步明确界限或者补充规定的，由全国人大常委会进行解释。

(二)法律解释的范围

《立法法》第四十八条第二款规定："法律有以下情况之一的，由全国人大常委会解释，一是法律的规定需要进一步明确具体含义的；二是法律制定后出现新的情况，需要明确适用法律依据。"从实践情况看，第一种情况所涉及的法律明确规定的具体含义大致可以分为三种情况：一是需要进一步明确法律界限；二是需要弥补法律规定的细节性的不足；三是对法律规定含义理解产生较大意见分歧的。尤其在执行法律的具体过程中，执行机关对法律规定的含义产生了较大分歧，难以达成共识，为了保证法律的正确执行，需要由立法机关对法律规定进行解释，明确法律规定的界限和含义，统一执行机关的认识，统一执行尺度。

第二种情况是法律制定后出现新情况，需要明确适用法律依据。法律具有滞后性，在法律制定之后，出现了新的情况，如果已经生效的法律能够涵盖新出现的情况，或者通过已生效的法律的原则可以涵盖新的情况，则可以在具体的实践中通过对法律原则的适用覆盖这一情况。如果新情况无法通过规则或者原则的适用覆盖，但是属于已生效的法律适用的对象，就需要通过法律解释的办法，明确法律适用的依据，减少法律的修改，保持法律的稳定性。例如，我国的《中华人民共和国国籍法》规定，中华人民共和国不承认中国公民具有双重国籍，但是香港回归以后，1996 年全国人大常委会出台了《关于〈中华人民共和国国籍法〉在香港特别行政区实施的几个问题的解释》，明确指出所有在香港的中国同胞，不论其是否持有英国属土公民护照或者英国国民（海外）护照，都是中国公民。上述公民依旧可以继续使用英国政府签发的有效旅行证件到其他国家或者地区旅行，但是在香港特别行政区和中华人民共和国其他地区不得因持有上述英国旅行证件享有英国领事保护的权利。

（三）法律解释的程序

《立法法》第四十九至五十二条分别从提出法律解释的要求、草拟法律解释案并列入议程、审议法律解释草案和议决公布四个程序进行了规定。

首先，《立法法》第四十九条规定了向全国人大常委会提出法律解释的要求。根据本条规定，国务院、中央军委、最高人民法院、最高人民检察院和全国人大各专门委员会以及各省、自治区、直辖市的人大常委会可以向全国人大常委会提出法律解释的要求。从提出要求的主体不难看出，法律是在执行中遇到问题才有立法解释的需求，才有可能引发由执法主体向全国人大常委会提出解释的要求。其他情况不需要提出立法解释的需求。一般来说，法律在执行过程中，遇到需要解释的问题，应当首先向上级机关提出请求，上级机关能够答复解决的，则不需要进行立法解释，只有在上级机关认为自己不能答复时，才要向全国人大常委会提出立法解释的要求。应当注意的是，法律解释和立法提案、议案不同。议案应当包含理由、依据和具体的内容，否则全国人大不予以审议；法律解释的要求是执行机关因为不清楚法律规定的含义，所以才提请全国人大常委会进行解释，因此无须提供具体的依据和内容，再者如果提出要求的主体在提出要求的同时附带了自身的理解，增加了内容，则有可能内容中涉及部门利益或者一些偏见,不利于全国人大常委会进行立法解释。

其次,《立法法》第五十条规定了草拟法律解释案和列入审议的程序。相关部门提出法律解释的要求后,统一由全国人大法工委按照原来制定该法律的原意,研究拟订法律解释的草案,并由委员长会议决定列入常委会会议审议的议程。全国人大法工委是全国人大常委会专门负责立法工作的部门,在委员长会议领导下,负责对列入常委会会议议程的所有法律草案进行研究、修改工作,为全国人大及其常委会、委员长会议和宪法和法律委员会审议法律案提供工作支持。因此第五十七条才明确规定由全国人大法工委拟订法律解释的草案,避免法出多门,能够更好地把握立法的原意,保持法律解释的统一。同时全国人大法工委在拟订法律解释草案的过程中,应当广泛听取社会各方的意见,包括全国人大常委会其他工作机构、法律执行部门、专家学者,以及公民、法人和其他组织的意见。

再次,《立法法》第五十一条规定了法律解释草案的审议程序。法律解释的草案列入常委会会议议程后,有法律草案说明的,先在常委会全体会议上听取全国人大法工委作的法律解释草案的说明,然后由常委会分组会议进行审议。法律解释的草案是否必须同时提出说明,《立法法》并没有明确的规定,早期的法律解释草案并没有提出说明,但是近些年提出的法律解释草案一般都附带说明文件,如 2014 年 10 月召开的十二届全国人大常委会第十一次会议听取了法工委副主任信春鹰所作的关于《民法通则》第九十九条第一款、《中华人民共和国婚姻法》第二十二条的解释的说明,就附带了说明。因此提出法律解释草案的同时,相应地应当提出说明。法律解释草案经常委会会议分组审议后,由宪法和法律委员会根据全国人大常委会组成人员的审议意见进行审议,提出草案表决稿。宪法和法律委员会是否提出审议报告,《立法法》没有明确的规定,如果修改的较少,可以不提出审议报告,如果修改的多,则可以提出审议的报告。[①] 对法律解释草案及其说明的审议,是否需要其他专门委员会进行审议,法律没有明确的规定。实践中,如果确实需要其他专门委员会审议的,可以由委员长会议决定交由有关专门委员会进行审议。

最后,《立法法》第五十二条规定了法律解释草案的表决和公布程序。宪法和法律委员会提出的法律解释草案表决稿经全国人大常委会审议后,如果全国人大常委会组成人员没有太大分歧,则由委员长会议提请常委会全体会议表决,由常委会全体组成人员过半数通过,并由常委会发布公告予以公布。法律解释一般是由常委会发

---

① 全国人大常委会法制工作委员会国家法室.中华人民共和国立法法释义[M].北京:法律出版社,2015:158.

布公告予以公布，不需要由国家主席以主席令的方式签署公布。因为法律解释是法律的组成部分，虽然与法律具有同样的效力，但是不是法律的颁布实施，不需要由国家主席以主席令的形式颁布实施；实践中，常委会也很少通过发布公告的形式公布法律解释，但是法律明确规定应当由常委会以公告的形式发布法律解释，因此还是应当按照法定程序进行公布。

（四）法律解释的效力

《立法法》第五十三条规定，全国人大常委会的法律解释同法律具有同等的效力。同等效力应当从两个方面理解：

从时间上，法律解释的效力与法律相同。法律解释是对法律规定的具体阐释，法律解释没有独立的效力，其效力应当与法律规定的效力同时发生。这就是说，法律解释虽然比法律出台的晚，但是法律解释的效力应当溯及到法律生效的时候，也就意味着法律解释是有溯及力的。无论什么时候对这一解释进行发布，人们的行为只要受到法律的约束，就应当受到法律解释的约束。

从空间上，全国人大常委会的法律解释的效力同法律的效力相同。全国人大常委会的法律解释跟法律的效力相同，在全国范围内适用，具体来说，全国人大常委会的法律解释对行政机关、审判机关、检察机关、监察机关、中央军委以及公民、法人和其他组织具有同等的拘束力。全国人大常委会对于法律的解释是针对法律条文的具体的解释，不直接办理具体的案件，具体案件的处理由执法机关或者司法机关依照全国人大常委会出台的法律解释和各自的职权、程序办理，其结果不具有概括性。

二、行政法规解释

《立法法》没有对行政法规的解释进行详细规定，但是《行政法规制定程序条例》《关于行政法规解释权限和程序问题的通知》（国办发［1999］43 号）①进行了明确的规定。

（一）解释的权限和范围

《行政法规制定程序条例》第三十一条规定："行政法规的规定需要进一步明确具体含义的；行政法规制定后出现新的情况，需要明确适用行政法规依据的，由国务院解释。"同时《关于行政法规解释权限和程序问题的通知》还规定凡属于行政法规条文本身需要进一步明确界限或者作补充规定的问题，由国务院作出解释。这类立法性解释，由司法行政部门按照行政法规草案审查程序提出意见，报国务院同意后，根据不同情况，由国务院发布或者由国务院授权有关行政主管部门发布。由此可见，

① 海南省人民政府网站［2022-7-3］.https://www.hainan.gov.cn/data/zfgb/2019/10/5229/.

国务院制定的行政法规的解释权限由国务院享有;行政法规的解释范围主要包括三种:一是需要进一步明确具体含义的,二是针对新出现的情况需要明确适用行政法规依据的;三是行政法规条文本身需要进一步明确界限或者作补充规定的。这些都属于立法性解释。

(二)解释的程序

首先,提出解释的要求。根据《行政法规制定程序条例》第三十二条的规定:"国务院各部门和省、自治区、直辖市人民政府可以向国务院提出行政法规解释要求。"不是所有的行政机关或者有行政立法权的机关都可以向国务院提出解释的要求,只有国务院的各部门和省、自治区、直辖市的人民政府可以向国务院提出行政法规解释的要求。提出要求的主体具有极大的限定性。同时《行政法规制定程序条例》第三十三条规定:"对属于行政工作中具体应用行政法规的问题,省、自治区、直辖市人民政府法制机构以及国务院有关部门法制机构请求国务院法制机构解释的,国务院法制机构可以予以答复,涉及重大问题的由国务院法制机构提出意见,报国务院同意后答复。"

其次,草拟和审议解释草案。根据《行政法规制定程序条例》第三十三条和《关于行政法规解释权限和程序问题的通知》的规定,属于行政工作中具体应用行政法规的问题,由国务院法制机构研究答复。这也就意味着属于行政法规应用中的解释可以不经过正式的立法解释程序,直接由国务院法制机构予以研究答复即可。但是如果涉及重大问题,则由国务院法制机构提出意见,报国务院同意后答复。法制机构提出意见的程序应当属于草拟解释草案的过程。《关于行政法规解释权限和程序问题的通知》第二条规定,行政工作中具体应用行政法规的问题,有关行政主管部门解释有困难或者其他有关部门对其作出的解释有不同意见、要求国务院解释的,由国务院法制办公室承办,作出解释,其中涉及重大问题的,由国务院法制办公室提出意见,报国务院同意后作出解释;第三条规定,属于国务院、国务院办公厅有关贯彻实施法律、行政法规的规范性文件的解释问题,由国务院法制办公室承办,作出解释,其中涉及重大问题的,由国务院法制办公室提出意见,报国务院同意后作出解释。由此可见,行政法规的解释如果属于具体应用的由国务院法制办解释,但是涉及重大问题的,由法制办提出意见;同样涉及贯彻实施法律和行政法规的规范性文件的解释问题的,也是由国务院法制办提出意见。提出意见的行为应当认为是草拟解释草案的行为,而国务院同意的行为应当认为是审议草案的行为。另根据国务院工作规则,行政法规的解释草案应当由法制机构负责人提请国务院常务会议审议,并由国务院法制机构进行说明。国务院法制机构应当根据国务院常务会议对行政法规的审议意见,对行政法规的解释草案进行修改,形成草案修订稿,并最终由国务院常务会议审议通过。

最后,根据《行政法规制定程序条例》和《关于行政法规解释权限和程序问题的通知》(国办发[1999]43号)的规定,行政法规解释经国务院同意后,根据不同情况,由国务院或者国务院授权相关行政部门发布。

(三)行政法规解释的效力

《行政法规制定程序条例》第三十一条第三款规定行政法规的解释与行政法规具有同等效力。从时间上,行政法规解释的效力溯及行政法规生效之日起;从空间上,行政法规解释的效力应当在全国范围内适用。

三、地方性法规的解释

我国法治建设的地方性差异比较大,对地方性法规的解释各地方规定差异也较为明显,有的地方规定在地方性法规制定条例中,规定的较为粗糙,没有具体的程序性规定,如陕西省等地方;有的地方规定的较为具体,如北京市、安徽省等,北京市专门针对地方性法规的解释出台了《北京市地方性法规解释工作规程》,安徽省也出台了《安徽省人大常委会解释地方性法规的规定》。① 从地方性法规解释的规定来看,我国地方性法规的解释也主要包含提出解释要求、草拟和审议解释议案、议决和公布等三个步骤。

首先,提出解释要求。《安徽省人大常委会解释地方性法规的规定》第四、第五条规定,省人民政府、省高级人民法院、省人民检察院和省人大专门委员会、常委会工作机构以及设区的市人大常委会可以向省人大常委会提出地方性法规解释要求。设区的市、(县、区)人民政府、省人民政府各部门可以向省人民政府提出地方性法规解释要求的建议;中级人民法院、基层人民法院可以向省高级人民法院提出地方性法规解释要求的建议;设区的市、县(市、区)人民检察院可以向省人民检察院提出地方性法规解释要求的建议;社会团体以及公民可以向所在地的设区的市人大常委会提出地方性法规解释要求的建议。省人民政府、省高级人民法院、省人民检察院和设区的市人大常委会对提出的地方性法规解释要求的建议,应当进行研究,认为需要进行地方性法规解释的,可以向省人大常委会提出地方性法规解释要求。

《北京市地方性法规解释工作规程》第二条规定:“市人民政府、市高级人民法院、市人民检察院和市人大专门委员会以及区、县人大常委会向市人大常委会提出的

---

① 铜陵市人民政府网站[2022-7-14].http://sfj.tl.gov.cn/ztlm/fzb/5402/5404/201607/t20160707_463533.html.

法规解释要求,由市人大常委会办公厅统一负责接收、登记。"从两个地方的规定看,政府、司法机关、地方人大的专门委员会、基层人大、社会团体和公民都可以提出地方性法规解释的要求或建议。

其次,草拟和审议解释的草案。《北京市地方性法规解释工作规程》第五、六、七条规定了拟定解释草案、提出议案和审议的程序,经主任会议讨论决定,需要作出法规解释的,由法制办公室研究拟订法规解释草案;法制办公室拟订法规解释草案,应当征求市人大有关专门委员会和常委会有关工作机构的意见,听取提出法规解释要求的机关以及其他有关机关、组织、专家和常委会法制建设顾问的意见;法律解释草案经主任会议决定列入市人大常委会会议议程的,由主任会议提出议案,法制办公室受主任会议委托向常委会会议作出关于法规解释草案的说明;法规解释的议案包括法规解释草案文本及其说明,并附法规解释要求及有关材料;法规解释草案经市人大常委会会议审议后,由法制委员会根据常委会组成人员的审议意见和有关专门委员会、常委会有关工作机构的意见对法规解释草案进行审议、修改、提出审议结果的报告和法规解释的表决稿。

《安徽省人大常委会解释地方性法规的规定》第七至十五条规定了地方性法规解释的草拟和审议程序,地方性法规解释要求应当以书面形式提出,内容包括:要求解释的具体法规条文、该法规条文在实施中遇到的主要问题及要求进行解释的理由等,同时可以附法规解释内容的建议。省人大常委会法制工作委员会应当对提出的地方性法规解释要求进行研究,提出以下意见,报秘书长或者常委会分管副主任决定:①需要进行法规解释;②需要修改法规;③可以通过法规询问答复方式予以答复。经秘书长或者常委会分管副主任决定,按照前款②、③项情形处理的,法制工作委员会应当告知或者答复提出法规解释要求的单位。决定对法规进行解释的,省人大常委会法制工作委员会应当拟订法规解释草案,由主任会议提请省人大常委会会议审议。省人大常委会法制工作委员会拟订地方性法规解释草案,应当征求省人大有关专门委员会和常委会有关工作机构的意见,听取提出法规解释要求的单位以及其他有关机关、组织和专家的意见。对拟订的地方性法规解释草案有不同意见的,应当进行协商;协商后仍有不同意见的,报秘书长或者常委会分管副主任审定;必要时,提请主任会议审定。省人大常委会法制工作委员会将拟订的地方性法规解释草案提请主任会议讨论,由主任会议决定是否列入常委会会议议程。向省人大常委会提出的地方性法规解释草案的议案应当包括法规解释草案条文及其说明,并附法规解释要求和有关材料。地方性法规解释草案的议案列入省人大常委会会议议程的,省人大常委会法制工作委员会向常委会会议作说明,由常委会会议对法规解释草案进行审议。地方性法规解释草案经省人大常委会会议审议,由省人大法委会根据常委会组成人员的审议意见和有关方面的意见对法规解释草案进行统一审议,提出审议结果的报告和法规解释草案表决稿。列入省人大常委会会议议程的地方性法规解释草案,一般经一次省人大常委会会议审议后交付表决。对法规解释草案在审议中提出重大问题需要进一步研究的,经主任会议决定,可以暂不交付表决,交省人大法制委员会进一步审议后,提请下次省人大常委会会议审议。

最后,议决和公布程序。《北京市地方性法规解释工作规程》第八、九条规定,列入市人大常委会会议议程的法规解释草案,一般经一次常委会会议审议后交付表决。法规解释草案经审议有重大问题需要进一步研究的,经主任会议决定,可以暂不付表决,交法制委员会进一步审议、修改,提请下次或以后常委会审议。法规解释草案经常委会表决通过后,由常委会发布公告予以公布,并在《北京市人大常委会公报》和《北京日报》上全文刊登。

《安徽省人大常委会解释地方性法规的规定》第十六、十七条规定,地方性法规解释草案表决稿经省人大常委会会议表决通过后,由省人大常委会发布公告,在《安徽日报》公布,并及时在安徽人大网、省人大常委会公报上刊登。公告应当载明该地方性法规解释的通过机关和通过日期。报请批准的地方性法规解释经省人大常委会批准后,由设区的市人大常委会发布公告予以公布,并在公告上注明批准机关和批准时间。

拓展阅读

[1]刘怡达.隐性立法解释:“法律释义”的功能及其正当性难题[J].政治与法律,2017(08).

[2]刘桂新,江国华.中国立法解释制度的困境与出路[J].学习与实践,2015(05).

[3]马凤春.立法解释的学理解构与制度重建——以刑法为视角[J].浙江工商大学学报,2019(04).

第十二章　立法修改

知识脉络图

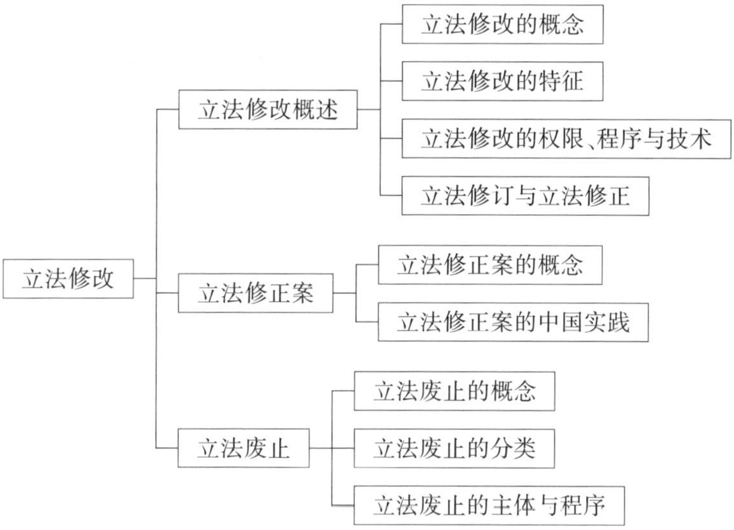

第一节　立法修改概述

一、立法修改的概念

我国的《宪法》《立法法》以及其他宪法性文件并没有对立法修改进行相关规定，也没有对此规定专门的程序，只在《立法法》第五章规定了需要审查和改变的范围和程序。从学界的研究来看，不同的学者分别从立法修改的原因和目的、立法修改的方式和立法技术等方面对立法修改进行界定。有学者从立法修改的原因和目的方面进行界定，认为法的修改和补充是立法主体对现行法实施变动，使其呈现新面貌的专门活动。① 法的修改就是通过变化的某些规定，使立法达到预期目的，适应新的社会需要。② 法律修改的是已生效、施行的法律，因社会发展、形势变化等原因，使一部分法律的某些规范不能适应需要而根据新情况加以变动的活动。③ 有学者从立法修改方式界定，广义上对法律的修改包括对宪法和法律的修改、补充及废止，补充是全面的修改，废止是否定性的修改，是对法律的全面否定。④ 立法修改是以增加、删减、替代的方式，部分的修改、废弃、补充原有的法律规范的调整范围、内容和效力的立法行为。⑤

综上，立法修改含义的界定至少应当包括五个方面的内容：从性质上讲，立法修改应当是一种立法性的活动；从行为主体上讲，立法修改应当是法定的有立法权的国家机关从事的活动；从对象上讲，立法修改的对象应当是现行有效的法律法规；从目的上讲，立法修改的是为了完善现有的法律规定，以适应发展的社会实际情况；从行为规范上讲，立法修改必须遵守法定的程序。基于此，立法修改就是为了使法律法规能够契合社会发展的现实，有立法权的国家机关依照法定程序，通过删除、补充、替换等方法完善现行法律法规的立法活动。

二、立法修改的特征

立法修改具有以下特征：

(一)从性质上讲，立法修改属于立法行为

立法不但包括法律的制定、认可，还包括法律的修改和废止，立法修改是立法活动的重要方式。法律的制定是立法主体依照法定程序创设法律，并通过一定的程序使其产生效果的活动。立法修改也是立法主体在其法定的权限范围内，依照法定程序，对现行有效的法律进行删除、替换，对法律进行完善的活动，修改后的法律替代原有法律发生效力。立法修改与法律制定的区别在于法律的制定是法律从无到有的确立过程，而立法修改是从有到精的完善过程。

(二)从主体上讲，修改的主体具有法定性

立法修改和立法一样，必须由法定的国家机关实施。不同的法律法规，其修改的主体也是不同的，一般立法修改是由其制定主体进行修改，也可以由其他法定主体进

---

① 周旺生.立法学(第二版)[M].北京:法律出版社,2009:499.
② 朱力宇.立法学(第三版)[M].北京:中国人民大学出版社,2006:188.
③ 李步云.法理学[M].北京:经济科学出版社,2001:544.
④ 郭道晖.法律修改方略评述[J].中国法学,1989(6):15.
⑤ 孙潮.立法技术学[M].杭州:浙江人民出版社,1993:210-215.

行修改。例如,全国人大制定的法律,在全国人大闭会期间,可以由全国人大常委会进行修改和补充。地方各级人大制定的地方性法规,在大会闭会期间也可以由地方人大常委会进行修改和补充。但是非原立法主体进行的立法修改必须有宪法和法律的明文规定,并且只能在法定的授权范围内进行修改和补充。

(三)从程序上讲,修改的程序更为严格

法律因为具有权威性、稳定性和可预测性,所以不能随意修改和补充,因此修改法律必须受到严格的程序控制。尤其是在非原立法主体修改法律的情况下,就要受到更为严格的限制。例如,非原立法主体对法律的修改只能是局部修改,或者局部补充;非原立法主体的修改或者补充必须严格遵守立法精神和立法原则,且不能与现有的立法规则相冲突;非原立法主体对法律的修改或者补充必须报送原立法主体,否则不能生效。

(四)从范围上讲,立法修改具有严格的限制

除了修改主体、修改内容和修改程序的限制,对立法的修改方式、修改时间和修改技术也有严格的限制。与其他立法程序不同,立法修改的限制通常既多又严。例如,从修改目的上看,必须是为了适应社会的现实需要,使立法趋于完善,给立法带来新的内容,修改不一定是增加新的内容,也应当删除一些不合时宜的内容。再如高位阶的立法主体可以修改或者补充低位阶的主体制定的法律法规,即便如此,也应当遵守相应的程序,而不能随意进行修改,如国务院或者省级人民政府可以废除国务院部门或者省政府组成部门的规章。

(五)从技术上讲,立法修改的技术更具有复杂性

立法修改过程中,要处理诸如名称、形式结构、立法语言等很多具体且复杂的问题;立法时要兼顾质量和效率的问题,还要处理好法律的及时性、前瞻性和科学性之间的关系;立法修改还要注意修改的程序问题以及修改的方式问题,比如是一次性全部修改还是分几次进行过渡性修改;是先修改,还是通过解释逐步修改。

三、立法修改的权限、程序与技术

(一)立法修改的权限

对于立法修改的主体,我国法律没有明文规定。实践中,一般都是遵循"谁制定谁修改"的原则,如全国人大制定的法律一般都由全国人大进行修改,但是也有特殊情况,如全国人大制定的法律,在全国人大闭会期间,在不同法律的基本原则相违背的情况下,可以由全国人大常委会修改。

我国《立法法》第一百零八条规定,改变或者撤销法律、行政法规、地方性法规、自

治条例和单行条例、规章的权限包括:全国人大有权改变或者撤销它的常委会制定的不适当的法律,有权撤销全国人大常委会批准的违背宪法和立法法第八十五条第二款规定的自治条例和单行条例;全国人大常委会有权撤销同宪法和法律相抵触的行政法规,有权撤销同宪法、法律和行政法规相抵触的地方性法规,有权撤销省、自治区、直辖市的人大常委会批准的违背宪法和立法法第八十五条第二款规定的自治条例和单行条例;国务院有权改变或者撤销不适当的部门规章和地方政府规章;省、自治区、直辖市的人大有权改变或者撤销它的常委会制定和批准的不适当的地方性法规;地方人大常委会有权撤销本级人民政府制定的不适当的规章;省、自治区的人民政府有权改变或者撤销下一级人民政府制定的不适当的规章;授权机关有权撤销被授权机关制定的超越授权范围或者违背授权目的的法规,必要时可以撤销授权。从权限上看,《立法法》第一百零八条虽然规定了上级机关对下级机关的立法具有改变或者撤销的权限,但是并没有规定应当如何改变或者撤销,也未规定改变是直接改变还是提出意见和建议后由下级机关改变。虽然第一百零七条、一百零八条也规定改变或者撤销的情形,但是缺少具体的规定,如没有规定什么情况属于不适当的情况。

除了明确立法修改的权限,还要明确立法修改主体的责任,并对立法修改的主体进行监督。从监督本身来看,立法修改既要注意权力的监督,又要注意立法的质量,立法质量就是要修改立法使其符合社会发展的实际情况。因此,从权力监督来看,应当进行内部监督,尤其是上级立法主体对下级立法主体的监督,从立法质量或者说立法的实施效果看,还要建立外部监督机制。

(二)立法修改的程序

立法修改从性质上讲,也是立法活动的表现方式,因此立法修改也应当依照完备的程序进行。从立法修改和法律的特征看,立法修改的程序至少应当包含两种,一种是一般程序,一种是特殊程序。从现行的《立法法》看,并没有对立法修改进行专门的规定,虽然各条文中也有关于法律改变或者撤销的规定,但是并没有完整的程序性规定,更没有具体的操作程序的规定,《立法法》应当针对立法修改的程序进行专门的规定,对立法修改的建议、提案、说明、审议、议决、通过和公布的程序、形式和技术应当进行具体的详细而专门的规定,同时应当注意规定的可行性,同时还要注意法律、行政法规、地方性法规和规章的修改程序应当是不同的。

除了一般程序外,还应当规定特别程序,应对突发性的事件或者紧急状态。法律本身具有稳定性,但是社会发展有时会出乎意料,法律要适应社会的发展,有时候就不能按部就班地对法律进行修改,必须要契合社会发展的实际情况,所以,还应当制定适用于特殊状态下的立法修改的特别程序,有利于及时、高效地处理突发性事件,以保证法律的稳定运行,特别程序应当简化为具体的程序,以程序性规定为主,必要时可以对实体进行改变。

(三)立法修改的技术

立法修改是对立法的完善,因此在立法修改的过程中,要特别注意立法技术的运用,注意提升立法本身的科学性。我国的立法技术可以完善的空间还很大,在科技迅速发展的今天,立法修改也应当更加讲求科学化,因此对立法修改技术的要求也越来越高。除了法律专业人士的建议外,应当加强立法者的立法技术培训和法律素养的训练,不断提高其立法技术水平。在法律修改的过程中,立法修改工作者是具体的操盘手,对法律的制定背景和逻辑也更为了解,因此在法律本身的逻辑结构和语言表述方面应当更加严谨,同时也更能注意立法的系统性、可行性。

四、立法修订与立法修正

(一)立法修订

立法修订是立法机关全面修改法律所采用的方式。[①] 一般来讲,法律修订所涉及的条文数量较多,修改的范围和幅度也较大。全国人大常委会法工委也认为修订是以全面的方式对条文进行全面修改,重新公布法律文本以替代原法律文本。[②] 立法修订一般情况下是立法机关在原来法律的基础上对文字表述直接作出修改。例如,1997 年全国人大对《刑法》的修订就是对 1979 年《刑法》的全面修订,是立法机关直接对相关的法律文字的表述进行的修改。这种修改,既不同于法律的修正,也不同于以修正案的方式进行修改。法律修订也可能涉及名称的修改。[③] 例如,1954 年第一届全国人大一次会议通过的《中华人民共和国地方各级人民代表大会和地方各级人民委员会组织法》,在第五届全国人大二次会议修订为《地方各级人大代表组织法》。

(二)立法修正

立法修正是以部门法修改决定的出台为基本形式,通常也是以"修改决定"的形式来进行法律的修正。[④]法律修正也是我国法律修改最基本、最重要的方式。[⑤]法律修正的过程从提出修正案草案开始,是对法律的部分修改,也有学者将法律的修正和法律的修正案视为同一种法律修正的方式。[⑥] 实践中,也有可能是审议机关将修正案转化为修改决定草案。例如,2016 年国务院向第十二届全国人大常委会第二十五次会

---

①④ 李正斌."修正案""修订"与"修改决定"应用之辨[N].检察日报,2012-06-11(6).

②⑤ 全国人大常委会法工委.中华人民共和国立法法释义[M].北京:法律出版社,2015:184.

③ 周旺生.立法学教程[M].北京:北京大学出版社,2016:538.

⑥ 吴恩玉.修正与修订的界分及相关法律适用问题[J].人大研究,2010(1):39-41.

议提出水污染防治法修正案草案,并由环保部长代国务院作《关于〈中华人民共和国水污染防治法修正案(草案)〉的说明》,在第二十八次会议审议水污染防治法修正案草案时,全国人大法律委员会将其更名为《关于修改水污染防治法的决定草案》。

第二节 立法修正案

一、立法修正案的概念

现代国家多为代议制国家,从立法机关的代表性看,立法机关应当由不同地方、不同职业、不同民族等多方面的代表构成,通过代表的广泛性充分反映民意;从立法的民主性上看,立法机关制定的法律应当符合大多数人的利益和意志,能够充分反映各阶层的利益,协调好各种利益关系,真正体现人民意志。从这样的目标出发,要完善立法,立法机关就必须征求多数人的意见形成法案,并对法案进行严格的审议、讨论和辩论,形成相对合理的立法合意,为法案的通过提供必要条件。在这一过程中,立法机关的代表也会对法案提出自己的看法和意见,并要求立法机关采纳其提出的意见和建议,因此很多国家就会在这一过程中形成法定的辅助性文件即立法修正案。

立法修正案是指对进入立法程序的法案,也包括其他议案,进行修正的提案,或对修正案进行再修正的提案。[①] 立法修正案和法律修正案不同,法律修正案是立法机关依照立法程序对已生效的法律进行变更、删除或补充的提案。[②] 通过修正案修改法律,能够在不改变原来法律文本的情况下,根据社会发展的需要,及时更新法律的内容,其实质就是在法律生效后附加修正案,根据新法优于旧法的适用原则,通过新的修正案增加法律规定,或者更改、废止原来的法律规定,法律修正案能够兼顾法律的稳定性和适应性。

立法修正案和法律修正案的主要区别在于,从对象上看,立法修正案的对象是立法机关要审议的法案或者其他议案和与这些议案相应的修正案或者替代性方案;而法律修正案的修正对象是已经生效的法律。从形式上看,立法修正案通过后,一般会

---

① 李林.立法修正案比较[J].法学研究,1991(3):7-11.

② 邹奕.徘徊于我国宪法的两个文本之间——对宪法文本正当性和实用性的检视[J].四川大学学报(哲学社会科学版),2014(3):141-151.

与原法案合并,表现为一部法律,共同构成一个法律文本;法律修正案通过后,是对现行法律的补充、删除或者对某些部分的修改,以此成为法律的组成部分,也可以作为现行法律的附属部分。从性质上看,立法修正案是对即将要成为法律的提案的补充和完善,其提案的基础还没有正式颁行,也就不具备现实基础,因此,无论是提案本身还是立法修正案都具有较强的主观性;法律修正案是针对现行有效的法律,其修正案是为了修正和完善现行立法,其立法的效果更具有现实性和针对性。从这个意义上讲,无论是立法修正案还是法律修正案,其目的都是对立法的完善。从权限上看,无论是立法修正案还是法律修正案,都是立法权的自然延伸,通常都是享有立法权的主体针对需要完善的立法提出修正案,差别在于提案的时间不同。本章对立法修正案和法律修正案不作严格区分。

二、立法修正案的中国实践

法律修正案制度起源于美国,1787 年美国《宪法》第五条规定,国会应在两院各有三分之二的议员认为必要时,提出宪法修正案,或者根据全国三分之二州议会的请求召开制宪会议提出修正案。以上任何一种情况下提出的修正案,经全国四分之三的州议会或者四分之三的制宪会议批准,即成为本宪法的一部分发生实际效力。[①] 社会发展的实践证明,修正案降低了法律修改的门槛,确保了法律的稳定性和权威性,同时能够及时地修改法律适应社会的发展。

法律修正案随着我国法治化建设的进程逐渐推开,并发展成为我国法律修改的方式之一。1985 年就有学者主张我国的宪法修改可以采用美国的宪法修正的方式。[②] 1982 年我国首次采用了法律修正案的方式对宪法进行了修改,1988 年第七届全国人大一次会议通过了《中华人民共和国宪法修正案》。立法修正案的制度比宪法修正案更早,1987 年 11 月 24 日第六届人大常委会第 23 次会议通过了《中华人民共和国全国人民代表大会常务委员会议事规则》,其第三十一条规定,交付表决的议案,有修正案的,先表决修正案。1997 年,我国对《刑法》进行了全面的修改,即便如此,刑法的规定仍然很难满足我国高速发展的社会需求,立法机关最终仍然是以刑法修正案的方式对刑法进行了修改,1999 年我国通过了第一个刑法修正案,也标志着法律修正案正式成为我国法律修改的基本方式。2010 年我国又颁行了《中华人民共和国香港特别行政区基本法附件一香港特别行政区立法会的产生办法和表决程序修正案》;2012 年《中华人民共和国澳门特别行政区基本法附件一澳门特别行政区行政长

① 世界各国宪法编辑委员会.世界各国宪法:美洲大洋洲卷[M].北京:中国检察出版社,2012:618.

② 梅培华.关于宪法和法律修改方式问题的探讨[J].法学杂志,1985(2):55-56.

官的产生办法修正案》等涉及港澳事务的法律修正案，通过这些立法例说明法律修正案的方式已经成为我国正式的法律修改方式。

值得注意的是，2000 年《立法法》的出台并没有将立法修正案制度或者法律修正案制度写入《立法法》。但是当时中国社会科学院李步云教授牵头组织的专家在起草过程中对立法修正案制度进行了建议，[①]修正案制度是解决审议法律案重大意见分歧的有效方式之一，建议稿对修正案的提出、专门委员会对修正案的审议、修正案不得与法律案立法宗旨相违背以及修正案的提前表决等内容都作了详细的说明和建议。很多学者认为我国没有必要采用立法修正案制度。因为我国的立法程序与其他国家不同，我国立法机关在对法案进行审议时，可以赞成、反对或者弃权，而且可以对法案中规定的条款提出替代性方案并说明理由，即在审议过程中，代表和专门委员会可以对议案提出各种修改意见，人大的专门委员会和工作机构汇集整理这些意见，在此基础上对草案进行修改，确保代表和专门委员会没有重大分歧时，才交付表决。因此有观点认为修正制度和我国现行的审议制度都可以解决审议法律议案中的重大分歧，没有必要采用立法修正案制度。[②]

第三节　立法废止

一、立法废止的概念

立法废止是具有立法性质的行为，属于国家的立法性活动，与法律的制定和法律的修改同等重要。对法律的完善通常包括“立、改、废”三个环节，这也是三种主要的模式。立法通常是由法律的制定、认可、解释、修改、补充和废止等方式构成的一系列行为。从法律的制定和认可到法律的废止通常是一部法律由产生到最终走向消亡的过程。按照马克思主义哲学发展的观点来看，法律的制定和认可是一部法律产生的开始，对法律的修改、解释、补充是一部法律发展和完善的过程，在经历发展和完善的过程以后，随着社会的发展，一部法律最终会完成其使命，退出历史的舞台。这个过程既是对马克思主义辩证唯物主义理论的证明，也是法律本身不断地更新发展的

① 李步云.立法法研究[M].长沙：湖南人民出版社，1998：45.

② 刘松山.中国立法问题研究[M].北京：知识产权出版社，2016：218.

过程。

有学者认为,所谓法律之废止,即因情势变更或任务完成,已无存在之必要,而依法定程序,将现行有效之法规予以废止,而不再适用之谓。[①] 从这一定义可以看出,法律的废止是因为情势变更或者立法任务已经完成,法律再无存在之必要,从这个意义上讲,立法的废止主要强调法律失去效力,是从立法废止的意义上阐述。如果从立法权角度讲,立法废止应当是行使立法权的机关依法使现行有效的法律失去效力的行为;从功能角度讲,立法废止就是有立法权的主体使法律丧失其原有功能的行为。[②]

从不同的角度来看,对法律的废止有不同的界定方式。从上述学者的研究可以看出,立法废止就是法律失去效力的活动,其原因、功能和其他条件在所不同,只要是法律失去了效力,都可以认为是法律的废止。从广义上讲,法律规定有施行期限或者其他施行条件,期限届满或者施行条件消失而废止都是属于立法废止;而狭义上的立法废止是有权机关或者人员,依照法定程序将现行有效的法律予以明确废弃,使之失去效力的活动。[③]

二、立法废止的分类

从狭义的立法废止讲,立法废止属于立法活动的一种方式,也是立法权运行的活动。从权力规范看,不是所有的机关或者个人都可以成为法律废止的主体,只有原立法机关或者原立法机关授权的机关可以行使立法权,成为立法废止的主体。从立法原理看,立法废止是立法性质的活动,就应当遵循立法的基本原则,即"谁制定的法律由谁来废止"或者只能由立法机关授权的机关进行废止,无论是自己废止还是被授权的机关废止,都应当遵循法定的程序。从世界各国的通例来看,立法废止主要有以下四种类型。

(一)立法机关自行废止

立法机关可以将立法权授予其他机关,授权可以是一揽子授权,也可以将立法权进行拆分授权,即将立法修改、补充、解释和废止的权力分别授予不同的机关,因此在没有明确授予立法废止的权限时,立法机关的法律只能由自己废止,不能由其他机关废止。也有国家明文规定,对于有立法权的机关制定的法律,只能由制定该法律法规的机关自己废止,其他任何机关,包括代议机关都无权废止。例如,日本法律明文规定,国会不能废止内阁令,只能通过对政府的调查监控内阁令;挪威法律规定,议会无

---

① 罗传贤.立法程序与技术[M].台北:五南图书出版股份有限公司,2018:319.

② 周旺生.立法学教程[M]北京:北京大学出版社,2006:178.

③ 李林.试论法律废止[J].宁夏社会科学,1994(6):66.

权撤销政府的立法等。[①]

(二)授权机关废止

作为对委任立法的一种监控方式,授权机关当然可以废止被授权机关的立法,必要时还可以撤销授权。世界上绝大多数国家都规定了议会可以撤销行政机关制定的法规,必要时也可以撤销对行政机关的授权。例如,我国《立法法》第一百零八条就规定全国人大有权改变或者撤销它的常务委员会制定的不适当的法律;有权改变或者撤销同宪法和法律相抵触的行政法规,有权撤销省、自治区、直辖市的人大常委会批准的违背宪法和立法法第八十五条第二款规定的自治条例和单行条例。

(三)国家元首废止

在君主立宪和总统制的国家,宪法一般都会授权国家元首在某些情况下,可以宣布废除法令。我国《宪法》的第七十九至第八十一条是对国家主席的产生和职权的规定,《宪法》第八十条只规定了国家主席有公布法律的职权,没有规定国家主席有宣布废止法律的职权。

(四)被授权机关废止

立法机关并未授予该机关立法权,只是将废止某项立法的权力授予该机关,也就意味着,该机关不是真正的立法主体,该机关只能行使废止立法的权限,而不能行使制定、修改或者解释的权限。例如,我国《立法法》第一百零八条第七款规定:"授权机关有权撤销被授权机关制定的超越授权范围或者违背授权目的的法规,必要时可以撤销授权。"本条款仅规定了撤销的权限,也就是规定了授权机关,在特定的条件下废止被授权机关立法的权限,而没有规定修改、解释或者补充的权限。

三、立法废止的主体与程序

(一)立法废止的主体

我国关于立法废止的主体,不仅法律没有明确的规定,理论上的研究也没有形成通说。虽然我国没有明确规定立法废止的主体,但是作为立法活动的立法废止,法律还是进行了零散的规定。《宪法》《立法法》等相关法律规定的立法主体应当是立法废止的主体,实践中,这些相关法律也是作为立法废止的主体进行操作的。根据相关法律的规定,我国的立法废止主体主要包含:全国人民代表大会,全国人大常务委员会,国务院、省级人大及其常委会,较大市的人大及其常委会,较大市以上的人民政府,国务院各组成部门、央行、审计署和国务院具有行政管理职能的直属机构及法律

---

① 李林.试论法律废止[J].宁夏社会科学,1994(6):67.

规定的其他机构。从《立法法》的规定来看,以上主体是立法主体,根据立法“谁制定谁废止”的基本原理,立法主体自然也是立法废止的主体。

从理论上讲,法律的制定主体就是立法废止的主体。立法废止也属于立法活动,行使废止权也是行使立法权的一种方式,因此立法废止的权力由立法机关自己行使最为合适。实践中还有上级机关对下级机关立法的废止,可以看作是上级机关对下级机关立法活动的监督,是为了保证下级立法的合法性,维护法制的统一。

(二)立法废止的程序

1.立法废止议案的提出

我国立法体系中,没有对立法废止议案进行专门的规定,实践中,也很少有专门立法废止的提案出现。既然立法废止既是立法活动的表现方式,又是立法权的行使,立法废止也可以按照立法制定的程序进行。

根据我国《立法法》的规定,提出法律议案的应当提出法律草案的文本和相关的说明。因此,立法废止议案的提出,应当提供立法废止的相关说明,其中包括立法废止的理由、对各方意见的征求、立法废止后可能出现的问题,以及立法废止后如有替代性方案或者不需要再制定相应的方案的,应当明确说明不需要制定替代性方案的理由。

2.立法废止案的审议

对立法废止案的审议,是立法废止过程中的重要程序。法律的制定,有法律草案可以审议,而对于立法废止来说,没有法律草案可以审议,也没有具体的规范性的文本进行审查。而对于立法废止理由的说明一般具有一定的主观性,因此审议立法废止的议案是具有很大的难度的。那么立法废止的议案的审议不能像法律制定时审议法律草案的方式一样,对立法废止的理由进行审查,应当寻求新的审议方式,如在立法废止的议案审议过程中,应当先广泛征求社会,尤其是利益相关方的意见或者建议,如果有替代性方案的,可以对替代性方案进行审议,没有替代性方案的,应当对立法废止的理由说明进行规范性的规定,将说明理由应当包含的部分和内容进行明确规定。

3.立法废止案的表决

对于立法来讲,表决程序是最关键和核心的部分,法律的废止也不例外。例如,法律的废止是过半数通过还是绝对多数通过,这是需要考虑的最关键的问题之一,我国宪法并没有规定立法废止议案通过的人数,《立法法》也没有对此专门进行规定。而且至今我国也没有立法废止表决的先例。从法律草案的表决来看,法律草案的表决基本上都是过半数通过，只有个别法律是三分之二多数通过。但是作为立法废止，应当更为慎重，因为某一部法律的废止，可能会导致其他法律调整的社会关系发生变化，也可能导致很多社会关系的变化，因此简单多数的通过不如绝对多数的通过，必要时，针对某部法律的废止，也可以采取全民公决的方式进行表决。

4.立法废止案的公布

实践中，我国立法废止的公布通常有两种形式，一是通过废止决定进行立法废止；二是通过废止条款进行立法废止。例如，2013 年 12 月 28 日第十二届全国人大常委会第六次会议通过了《全国人大常委会关于废止有关劳动教养法律规定的决定》。《中华人民共和国反间谍法》第四十条规定，本法自公布之日起施行，1993 年 2 月 22 日第七届全国人大常委会第三十次会议通过的《中华人民共和国国家安全法》同时废止。

拓展阅读

[1]付子堂，胡夏枫.立法与改革：以法律修改为重心的考察[J].法学研究，2014(06).
[2]汪全胜.法律文本中的“废止条款”设置论析[J].政治与法律，2013(07).
[3]黄海华.新时代法律修改的特征、实践和立法技术[J].中国法律评论，2022(05).

第十三章　立法效力

知识脉络图

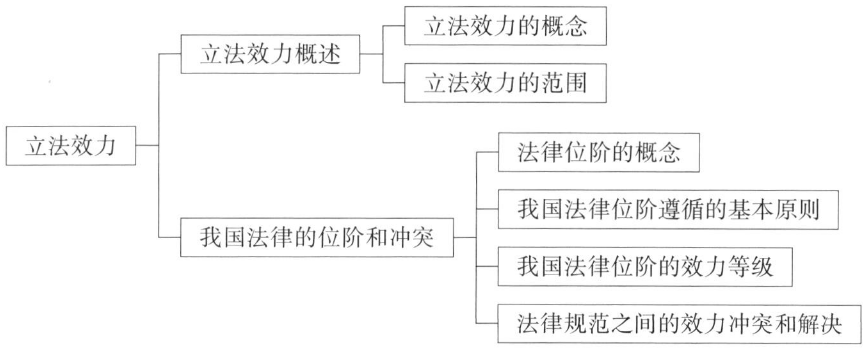

第一节　立法效力概述

一、立法效力的概念

国内现有的立法学教材和著作对立法效力的界定主要包括两种情况：一种是多数学者将立法效力界定为立法活动结果的效力，如江国华教授把立法效力归结为立法活动的结果——法律（制定法）的效力。[①] 张曙光将立法效力等同于法律的效力和实效；[②]另一种是将立法效力和法律效力视为不同的事物，如朱力宇、叶传星将立法效力与法律效力视为不同的概念，认为法律效力和立法效力是种属概念，立法效力概念

① 江国华.立法：理想与变革[M].济南：山东人民出版社，2007：369-380.

② 郭道晖.当代中国立法（上）[M].北京：中国民主法制出版社，1998：292-309.

的外延完全包含在法律效力外延的概念之中，而且成为法律效力概念外延的一部分，即法律效力的概念宽于立法效力的外延，法律效力是属概念，是立法效力的上位概念，但并没有给出立法效力的概念。[①]

从国内外现有的实证法规定和研究来看，对立法效力概念的界定主要集中在以下几个方面：

首先，要解决的是立法的合法性问题。立法的合法性问题是立法效力的基础性问题，其核心问题是立法的合宪性问题，如我国《立法法》第八十七条就明文规定，宪法具有最高的法律效力，一切法律、行政法规、地方性法规、自治条例和单行条例、规章都不得同宪法相抵触。

其次，立法效力有实质效力和形式效力之分。实质效力是从内容上讲，实在法的内容必须同宪法规定相一致，必须同宪法所倡导的精神和原则相一致，必须同宪法规定的保护公共利益，以及宪法限制政府和组织权力的基本规范相一致。形式效力是立法机关在制定法律过程中，必须遵守宪法规定的立法方式和立法程序。

再次，立法效力的内容涵盖公定力和确定力。立法活动首先应当是合法有效的，然后作为立法活动结果的法律文本才是合法有效的，司法机关才能将其作为审判的依据，司法机关也应当无条件地执行立法机关制定的法律；对立法机关而言，立法行为应当具有稳定性，能够保持法律的确定性，不能随意更改法律，更不能随便废止法律；对于执法机关而言，法律本身具有拘束力，应当尊重法律，执行法律过程中应当按照立法机关制定法律的原意执法，不能消极执法，也不能掺杂部门利益。

最后，立法效力也体现在技术保障和技术理性上。立法活动以及活动结果应当具有理性，即立法应当从语言表述、立法的可行性、立法工具理性和价值理性等方面做到技术上的保障，实现立法技术上的理性，立法的技术理性应当包括形式理性和实质理性。

法理学中法的效力通常是指法律的强制力和拘束力。根据马克思主义阶级学说的观点，法律是统治阶级意志上升为国家意志的产物，立法活动是为实现和维护统治阶级自身利益而对社会利益进行协调的权威性活动。要实现和维护统治阶级的利益，通过国家立法活动赋予一定的强制力、公定力、确定力和执行力是现代国家通用的方法，这种方法相比于政策、命令和其他的方法具有更强的权威性和民主性，也更易于接受。

综上，本书认为，立法效力的概念既包含了立法活动的结果效力，也是一个独立

---

① 朱力宇，叶传星.立法学(第五版)[M].北京：中国人民大学出版社，2023：136.

的概念。从形式上讲,立法效力是立法活动的结果,是立法机关制定的规范性文件的效力;从实质上讲,立法效力是法律文本的效力,是法律文本作为规范性文件,为社会主体的活动提供合法性依据的基本保障。因此立法效力既是立法活动的结果,也有其独立的价值。

二、立法效力的范围

立法效力无论是从立法活动本身的效力,还是从立法结果、法律规范的效力上来讲,其作用都必然是在一定的时间和空间范围内,对特定的对象产生的,这就是立法效力的作用范围,其效力范围主要包括空间范围、时间范围和对象范围。

(一)立法的空间效力

立法的空间效力或者说立法效力的空间范围是指立法活动在哪些地域和空间范围内发生效力。不同立法主体进行的立法活动的空间效力的范围自然也是不同的。对于一个国家来讲,空间效力可以划分为中央立法主体的立法活动空间效力和地方立法主体的立法活动空间效力。

中央立法主体立法活动的空间效力范围一般都在一国的领土范围之内,当然也有例外情况,如我国的很多立法都不适用于港澳特别行政区和我国的台湾地区。我国全国人大及其常委会制定的法律在我国大陆范围内具有普遍的效力,国务院制定的行政法规在大陆范围内也具有普遍性的效力,但是国务院的组成部门制定的部门规章只在特定的范围内发生效力。

地方立法主体立法活动的空间效力范围一般只在地方范围内发生效力,如我国的省、自治区、直辖市和较大的市的人大及其常委会、人民政府、民族自治机关颁布的地方性法规、地方政府规章、自治条例、单行条例等,只在其辖区范围内发生效力,一般不在辖区范围以外发生效力。例外情况下地方立法主体的立法活动在其管辖范围以外也可能发生效力,如当地方制定的规范性文件需要其他地方配合执行时,该地方将配合执行的申请书或者通知书送达对方的管辖区域,则受送达方应当予以尊重并配合执行,这种情况应当视为地方性文件在辖区以外发生效力。

(二)立法的时间效力

立法的时间效力是立法活动何时开始生效、效力何时终止,以及有无溯及力的问题。

1.立法的生效

立法活动中最关键的环节就是表决和通过,经过表决和通过后的法案才能在公布后正式颁行,成为法律,其效力就随之产生。法律草案一旦通过,立法主体以及其他主体非依据法定事由，非经法定程序不能撤销提案，这就说明立法效力从表决通过就产生了。在法律草案正式交付表决前，提案人有权撤回提案；法律草案经过表决但是未通过之前，立法活动尚未生效，提案人或者其他有提案权的人可以要求修改提案或者撤回，也可以重新提案。一旦法律草案经表决通过并公布后，法律草案就成为法律正式生效，无法通过撤回的方式使其失去效力。

2.立法的失效

立法活动的失效和法律文本的失效时间通常具有一致性，所不同的是立法活动完成之后，立法活动本身的效力就已经终结，也可以认为立法活动本身的效力全部转入法律文本，这也是法律文本生效的基础，但是法律文本如果要失去效力，同样需要经过法定程序后才能完成，否则法律文本就有持续的效力。

3.立法的溯及力

溯及力问题就是立法活动对其生效之前的行为是否有拘束力。立法活动原则上是不具有溯及力的，这是法的安定性原则决定的。但是也有例外，即从旧兼从轻原则，一般情况下是适用于行为发生时的法律，但是如果新法的处罚轻于旧法，则可以适用新法。

（三）立法对人的效力

立法对人的效力是立法对哪些人产生拘束力。立法对人的效力一般可以分为四种情况：一是立法对我国领土内的本国公民具有拘束力；二是我国公民在我国领土以外的行为也应当适用我国的法律；三是外国公民在我国领域内的行为，除享有豁免权的，也应当适用我国法律；四是外国公民在我国领域外，但是侵害了我国国家或者公民的合法权益的，也应当适用我国法律。

从立法活动本身来看，立法主体应当尊重立法活动本身和立法活动的结果，不能随意地撤销或者废止已经完成的立法活动；同级立法主体之间应该相互尊重彼此的立法活动及其结果，不能随便否认其他立法主体的活动及结果；上级应当尊重下级立法主体的活动和结果，非经法定事由、法定程序，不能随意废除或者改变下级立法主体的活动和结果。除立法主体外，其他主体也应当尊重立法活动及结果，即便立法活动及结果存在一定的瑕疵，也不能随意改变或者撤销，其在被撤销或者改变前，仍然应当积极行使法律赋予的职权，积极履行法律规定的义务。

第二节　我国法律的位阶和冲突

一、法律位阶的概念

立法效力和法律效力的关系前文已经描述清楚，立法效力的位阶仅仅体现在法律的效力上，立法活动没有效力的位阶，因此本节中立法效力的位阶和冲突只阐述法律效力的位阶和冲突。法律效力的位阶是不同国家机关制定的规范性文件在法律渊源体系中所处的效力位置和等级，是由一个国家的立法体制所决定的。[①]

由于各种规范性文件在法律渊源体系中有其各自的等级和效力位置，各种规范性文件之间就存在不同的关系，其关系的划分也应当遵循一定的原则。一般来说，制定机关的法律地位越高，其所制定的规范性文件效力也越高；同一主体制定或者修改的规范性文件中，程序越严格，其效力也就自然高于其他程序相对宽松的规范性文件；成文法的效力一般高于不成文法。

二、我国法律位阶遵循的基本原则

（一）上位法优于下位法

下位法的规定与上位法的规定不一致时，适用上位法的规定，这就是上位法优于下位法的原则。宪法在我国具有最高的法律效力；法律的效力高于行政法规、地方性法规、自治条例和单行条例、规章；地方性法规的效力高于本级和下级地方政府的规章；省、自治区的人民政府制定的规章的效力高于本行政区域内的设区的市和自治州的人民政府制定的规章。

（二）特别法优于一般法

同一效力等级的法律之间，特别规定优于一般规定。该原则仅适用于同一机关制定的不同的规定之间，如果是上位法和下位法之间，则适用于上位法优于下位法，即上位法的一般性规定优于下位法的特别规定。

（三）新法优于旧法

同一机关制定的新的规范和旧的规范不一致时，应当适用新的规范。新的规范一般是适应社会形势发生变化的规范，旧的规范不再适应新的社会关系的需要。新

---

① 朱力宇，叶传星. 立法学（第五版）[M]. 北京：中国人民大学出版社，2023：137.

的规范也反映了立法者的思想和公民的诉求,因此应当适用新的规范。

三、我国法律位阶的效力等级

我国《立法法》规定了法律、行政法规、地方性法规、经济特区法规、规章、自治条例和单行条例的不同位阶,现有的制定法和其位阶秩序共同构成了中国特色社会主义法律体系。自《立法法》颁布实施以来,我国逐渐形成了以宪法为核心的包括法律、行政法规、地方性法规、规章在内的多层级的法律效力等级体系。

(一)宪法

《立法法》第九十八条规定:"宪法具有最高的法律效力,一切法律、行政法规、地方性法规、自治条例和单行条例、规章都不得同宪法相抵触。"

宪法是国家的根本法律,也是国家法律体系的核心。宪法与其他法律在制定程序上有极大的差别,是按照特别程序制定的,规定了国家的根本制度,是国家生活,尤其是政治生活中最根本、最重要的问题,也是国家的总章程,是其他基本法律和基本法律以外的法律的制定依据,因此具有最高权威和最高法律效力,任何法律必须符合宪法的规定,与宪法相抵触的法律都没有法律效力。

《宪法》序言和第五条规定,全国各族人民、一切国家机关和武装力量、各政党和各社会团体、各企事业组织,都必须以宪法为根本的活动准则,并且负有维护宪法尊严、保证宪法实施的职责。一切法律、行政法规和地方性法规都不得同宪法相抵触。其他规范性文件效力等级的确定,首先要看它是否符合宪法规定,违反宪法规定的,效力等级无论高低一律视为无效。

(二)法律

《立法法》第九十九条第一款规定:"法律的效力高于行政法规、地方性法规、规章。"我国目前有二百多部法律,近千部行政法规,数以万计的地方性法规和规章,这些都是我国法律体系的重要组成部分,是调整各种社会关系、实施社会管理和治理国家、社会的依据。为了解决规范性文件之间的冲突,必须明确不同的规范性文件之间的效力等级,以便于法律的适用,保证法制的统一。

在宪法、法律、行政法规、地方性法规、自治条例和单行条例、规章等组成的法律体系中,宪法是最根本的法,也是具有最高效力的法。根据宪法的规定,全国人大及其常委会是最高国家权力机关,行使国家立法权,其制定的法律效力等级也是最高的。全国人大及其常委会制定的法律是制定行政法规、地方性法规、规章的依据。因此法律的效力高于行政法规、地方性法规和规章,与法律相抵触的行政法规、地方性法规和规章无效。

(三)行政法规

《立法法》第九十九条第二款规定:“行政法规的效力高于地方性法规、规章。”

国务院是最高国家行政机关,其制定的行政法规,国务院各部门和地方政府必须贯彻落实,这也是制定规章的依据。我国是单一制国家,地方的权力不是来自人民的自治权,而是来自中央的授权,1954 年《宪法》没有规定地方人大可以制定地方性法规,地方人大就没有立法权。后考虑到我国地区性差异比较大,要充分发挥地方的积极性和主动性,1979 年《地方组织法》赋予地方人大制定地方性法规的权力。

国务院作为最高国家行政机关,向全国人大及其常委会负责并报告工作,通过制定和颁布行政法规,贯彻实施法律,执行国家最高权力机关的决定和部署。行政法规既是国务院执行权力机关决定的重要方式,也是其履行宪法职责的重要形式。

行政法规是依据宪法和法律制定的,在全国范围内实施,而地方性法规只在地方管辖的行政区域内有效,我国是单一制国家,地方权力来源于中央,因此行政法规的效力自然强于地方性法规,行政法规也是中央对地方统一领导的需要,保证了国家法制的统一,确立了中央权威。

(四)地方性法规

《立法法》第一百条第一款规定:“地方性法规的效力高于本级和下级地方政府规章。”地方性法规是地方人大及其常委会制定的规范性文件,地方人大及其常委会是地方国家权力机关,地方政府是权力机关的执行机关,由本级人大产生,对本级人大负责,受本级人大监督。地方人大及其常委会制定的地方性法规,地方政府应当贯彻实施,同时地方性法规也是地方政府制定政府规章的依据,地方性法规的效力高于地方政府规章。如果地方政府规章是依据法律、行政法规制定的,则当地方性法规和地方政府规章冲突时,要看地方性法规是否有违法或者与行政法规不一致的地方,如果有那么意味着地方性法规无效,地方政府规章有效。

(五)规章

根据《立法法》第九十一、一百、一百零三条的规定,规章可以分为部门规章和地方政府规章。部门规章是国务院各部门根据法律和国务院的行政法规、决定、命令在本部门的权限内按照规定的程序所制定的规定、办法、规则等规范性文件的总称。地方政府规章是由省、自治区、直辖市和设区的市、自治州的人民政府根据法律、行政法规、地方性法规并按照法定程序所制定的普遍适用于本地区行政管理工作的规范性文件的总称。

省、自治区人民政府规章是省、自治区人民政府按照规章制定程序制定的规范性文件,在全省、全自治区范围内产生效力。设区的市、自治州人民政府制定的规章在设区的市、自治州范围内发生效力。从效力范围上说,省、自治区政府规章的效力范围比设区的市、自治州政府规章的效力范围要广。从行政序列上讲,下级政府应当接受上级政府的领导,省、自治区政府制定的规章的效力高于本辖区内任何设区的市、自治州的政府规章的效力,符合我国行政管理体制。需要注意的是,设区的市包括经济特区所在地的市。经济特区授权制定的特区规章与设区的市制定的规章效力等级不同,授权制定的规章是对法律、行政法规的变通性规定,在经济特区范围内,有优先适用的效力。

国务院部门和直属机构都是国务院的组成部分,其法律地位是平等的,且在各级的权限范围内发挥作用。省、自治区的人民政府制定的规章的效力高于本行政区域内的设区的市、自治州的人民政府制定的规章。部门规章和地方政府规章没有高低上下效力之分。

(六)自治条例、单行条例

《立法法》第一百零一条规定:"自治条例和单行条例依法对法律、行政法规、地方性法规作变通规定的,在本自治地方适用自治条例和单行条例的规定。经济特区法规根据授权对法律、行政法规、地方性法规作变通规定的,在本经济特区适用经济特区法规的规定。"

自治条例和单行条例是民族自治地方的人民代表大会依照当地民族的政治、经济和文化特点制定的,是特殊的地方立法,它不同于一般的地方性法规,它是对法律、行政法规的变通。实践中,民族自治地方制定的单行条例是对法律、行政法规作出的变通和补充性规定,内容包括婚姻、继承、计划生育、资源开发利用等各方面。《立法法》第八十五条规定自治条例和单行条例可以依照当地民族的特点,对法律、行政法规的规定作出变通规定。因此,在民族自治地方,自治条例和单行条例有优先适用的效力。

(七)经济特区法规

经济特区法规是经济特区所在地的人大及其常委会根据全国人大的授权制定的。经济特区法规遵循宪法的规定,在不同法律和行政法规的基本原则相抵触的前提下,根据具体情况和实际需要制定,经济特区法规享有的权限大于一般的地方性法规的权限,可以对法律、行政法规进行变通性规定和适用,变通性规定和适用在经济特区范围内有优先适用的效力。

四、法律规范之间的效力冲突和解决

(一)规章之间的效力冲突和解决

规章是国务院部门或者地方政府制定的规范性文件。我国的规章包括两类,一类是部门规章,由国务院各部、各委员会、中国人民银行、审计署和具有行政管理职能的直属机构制定;另一类是地方政府规章,是由省、自治区、直辖市和设区的市、自治州的人民政府根据法律、行政法规和本省、自治区、直辖市的地方性法规制定的。规章政出多门,数量庞大,规章之间发生冲突是常有的事,因此明确不同规章之间的关系,建立规章冲突解决机制是明确规章效力的重要方法。

《立法法》第一百零二条、第一百零六条第三款规定了规章之间的效力冲突和解决。第九十一条规定,部门规章之间、部门规章和地方政府规章之间具有同等效力,它们在各自的权限范围内施行权力。第九十五条第三款规定,部门规章之间、部门规章与地方政府规章之间对同一事项规定不一致时,由国务院裁决。

首先,部门规章之间具有同等效力。国务院部门和直属机构都是国务院的组成部分,都有属于自己的管理权限范围,根据自己的管理权限制定规章,在其各自的范围内发生效力,其地位是平等的,因此也具有同等的效力。

其次,部门规章与地方政府规章之间具有同等效力。国务院部门是国务院的组成部门或者直属机构,地方政府是地方行政机关,他们之间没有行政上的领导与被领导的关系,可能具体的部门之间有业务上的指导关系,但是其制定的规章没有高低上下之分,效力等级是一样的,只有范围的不同。

最后,部门规章的规定有时会发生冲突,部门规章和地方政府规章之间调整社会关系发生重合时,也可能发生冲突。部门规章和地方政府规章之间具有同等的效力,不能明确发生冲突时优先适用哪一个规范时,应当由国务院进行裁决。因为无论是国务院部门还是地方政府,都属于行政机关,都由国务院统一领导,因此当部门规章之间、部门规章和地方政府规章之间发生冲突时,由国务院裁决最合适。

(二)地方性法规和部门规章的效力冲突和解决

《立法法》第一百零六条第二款规定:“地方性法规与部门规章之间对同一事项的规定不一致,不能确定如何适用时,由国务院提出意见,国务院认为应当适用地方性法规的,应当决定在该地方适用地方性法规的规定;认为应当适用部门规章的,应当提请全国人民代表大会常务委员会裁决。”

地方性法规是地方国家权力机关制定的,在其所辖行政区域内生效的规范性法律文件;部门规章也称部委规章,是由国务院部门制定的,在全国范围内有效。从适用的地域范围上,部门规章在全国范围内适用,但是地方性法规只能在地方适用,但是地方性法规可以作为人民法院审判案件的依据,规章只能作为审判案件的参照,因此从效力等级上说,很难确定谁的效力高。当地方性法规和部门规章在适用过程中出现冲突时，一般先由国务院提出具体的意见，国务院如果认为规章有不合法或者不合理的地方，则国务院可以改变或者撤销部门规章，此时应当适用地方性法规；当国务院决定适用地方性法规的情况下，直接适用地方性法规；国务院认为地方性法规有问题，应当适用部门规章时，则应当提请全国人大常委会作出裁决。

（三）新的一般性规定和旧的特别规定的冲突与解决

《立法法》第一百零五条规定："法律之间对同一事项的新的一般规定与旧的特别规定不一致，不能确定如何适用时，由全国人民代表大会常务委员会裁决。行政法规之间对同一事项的新的一般规定与旧的特别规定不一致，不能确定如何适用时，由国务院裁决。"

按照一般法理原则，同一机关制定的规范性文件，新法优于旧法，特别法优于一般法，但是《立法法》没有对新的一般性规定和旧的特别规定的效力优先性作出说明。根据《立法法》第一百零五条的规定，实践中，一般是由执法机关或者司法机关逐级上报至全国人大常委会，由全国人大常委会对新的一般法和旧的特别法作出裁决，全国人大常委会对新的一般法与旧的特别法的裁决，类似于对法律作出的解释，裁决从程序上讲，可以参照法律解释的程序进行。

行政法规之间对同一事项的新的一般性规定和旧的特别规定不一致的，由国务院根据立法原意进行裁决，保证法制的统一性和权威性。

（四）法律法规的溯及力问题

"法不溯及既往"既是一般法理原则，也是法治的基本要求。因此在我国无论是法律、行政法规、地方性法规、自治条例和单行条例还是规章，也无论效力等级的高低，都没有任何溯及力。但是，当新的法律规定减轻了行为的责任或者降低了行为人的义务标准时，作为新法可以溯及既往，这也是法治的基本原则和要求。需要注意的是，从轻的例外一般只适用于公法领域，对于私法领域应当主要考虑意思自治、公平平等和诚实信用原则。从旧兼从轻原则是为了更好地保护公民、法人和其他组织的权利和利益。

拓展阅读

[1]李德旺，叶必丰.地方变通立法的法律界限与冲突解决[J].社会科学，2022(03).
[2]秦小建.立法赋权、决策控制与地方治理的法治转型[J].法学，2017(06).
[3]金梦.立法性决定的界定与效力[J].中国法学，2018(03).

第十四章　立法预测、决策与规划

知识脉络图

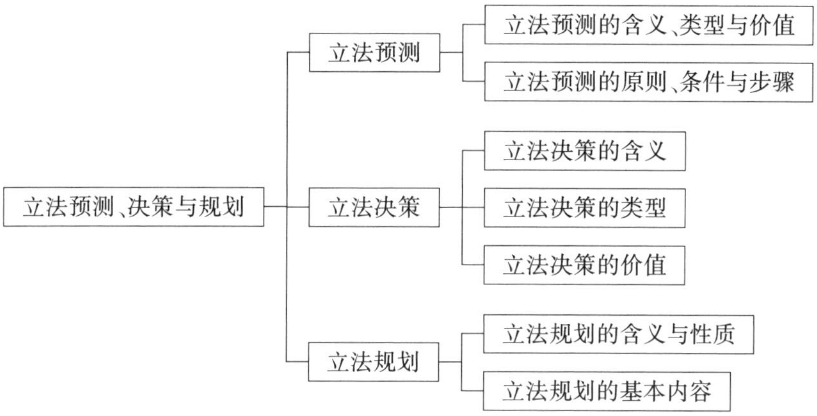

第一节　立法预测

一、立法预测的含义、类型与价值

（一）立法预测的含义

立法预测是预测主体在总结立法的历史经验与教训、评价现行法律的基础上，通过对社会发展状况以及其法律需求进行考察，对本国的立法现状、发展与未来情况所进行的分析、评价与预测。2018 年 3 月，依据中共中央发布的《深化国家机构改革方案》，成立了中央全面依法治国委员会，统筹协调依法治国工作，协调推进国家治理能力和治理体系的现代化。依法治国的前提是制度供给，是科学立法，立法预测既能够为科学立法提供前瞻性的识别和预判,也能够为立法工作的有序开展提供有效的帮助。立法预测是立法准备阶段的一项重要内容,是现在立法活动中广泛使用的一种科学方法和手段。

(二)立法预测的类型

立法预测的种类较多,可以根据不同标准作不同的划分。

根据预测时间的长短可以分为长期预测、中期预测和短期预测。一般来说,长期预测是对十年以上甚至更长时间的立法作预测。中期预测是对五年以上十年以内的立法作预测。短期预测是指对一年以上五年以内的立法作预测。

从空间上来划分,可以分为宏观预测和微观预测。宏观预测是从总体上对立法的发展前景及趋势所作的预测,主要包括对某个地方、某个部门甚至整个国家的立法原则、立法制度等发展前景和未来状况进行预测。微观预测是对某个单项立法、某个法律制度或者某个法律规范将产生的社会效果、发展趋势和未来状况进行预测。

根据立法预测的主体不同,可以分为立法机关预测和非立法机关预测。立法机关的预测是享有立法权的机关自行或者委托的组织进行预测,如国务院的立法预测。这种预测一般具有较大的权威性,能被立法机关实际所采用。非立法机关的预测是不具有立法权的组织或者个人对立法所进行的预测,这种预测更具有专业化的优势,能较为全面、客观和公正地搜集、分析有关立法的信息,因而其预测结果往往具有更高的科学性。

(三)立法预测的价值

立法预测的目的是获取有关立法的信息和资料,为立法决策、立法规划服务,为立法服务,为立法提供较为完善的方案。立法预测之所以受到重视,是因为立法预测具有以下几点重要的作用:

一是有利于实现立法的科学化。国内外立法实践表明,重视立法预测可以有效减少和防止立法工作的盲目性、随意性,增强立法的科学性。只有在综合分析有关立法信息和资料的基础上,科学合理地进行立法预测和规划才能使立法决策更加切实可行。

二是有利于立法体系和法律体系的和谐发展。通过对经济、政治、社会和文化的深刻把握,为法律的立改废提供充分的依据,使得立法体系内部、法律体系内部以及立法体系和法律体系相互之间都能和谐发展,从而充分发挥法律的作用。

三是有利于法治和社会的协调发展。法律是规范和调整社会生活和社会关系的,科学的立法预测需要对社会生活、社会关系及法律进行深入研究和把握,因此要适应时代需要,就应充分利用好立法预测等方法和技术,使得法律和社会健康和谐发展。

总之,立法预测具有多种作用,其中,根本的作用就在于为立法决策、立法规划等服务,使法律与社会协调发展,从而使法律达到其调控社会的最佳效果。

二、立法预测的条件、步骤与原则

(一)立法预测的条件

立法预测作为立法工作的准备工作,是科学性较强的活动,它需要具备多种条件。首先,从客观物质条件上来讲,立法预测以科学技术的进步为基础。现代化水平的提高,电子信息技术的应用和普及为立法预测提供了硬件和软件的支撑。大数据的发展为立法预测的科学性和准确性提供了技术保障。其次,从主观上来讲,市场经济的发展和不断完善使得社会对法学专业人才的需求不断增加,法学专业人才的增加为立法预测提供了更多的专业性的人才。专业素质高,熟悉和善于了解各方面的情况,熟练掌握立法理论、预测理论,并且有丰富的实践经验和整个社会的法治信息,因此更能够提高立法预测的科学性和有效性。最后,日臻完善的治理体系为立法预测提供了有效的组织保障。立法预测要根据社会经济、政治、文化的发展规律进行,又要运用科学的方法来开展,因而应当有各政府部门和法学教学研究部门的积极参加,形成一个立法、行政、司法和学术结合的立法预测机制。

(二)立法预测的步骤

明确立法预测的步骤,一方面可以根据立法预测项目来确定,另一方面也可以根据特定的或者专门的立法预测项目来确定,普遍来说,立法预测一般分为四步:

第一步,确立立法预测的目标。就是要明确预测什么立法项目,该立法项目在什么范围和时间内的发展趋势及未来状况,在预测的质和量方面要达到什么要求等。

第二步,搜集立法信息。主要是搜集政治、经济、文化和社会发展给立法所规范的社会关系带来的各种变化信息,包括党和国家在这方面的方针政策,相关法律法规的现状及实施状况,国内外政治、经济、文化和法治理论实践的相关情况。

第三步,分析立法信息。立法预测机构及其人员对搜集来的立法信息进行审查、分类、汇总,并加以认真、科学地分析,以便作出取舍。

第四步,提出立法预测报告。立法预测机构及其人员通过对立法预测信息进行认真分析,就可以得出初步的立法预测结论。为了提高立法预测结论的科学性,还可以进行必要的验证，在此基础上提出正式的立法预测报告。

（三）立法预测的原则

1.合宪性原则

宪法是国家的根本性法律，规定了国家性质、根本制度，任何立法性活动都不能同宪法相抵触，立法机关组织相关立法机关、其他参与机构和其他相关人员进行立法预测活动也应当遵循合宪性原则。立法预测如果不能遵循合宪性原则，所作出的立法预测必然不能为一国的国家治理和社会治理提供制度保障和支持，立法预测也就不可能发挥其应有的作用。

2.科学性原则

立法预测是在遵循社会发展规律和法律发展规律的前提下，运用科学的方法和手段，根据一国社会发展和立法需求，客观提出的预判。其预测的前提是社会发展规律和实践基础，对法律的创设、修改、废止作出科学的预判。科学的立法预测还要运用科学的技术手段，通过互联网、大数据、区块链等数字技术帮助立法者有效地搜集数据、整理法律相关资料，收集民众的意见和建议，提高立法预测的效力。

3.时效性原则

立法预测应当注重时效性，立法预测不能太过于超前，也不能因为领导人的喜好而制定落后于时代的立法，无论是太过于超前的立法还是落后于时代的立法都不可能有利于社会的发展。立法预测还应当注意实际效果，避免出现法律虚无主义，立法预测如果不注重实际效果，不但立法本身没有价值，严重时还会影响经济社会的发展进步，损害法治的权威，如果立法预测有明显违背道德和公序良俗的现象，则立法预测还会引起人民的反对，引发社会动荡。

第二节 立法决策

一、立法决策的含义

关于立法决策的概念，学者之间有不同的认识，有学者认为立法决策是主体依据其对客观需要和其所代表的利益得失的判断，及对满足这种需要与利益所必须而且可能采用的策略和手段的权衡，从而做出是否采取立法的手段和选择立法的方式的决定。[①] 也有学者认为立法决策是立法主体在自己的职权范围内就立法活动的实际问题作出某种决定的行为。[②] 由此可见，立法决策是立法活动和立法行为的有机组成部分，是立法的重要环节，其主要的特征包括，立法决策的主体一般是立法主体，立法决策的程序通常是立法程序的简要版，主要内容就是解决实际问题，结果就是作出某种决定，基本的方法就是通过调研论证进行判断。

二、立法决策的类型

1.宏观立法决策和微观立法决策

宏观立法决策是解决全局性、综合性的问题，主要由上级或者高位阶的立法主体作出，涉及的问题主要是全国性的、抽象性的问题，要考虑各方面的因素，涉及的利益群体广泛。微观立法决策是针对具体的、局部的、特定性的情况作出的，如国务院的部门针对疫情所作出的决策或者地方政府针对地方的经济发展作出的立法决策。从主体看，宏观立法决策的主体多是政治性的主体，涉及国家政治体制、大政方针，是国家立法方向性的把控的主体；微观立法决策的主体多是管理性、执行性的主体，主要是对法律、政策的执行，或者是对某一专业领域，或者某一地域的管理或具体实施政策的主体。

2.集体立法决策和个人立法决策

立法决策应当遵循党的工作原则，即应当遵循民主集中制的原则。立法过程中，领导干部一般都发挥着召集、牵头、提议和组织的作用，但是个人决策不能代替集体决策。立法过程中的集体决策是决策民主化和科学化的要求和关键。集体决策应当广泛地听取意见，进行民主协商和讨论，对立法决策能够作出最终决定的一定是集体决策而不能是领导人个人的决定。同时要正确处理好个人领导与集体决策的关系，既要保证党的领导，又要保证人民民主的程序。

3.常规性立法决策和非常规性立法决策

常规性立法决策是针对长期性、重复性问题的部署，都是针对立法过程中出现的一些常见性问题作出的决定，尤其是一些宏观的战略性问题，一般都是通过民主集中制的决策程序，经集体决策后作出的决定。但是20世纪以来，我国的经济社会发展迅速，立法过程中会面临很多突发性的状况，解决这些突发性的状况就需要非常规性的决策，不能机械地处理问题，要具体问题具体分析。常规性的立法决策和非常规性的立法决策同等重要，尤其在面临关系社会稳定、国家转型等事关前途命运的非常规

---

① 郭道晖.论立法决策[J].中外法学，1996(3)：1-8.

② 周旺生.立法学(第二版)[M].北京：法律出版社，2009：433.

性决策时,立法主体面临的考验将更加严峻。

三、立法决策的价值

首先,加强立法决策是完善法律体系的客观要求。改革开放以来,我国进行的大规模的立法活动,目的在于解决“无法可依”的问题。经过四十年的发展,到 2010 年中国特色社会主义法律体系已经形成,更多的要解决的是制度的合理性问题。这就对立法工作提出了新的更高的要求,加强立法决策工作,使立法精确对接发展所需、基层所盼、民心所向,切实提高立法的科学化、精细化水平,以良法促善治。

其次,加强立法决策是提高治理能力的客观需要。党中央关于全面推进依法治国的战略布局,对提高各级国家机关工作人员运用法治方式治理社会的能力提出了新的要求。要求运用法治思维和法治方法开展社会治理,逐步实现国家治理能力和治理体系的现代化。要对社会中遇到的问题进行论证研究,在全面摸清的情况下,明确立法目标,并通过法定程序转化为法律规范,解决实际问题。

最后,加强立法决策是依法满足人民美好生活的客观要求。加强立法决策,就是要通过对立法所要调整的社会关系进行全面的分析和研究,选择最佳方案,通过立法加以明确规范,切实增强法律规范的可执行性和可操作性,确保法律的有效性,为依法有效治理国家提供支撑和保障,从而满足人民日益增长的需要。

第三节 立法规划

一、立法规划的含义与性质

(一)立法规划的含义

立法规划是指一定的国家机关,依照一定的职权,在立法政策和原则的指导下,通过一定的方式、程序与技术,对立法及其进程进行系统安排与设计。[①] 党的十九大报告提出:“中国特色社会主义进入新时代,我国社会主要矛盾已经转化为人民日益增长的美好生活需要和不平衡不充分的发展之间的矛盾。”社会主要矛盾转化与法治中国建设关系密切,法治是解决社会主要矛盾最有效的手段,解决社会主要矛盾,必须立法先行,发挥立法的引领和推动作用。良法善治,立法规划功不可没,法学研究

---

① 李雅琴.论立法规划的性质[J].河北法学,2010(9):76-84.

应当对立法规划，特别是社会基本矛盾转化背景下的立法规划有所关注，为有效地解决社会主要矛盾贡献理论智慧。

（二）立法规划的性质

从性质上来讲，立法规划本身不具有“法”的性质。立法规划是一种特殊的指引，是将立法政策转化为法的重要方式，体现了立法政策法定化的程序，具有一定的政策性。立法规划也是正式立法程序的准备阶段，是正式立法程序的开端。立法规划需要对立法项目进行科学的规划，具有一定的技术性，因此，立法规划是政策性、技术性和程序性的结合，体现了立法政策，是具有一定的指引性和约束力的规范性文件。

（三）立法规划与相关概念的辨析

1.立法规划与立法计划

立法规划与立法计划都是立法活动的重要环节，都是立法准备的内容。立法计划通常都是年度计划，如 2022 年 7 月 5 日国务院办公厅就发布了《国务院办公厅关于印发国务院 2022 年度立法工作计划的通知》（国办发［2022］24 号），该计划有明确的立法项目及负责起草的单位，包括拟提请全国人大常委会审议的法律案 16 件；拟制定、修订的行政法规 16 件；还包括“深化国防和军队改革需要提请全国人大及其常委会审议的法律草案，以及需要制定、修订的行政法规”“政府职能转变、‘放管服’改革、‘证照分离’改革、优化营商环境等涉及的法律法规清理项目”“党中央、国务院交办的其他立法项目”等三个项目。

从立法计划来看，立法计划是立法主体每年根据经济社会和国家政治需要，在国家的总体立法规划框架内，对全年的立法工作所作出的实际的安排。立法规划对立法计划具有指导性；立法计划是贯彻立法规划的原则和要求，以及完成党中央、国务院交办的立法任务的前提。

2.立法规划与立法建议

从性质上看，立法规划具有准立法的性质，其所制定的文件具有规范性；[①]立法建议没有规范性的效力，只具有一定的参考性。从权力运行角度看，立法规划是一定的立法职权行使的过程，或者说是立法的准备阶段；而立法建议则属于权力与权利对接的过程，立法建议权不是职权，而是社会性权利，公民、法人、其他组织既可以行使立法建议的权利，也可以放弃行使立法建议的权利。从过程看，在立法规划的过程中，立法规划的主体需要听取社会各利益阶层的意见和建议，不同的主体会对立法提出不同的看法和诉求；立法建议并没有严格的程序性要求。从形式上看，立法规划必须

① 周旺生.立法学（第二版）［M］.北京：法律出版社，2009：423.

以书面的形式展现,需要有立法权的主体以规范性文件的形式,通过正式的形式向社会公开;立法建议不一定以书面的形式表达,口头形式或者其他形式也可以表达立法建议,立法建议也不需要以规范性文件的形式向社会公布。

3.立法规划与立法项目

立法项目是立法规划的核心,也是立法规划的形式之一,立法规划的研究通常以立法项目的形式体现,也是通过立法项目进行论证的。立法规划是主体在特定条件下设定工作目标的过程。从内涵看,立法规划涵盖了立法项目的概念,立法项目是立法规划的对象性活动。立法项目并非都是立法规划的内容,有些立法项目是具有参考性的项目,暂时不能纳入立法规划。在编制立法规划时,需要论证立法项目的合理性和适时性,根据立法工作的全局性安排,系统考虑各方面的因素,将切实可行、确有必要的项目列入立法规划之中。

二、立法规划的基本内容

从立法规划的概念和性质来看,立法规划是对成文法制定过程的系统安排,建立在对社会发展规律和立法规律深刻认识的基础上,立法规划是立法规划主体根据立法预测所获取的立法发展趋势的相关信息,通过一定的方式和程序,对立法进程进行整体安排与设计,它主要涉及三个要素,即规划主体、规划对象和规划内容。

(一)规划主体

立法规划须由一定的国家机关或者组织制定,从各国立法规划的实践来看,规划者主要有国家权力机关、行政机关、权力机关和行政机关联合三种类型。我国的立法规划是全国人大常委会根据国民经济和社会发展趋势的要求,在自己的职权范围内,为实现任期内的预设目标,按照一定的原则和程序编制的,用以实施的立法总体部署。从编制主体看,我国的立法规划编制主体是全国人大及其常委会,行政立法、地方性立法编制的立法规划仅仅是对最高权力机关编制的立法规划的补充。全国人大法工委于2006年设立了立法规划室,专门承担立法规划和年度立法计划的起草和具体落实工作。立法规划主要是负责拟定立法规划,统筹立法工作全过程,履行规划、组织、协调、指导和服务等职能。全国人大常委会工作机构拟定立法规划,最终由全国人大常委会委员长会议通过并向社会公布。

(二)规划对象

立法规划是对未来一段时间内需要以立法的形式予以调整的社会关系进行安排,规划设计国家政治、经济、社会发展的基本制度、公民的权利等方面的内容。立法规划的对象通常是社会所亟需的、立法时机比较成熟的、有一定可行性的立法项目,对规划对象的确定，建立在对相应社会关系的深刻把握和科学预测的基础上，规划对象不仅仅在于制定新法，也包括对已有法律法规的修订、补充，同时包括对现有法律的清理，以及相应的法的废止，立法规划并非规划对象的简单罗列，而是对法律体系内在逻辑完整性的梳理。

(三)规划内容

科学的立法预测是立法规划的前提，如何对立法进行规划，以有效防止立法规划的不确定性和盲目性是规划内容的研究范围。经过多年的实践，全国人大常委会将立法项目分为三大类：一类是条件比较成熟，任期内可以提请审议的草案；一类是尚在准备，等待条件成熟时提请审议的法律草案；一类是立法条件尚不完全具备，需要继续研究的立法项目。

拓展阅读

[1]陈方政，孙凯茵.立法预测中的大数据应用[J].中共青岛市委党校.青岛行政学院学报，2019(03).

[2]于兆波，刘银平.风险社会视角下的立法决策观念转变——以权力和权利为中心展开[J].地方立法研究，2017(01).

[3]刘松山.立法规划之淡化与反思[J].政治与法律，2014(12).

第十五章 立法评估、法律清理与编纂

知识脉络图

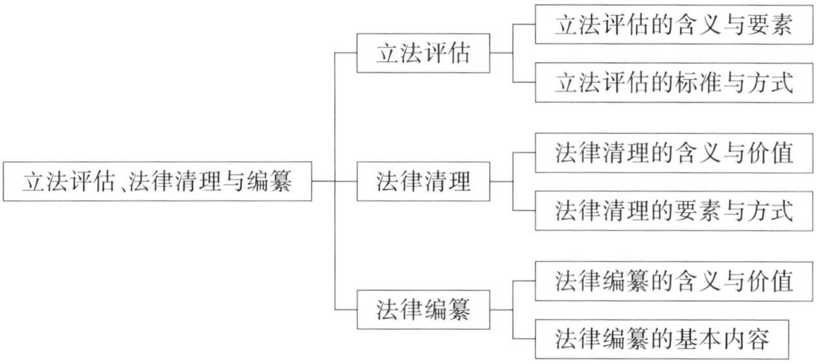

第一节 立法评估

一、立法评估的含义与要素

（一）立法评估的含义

评估，一般而言是指依据某一具体的标准，对某一系统进行判断，判断该系统内部诸要素之间的结构与功能，和相互之间的运行关系；以及判断该系统和与之相关的外部要素之间，相互影响、相互制约的关系；并且要根据系统本身输出所产生的影响和预期目标之间的差距，对系统进行反馈的过程。由此可知，立法评估是按照一定的标准和方法，由特定的评估主体，对立法活动实现其宗旨、目标的一种评价分析。党的十八届三中全会在《中共中央关于全面深化改革若干重大问题的决定》中明确提出，要完善人大工作机制，通过座谈、听证、评估、公布法律草案等扩大公民有序参与立法途径。全国人大常委会从1993年编制立法计划开始，在确立立法项目时就运用了评估的方法，对立法项目的必要性、可行性、立法时机和其他条件等进行评估。立法评估依照时间标准又可分为立法前评估、立法中评估和立法后评估。三种评估既是对立法评估的细化，也是对立法评估过程的阶段化细分，构成了立法评估完整的逻辑框架。

（二）立法评估的要素

首先，评估的对象是立法文件。立法文件既包括法律、行政法规、单行条例和自治条例，也包括行政规章、地方政府规章等规范性文件和其他规范性文件。立法评估的概念源于西方，但是依照我国当下的国情来讲，我国的立法数量增长迅速，但是质量尚有较大的提高空间，因此，我国的立法评估不仅仅针对规章和法规进行评估，而是针对所有的立法文件进行评估。

其次，评估的主体是依照法律规定有权对立法文件草案、立法文件和评估报告进行评估的主体。从实践经验来看，立法文件草案的起草机构、制定机构是立法评估的主体，在起草机构或者制定机构向审查机构提交草案、终稿和评估报告之前，应当先进行自我评估，以提高立法文件评估的效率。除此之外，还应当引入第三方评估机构进行评估。

再次，从评估的内容来讲，评估的是立法文件可能或者已经对经济社会产生的潜在的或者实际的影响。立法评估除了评估规章的合法性、合理性、可行性，为了保障立法文件本身的科学性，还应当依照确定的标准，应用科学的方法，如成本收益分析法，对立法文件所产生的影响进行评估。

最后，评估应当有明确的标准、科学的方法和详细的程序。标准应当是明确的、可行的、科学的，只有这样，才能保证评估的科学性和理性化。在评估过程中，能够量化的概念和数据，尽量做到精准地量化，对不能量化的概念或者数据要进行有效的定性分析，为决策提供依据。程序应当详尽完备，才能将其落实到具体的评估工作中。

二、立法评估的标准与方式

（一）立法评估的标准

立法评估的标准是立法评估工作的起点，也是立法评估顺利推进的基本前提。[①] 立法评估标准设置的科学性会影响立法评估的权威性和客观性。

---

① 史建三.地方立法后评估的理论与实践[M].北京：法律出版社，2012：84.

1.合法性标准

合法性标准是立法评估的首要标准。首先,立法的主体和权限应当是《宪法》《立法法》规定的享有立法权的主体,同时享有立法权的主体应当在法定的权限内行使立法权,超越法定权限行使立法权视为无效。其次,内容必须符合法律的规定,法律规定法规规章不能为公权力机关赋予权力;不能为公民、法人和其他组织设定义务。最后程序应当合法,即立法必须符合法定程序,否则视为无效。

2.实效性标准

实效性标准是比例原则的要求。实效性标准是判断立法方案是否是最优方案的必要标准。[①] 现有的法律规范和制度不能解决现有的问题,或者解决问题的成本比较高,通过立法评估可以寻求更优的解决方法。立法前的实效性评估是评估立法可能产生的效果,主要评估其合法性和科学性,立法后的实效性评估主要评估立法的实际效果和对社会产生的影响。

3.规范性标准

规范的体系结构是一部法律系统、完整、全面的表述立法者的意志,正确反映社会关系的前提。[②]立法活动本身是专业性和技术性的活动,不但要求立法本身有严谨的逻辑结构,对立法的体系结构和语言表达也有严格的要求。因此在立法评估时,法律文本前后的逻辑是否严密,条款内容逻辑是否严谨,以及法律体系的结构安排是否规范,法律文本本身层次是否分明,语言表述是否准确恰当等都是规范性的标准。

(二)立法评估的方式

评估方式就是通过立法评估过程发挥作用的。这一个过程的基础是评估的调研信息和数据,因此作为底层技术的评估调研方式应该更加受到重视。一般而言,立法评估的调研方式可以采取专家评议、问卷调查、现场调研、个案访谈、召开公众代表座谈会、立法专题研讨会和网络民意征集等多种评估方式。其中,评估调研对象是影响评估信息有效性和评估结果客观公正性的重要因素之一,因此立法评估调研过程中必须重视“利益相关者”和扩大公众参与评估,一般来说,立法评估中的利益相关者主要是与法律法规实施具有密切关联的利益群体,只有将评估对象所涉及的不同利益相关者都纳入评估调研信息的采集范围,才能使评估主体获得更为多元的、真实客观的、公正的评估信息,进而最大限度保证评估结果的科学性、可靠性和全面性。此外,扩大公众参与的重点不是扩大公众参与的规模,而是拓宽公众参与的渠道以及公众

---

①② 石佑启,朱最新.地方立法学[M].广州:广东教育出版社,2015:234、237.

代表的范围。虽然一些立法评估的工作方式采用了网上征集意见或者网上问卷的调查方式,但是从实际效果来看,纯粹的线上方法效果很难控制,因此传统的线下的方式不能轻易废除,特别是对个案进行实地访谈的方式。立法评估的方式还应当紧跟信息化的发展趋势,及时采用信息系统完善评估流程和手段,特别是大数据时代背景下,立法评估必须注重采用信息化的模式。

第二节　法律清理

一、法律清理的含义与价值

(一)法律清理的含义

一般认为,法律清理是指国家机关在其职权范围内,按照一定的方法,对一定范围内的规范性文件进行审查,确定它们是否继续使用或者是否需要变动(修改、补充或者废止)的专门活动。

(二)法律清理的价值

法律清理可以将不适应当前经济社会发展要求的法律法规和行政立法进行修改、废止和保留,以保证法律法规和行政立法的协调和统一,同时能够提高立法质量,有效促进法律的实施和遵守,具体来说,具有如下重要价值:

第一,法制统一的需要。法律清理的主要制度功能是维护法制的统一。随着经济社会的发展和全面深化改革的推进,许多法律法规和行政立法已经不能适应改革和发展的要求,同时因为上位法的立改废,与上位法相冲突的下位法也需要进一步地修改、补充和废止,以保证我国法律法规和行政立法的统一性和协调性。

第二,法治与社会协调发展的需要。通过对与社会发展不相符、不协调的法律法规和行政立法进行清理,能够有效地推动经济社会的发展。法律作为社会关系的调整器,对社会经济的发展起到十分重要的作用,通常来讲,法律的经济功能主要是确认经济关系、调整经济关系,因此法律法规的及时更新能够有效地促进经济关系的调整和稳定。此外,法律法规的及时更新能够有效地应对新型的违法犯罪行为,及时化解各种矛盾纠纷,对我国经济发展起到保驾护航的作用。

第三,提高法律实效的需要。通过制定主体对法律法规的清理,法律法规的整体质量将会得到提升。通过对法律法规和行政立法的清理，使其保持一致性和协调性，能够促进立法方式和治理能力的提升，为经济社会的发展提供有效的法律保障，对于法律法规和行政立法之间的不协调、相冲突等问题的全面解决，也能够维护法律在实践中的严肃性。同时对法律进行清理，也有利于法律的有效实施和遵守，对全面推进依法行政和法治政府建设也起到了推进作用。

二、法律清理的要素与方式

（一）法律清理的要素

从法律清理的概念和现有的法律规定来看，法律清理从性质上来讲属于立法活动，因此法律清理也应当按照立法的相关程序进行，不同的是法律清理的过程是对现有法律进行变动的过程，是一个从有到无、从有效到无效的过程，与一般立法程序不太一样，主要包括：法律清理的主体、清理的对象、清理的标准、清理的程序和原因等。

一是法律清理的主体。一般而言是立法机关进行清理，但是行政立法的清理主体应当是行政立法的制定主体。例如，国家立法一般应当由全国人大常委会进行清理，地方性法规一般应当由地方人大常委会进行清理；行政法规、地方政府规章、行政规章应当根据各自制定主体的不同由不同的机关进行清理。由于立法的复杂性，对某一领域的立法进行清理的过程往往是牵一发而动全身，因此在进行立法清理时需要像立法那样，广泛地征求意见和进行公众参与。

二是法律清理的对象。立法清理的对象包括法律、法规和行政立法，规范性文件不作为立法清理的对象。法律清理主体对某一范围及时间内的法律法规和行政立法进行清理，而不是对所有的规范性文件进行清理。由此可见，法律清理的主体只能在其职权范围内根据实际情况对法律法规或者行政立法进行清理，若清理主体超越了职权范围，其清理过程必然是混乱的，也会导致法律法规或者行政立法的无序性。

三是法律清理的标准。立法主体在进行立法清理的过程中，必须按照一定的标准进行，尤其是地方性法规和政府规章的清理标准，其依据应当是法定的，清理主体的权限也是法定的。法律清理的标准能够为法律清理主体在法律清理工作中提供指引，是立法工作和法律清理工作有序高效运行的基本保证。但是我国对于清理标准尚无成熟的研究，从全国的实践经验来看，法律清理的标准应当包括合法性、合理性、可操作性和协调性等内容。

四是法律清理的程序。法律清理的程序应当有严格的法律规定。从法律清理程序的整体来看,一般应当先由清理机关提出清理方案,由权力机关或者清理机关的法律部门对清理方案进行审议,然后进行清理工作,最后由法律清理机关或者机构公布清理结果,法律清理主体若发现下位法与上位法相冲突,或者法律法规与国家政策规定相冲突等自身不能决定的事项,应当报上级立法机关或者有关机关决定,也可以报政府部门的法制机构,由法制机构提出意见和建议后报上级机关或有关机关决定。此外,在法律清理的实践中,政府规章需要清理的应当由政府统一颁发命令,统一进行清理,这样既能够保证清理的效率,又能够保证协调性。

(二)法律清理的方式

法律清理的方式主要包括集中清理、定期清理以及专项清理三种。

1.集中清理

集中清理是对较多或者一定立法主体在较长时间内所立的法进行清理。集中清理主要发生在历史转折时期,如对国民政府时期"六法全书"的清理;或在新的历史时期需要法治转型促进社会发展时期,如十八大以后,我国进入新时代,党中央国务院就集中清理了诸多的行政许可事项,切实做到简政放权,推动国家法治化进程;以及社会快速发展时期,法律不适应社会发展时也会进行集中清理,如改革开放以后,国家集中清理了计划经济时代的法律。

2.定期清理

定期清理的目的在于及时协调法律与法律、法律与社会发展的关系,美国的《削减文书法》目的就在于定期清理和及时清理与社会发展不相适应或者与其他法律有矛盾的法律。定期清理一般由专门的机构和人员进行,并将清理计划列入立法工作的日程。

3.专项清理

专项清理是由享有立法职权的部门或者授权的专门机关进行的。我国主要是由全国人大常委会或者国务院临时成立的清理小组进行。临时清理小组主要是对法律法规进行调查,明确需要废止、修改、补充的地方,由立法主体进行审查批准。原则上,谁立法谁清理,清理主体不能清理其职权范围以外或者未经调查的法律法规,除非经过特别授权。

第三节 法律编纂

一、法律编纂的含义与价值

（一）法律编纂的含义

随着我国民法典的颁布实施，我国的法典编纂从理论研究走向了实践操作，为后续诸多部门法法典化积累了经验。在民法典编纂之前，我国的法律编纂工作基本上是一片空白，刑法和合同法的编纂是为数不多的两次将几部法律和全国人大的决定（单行规定）进行统一编纂的立法性活动，但是这两次法律的编纂与这次民法典的编纂有较大的差别。改革开放以来，我国法典编纂制度发展缓慢，法律编纂一直处于缺位状态。1990年，国务院制定并实施的《法规汇编编辑出版管理规定》是规范官方和非官方法律汇编的行政法规，目前为止仍然是有效的状态，该法规已经运行了近三十年的时间，从未修改过，实施效果可想而知。该法规中对于法律汇编、法律编纂、法律法规汇总等概念的界定并不清楚，也未对越权汇编、纰漏汇编等问题规定处理措施。因此，要研究法律编纂相关制度，应当先将相关概念进行区分，与法律编纂相类似的概念主要有法典编纂、法律汇编和法律清理等概念。

一般来说，法律编纂是指对属于某一部门的全部现行规范性文件进行内部加工整理而使之成为一部系统化法律文件的活动。法典编纂是指享有立法权的国家机关对现存的同一部门或者同一类的规范性文件进行修改、补充，编制成新的、系统化的规范性文件的活动。从性质上来说，法律编纂和法典编纂是一项立法活动。很多时候，法律编纂也称法典编纂。而法律汇编是按照一定的标准，对现行规范性法律文件作出系统排列，汇编成册。法律汇编不是立法活动，不改变规范性文件的内容，只是对现行规范性法律文件进行形式整理。法律清理则是由立法机关通过对现行的法律进行系统化的筛选，以及进行对应的修改、废止等立法性活动。

（二）法律编纂的价值

首先，法律编纂是现实的需要。传统观念认为，法律作为治国的重器，自然应当追求数量上的丰富、调整范围上的广度和条文上的精细度等目标，我国处于中国特色社会主义事业建设的关键时期，因此我国现行法律法规数量庞大，条文之间的冲突现象屡见不鲜,归根到底在于缺乏系统化、条理化的整理和疏导。进行法律编纂制度的研究,应当以法律的实施效果以及经济社会发展的需求为主导,而不能追求法律的大而全。从民法典的编纂来看,我国采用的是汇编式和重述式法典,这种法典比较适合我国的现实情况,因为不需要大规模地创制新的法律规范,而是对现有的法律体系进行整理,消除彼此之间的冲突。

其次,法律编纂是简化法律、减少法律冲突的需要。法律编纂可以破除现存法律的复杂和浩繁。法律编纂的过程,是保留一部分法律规范、删除一部分法律规范、补充一部分法律规范的过程,可以减少法律中冲突的部分。此外,随着时代的发展和国情的变化,可能会发现某些法律部分条文的疏漏和空白,通过法律编纂因势利导,增加更为适合时代需要的新内容,亦能增强法律的有效性和全面性。

最后,法律编纂是降低法律立改废成本的需要。法律编纂可以大幅减少法律在创设、修改和废止过程中所耗的成本。法律创设、修改和废止过程中出现的种种浪费立法资源的现象,都可以通过法律编纂制度予以缓解。立法机关制定新的法律时,必然要参考和引用该法律部门中所有的现行法,要做参考资料和对照表,以及法律检索和排列等大量工作。法律编纂也将大大降低立法成本,新的法律条文可以根据法典各编的分布直接添加。法典本身可直接对法典相应的条文进行修改,这样既简洁明了,又便于下级机关和公民理解修法的目的,自觉执法或者守法。

二、法律编纂的基本内容

一是法律编纂的主体。法律编纂作为创制性立法活动,必须由享有立法权的机关进行。各机关制定法律规范的效力层级、适用范围、制定程序和制定标准都有差异,这些在《立法法》中都有明文规定。法律编纂目前虽然缺乏法律依据,但是根据一般法理,并参照《立法法》的相关规定,可以在一定范围内进行编纂活动。全国人大及其常委会、国务院及其组成部门,都有天然且必要的法律编纂权力。应当就民众关切的热点问题,如环保、信息安全等问题,提炼不同法律的共性,进而进行法律编纂。

二是法律编纂的程序。与立法活动相类似,法律编纂的程序包括列入编纂计划、开展编纂工作、提出编纂草案、人大审议、草案表决程序及最后正式公布。法律编纂计划由权力机关决定,决定立项时要征求各方意见,立项后应及时向社会公布并上报权力机关备案。正式编纂工作完成后,草案的提出主体向该级人大常委会提出审议要求,并作为提案人在审议时进行说明和解释。编纂草案由人大或者常委会进行审议,基本流程等同于法律审议的程序。然后进行表决,与一般立法议案相同,过半数通过。最后由不同的主体进行公布。

三是法律编纂的范围。法律编纂的范围应尽可能广泛且具有针对性。实行法律法规编纂是践行依法治国基本方略、丰富中国特色社会主义法律体系的必然要求。从中央层面来看，法律、行政法规和部门规章都应当纳入编纂范围。中央层面的编纂对全国来讲都具有引领作用，是执法、司法、守法和地方法律编纂的范本和效力来源。地方层面的编纂是对法律和行政法规的进一步细化，使其更加符合地方特色和法治实践。这既可以减少法律法规之间的冲突，也可以使其更显条理化和系统化，又可以为中央的编纂提供参考。

四是法律编纂技术。法律编纂技术包括如何对本属于不同领域的法律条文进行编排和编号、如何提取统领整个法典的一般性规定作为总则、如何简化援引等一系列的具体问题。结合我国的国情和我国法治建设的实践经验，我国法典编纂应当对基础性和原则性的概念予以明确，并将其规定在总则编中，在各分编内，同样应该提取出该编内相对原则和一般性的条款，便于对具体条款进行规定时进行援引。

拓展阅读

[1]冯玉军.中国法律规范体系与立法效果评估[J].中国社会科学,2017(12).
[2]莫纪宏.法律清理的合宪性审查[J].中国宪法年刊,2010(00).
[3]何勤华,周小凡.我国民法典编纂与德国法律文明的借鉴——中国继受1900年《德国民法典》120年考略[J].法学,2020(05).

第三编

立法技术

第十六章　立法技术概述

知识脉络图

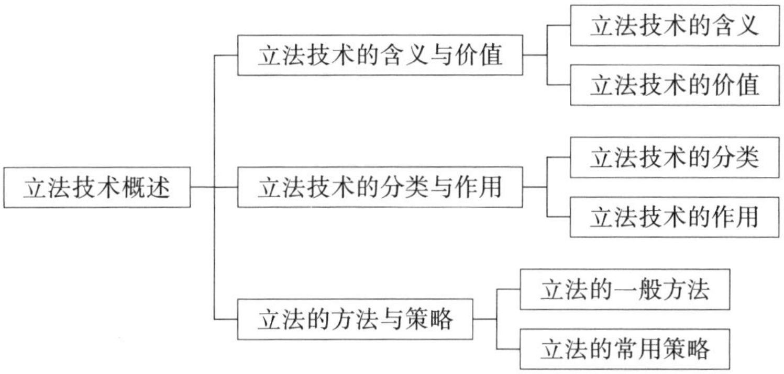

在我国,立法技术并不是一个立法用语和法律概念,而是学理概念。学界对其看法多样,论说较多。为了使立法活动科学、有效,人们对立法活动中相关的方法和技巧进行总结和反思以后,所形成的一般化的理性认识,就是对立法技术的一般理解。为了更好地对立法技术加以说明,本书主要从立法技术的概念、方法和策略等方面来进行阐释。

第一节　立法技术的含义与价值

一、立法技术的含义

(一)技术的含义

技术一词源于自然科学,随着社会的发展,其外延亦不断扩展。按《现代汉语词典》的解释,技术是人类在认识自然和利用自然的过程中积累起来并在生产劳动中体现出来的经验和知识也泛指其它操作方面的技巧①。广义的技术至少包括三个方面的内容:①生产技术;②建立并规定社会关系和组织关系的组织技术或社会技术,如法律等;③精神技术,在专门的科学部门,在哲学、语言和艺术创作中会用到这些技术……②法国思想家丹尼·狄德罗主编的《百科全书》曾给技术下了一个概括地说,技术定义:"技术是为某一目的共同协作组成的各种方法、手段和规则体系。"布莱恩·阿瑟在《技术的本质》一书中,也认为技术是实现某一目的的手段。③ 以上研究和工具书中对技术的简要说明,基本上指出了现代技术的主要特点,即目的性、社会性、多元性。概括地说,技术是人为了达到目的而在客观规律的无数可能性中所作出的创造性选择。

(二)立法技术的含义

囿于对技术认知的复杂性,就立法技术而言,国内外学者对其含义的论述众说纷纭,观点五花八门,阐释视角也各不同。

从立法技术的内涵而言,最典型的四种通说为"活动说""过程说""规则、细则说"和"方法技巧说"。简而言之,"活动说"将立法技术视作一种特殊的活动。"过程说"着眼于立法原则和法律条文的转换过程。"规则说"将立法技术定性为特定的"规则","方法技巧说"则将立法技术作为一种专门的方法和技巧来看④。本书倾向于"方法技巧说",正如我国立法学专家吴大英将立法技术界定为"在立法工作的实践过程中所形成的方法、技巧的总和"。亦如我国台湾地区学者罗传贤将立法技术定义为"应用法学原理,依照一定的体例、遵循一定的格式,运用妥当的词语,以显现立法目的,并使立法原则或国家政策转换为具体法规条文的技巧"。简言之,所谓立法技术就是达成立法目的之手段与技巧。⑤

从立法技术的外延而言,有"广义说""中义说"和"狭义说"三种学说。一般认为,所谓广义的立法技术,是指"同立法活动有关的一切规则",包括规定立法机关组织形式的规则、规定立法程序的规则和关于立法文件的表述和系统化规则等。⑥ 狭义上的立法技术仅指立法文件的表述和系统化规则,⑦也有学者表述为"仅指法在起

---

① 《现代汉语词典》(第7版)[M].北京:商务印书馆,2016:617.

② 许良.技术哲学[M].上海:复旦大学出版社,2004:47.

③ [美]布莱恩·阿瑟.技术的本质[M].曹东溟,王健,译.杭州:浙江人民出版社,2018:49.

④ 详见徐向华.立法学教程[M].上海:上海交通大学出版社,2011:286-287.

⑤ 罗传贤.立法程序与技术[M].台北:五南图书出版股份有限公司,2018:31.

⑥ 吴大英,任允正.比较立法学[M].北京:法律出版社,1985:207.

⑦ 张善恭,徐向华.立法学原理[M].上海:上海社会科学院出版社,1991:204.

草、制作、修改、废止以及文体选择和系统化过程中的技术内容”[①]。“中义说”则介于二者之间,认为立法技术既不仅仅指法的表述技术,也并不涵盖所有与技术有关的问题。典型代表为我国台湾地区法学家陈顾远先生。其认为:“立法技术云者,乃出于立法工作上的一种技巧,而用来实现立法使命之方法,增加条文效用之手段”,“在形式用语的格调之选择,次序之排列,字句之推敲,自可称之为立法技术。但在实质上,立法技术之运用,并不以此为限……”[②]

本书倾向于从中义角度对立法技术进行阐释。具体来说,有以下几点需要强调:

第一,对于立法技术的理解,主张既要从理论角度进行理解,又要兼顾立法实践需要,是理论与实践的有机结合。

第二,立法技术不是一种活动或过程,而是人们在立法实践和立法研究中所形成的一种智力成果。

第三,立法活动非常复杂,立法过程包括法案起草、修改到最后公布等很多环节,每一步都会涉及技术问题。但是,在这众多环节中,法的起草和构造无疑是基础和核心环节。如果没有专业精准的立法语言表达和运用能力,要制定一部良法,是不可能的,立法者或起草者在立法文本的生产环节要扮演好设计师和建筑师的双重角色。既要有精湛的设计技术,又要有高超的表达技术。

综合来看,立法技术是指在立法活动中所遵循的用以促使立法臻于科学化的方法和技巧的总称。本书赞成把立法技术界定为主要用于立法文本构建环节,专指立法文本生产和制作过程中立法者和立法文本起草者构思并表达立法政策、立法目的、立法原则及立法规则等所具备的方法和技巧。立法技术包括立法设计技术和立法表达技术。[③] 总而言之,立法技术,是关于立法操作之手艺的观念化形态,是一种智力成果,是一项实体性准则,带有非常强的创造性、社会性和目的性。其作用就在于使立法能正确调整社会关系,实现科学化的目标。在这个意义上,立法技术对于立法质量的提高,对于立法能够科学、准确、有效反映立法意愿,保证法治系统的运行,满足国家对立法的期待,均具有至关重要的价值。

二、立法技术的价值

结合台湾地区著名法学家陈顾远的观点,本教材认为立法技术的价值可从以下几点把握:

---

① 孙敢,侯淑雯.立法学教程[M].北京:中国政法大学出版社,2000:208.

② 陈顾远.立法要旨[M].1942:56.转引自曹叠云.立法技术[M].北京:中国民主法制出版社,1993:30.

③ 孙潮.立法技术学[M].杭州:浙江人民出版社,1993:25-62.

（一）实现立法使命之方法

整体上看，立法的使命是要实现法治。良好的法律是法治的基本前提，高水平的立法是高质量的执法、司法和守法的先决条件。而高水平的立法需要高水平的立法技术。从单个法律来看，立法使命，可以简单理解为立法目的，每一部法律都有自己的使命。立法目的一般位于法律文本的开头，通常都出现在第一条。现行《中华人民共和国刑法》第一条就表明了立法目的，即“为了惩罚犯罪，保护人民，根据宪法，结合我国同犯罪作斗争的具体经验及实际情况，制定本法。”实现这样的立法目的，必须运用高超的立法技术，否则可能会偏离立法目的。从立法决策和设计上看，就需要对《刑法》的任务、基本原则和适用范围以及犯罪和刑罚作出具体明确而又科学合理的规定，进而来保障和促进“惩罚犯罪，保护人民”这一刑法存在的应有之义和目标的实现。

（二）增加条文效用之手段

效用就是效果和作用，任何一部立法都是要通过具体条文的形式来告知人们，什么是可以做的，什么是不可以做的，哪些行为是合法的，哪些行为是违法的，要想发挥出清晰的明示作用，必须要有高超的立法技术，换句话说，作为法律基本构成单位的法律条文，其含义必须清楚，才可能发挥出应有的作用，达到法律效果和社会效果的统一。以《香港特别行政区维护国家安全法》为例，该法在第三章对罪行和处罚进行了明确、清晰的规定，使得对于危害国家安全行为的制裁有法可依，该法实施以来，警方的执法行动，充分展现了制定、实施香港国安法的重大现实意义，实现了法律效果和社会效果的统一。

（三）立法体例格调之选择

如同写论文时我们要设计和安排好论文的结构，明确论文要分几章、几个部分，各部分之间是什么关系。立法也同样需要在体例安排上三思而后行，以我国《民法典》为例，在这部总共有 1260 条的法律中，人格权编无疑受到最多关注。在《民法典》起草过程中，对人格权如何规定，是单独设编，还是在民法总则编的“自然人”一章加以规定，学界对此一直存在争论。随着社会的不断发展，侵犯人格权案件日益增多，不仅出现了一些危害人体健康、违背伦理道德的医学研究等活动，而且随着互联网、大数据等科学技术的进步和发展，通过网络侵犯他人信息及隐私等现象不断泛滥，不仅污染了网络空间，也使他人人格权受到了严重侵害。司法审判在实践中亦面临着巨大的考验这一系列问题亟待解决。因此，《民法典》将人格权独立成编意义重大，是与时俱进之举，紧跟了时代步伐，体现了时代精神。既落实了宪法上的人格尊严条款、满足了司法实践的需要，也弥补了以往传统大陆法系国家民法仅在分则中规定了财产权和身份权，没有规定人格权的“重物轻人”的体系缺陷。

(四)立法条目次序之排列

安排好论文的架构，接下来每一部分先写什么？后写什么？这些都是需要经过认真构思的。立法也是如此，例如，《民法典》为例说明，在确定人格权独立成编后，要把什么内容规定在其中呢？《民法典》中的人格权编包含“一般规定”“生命权、身体权和健康权”“姓名权和名称权”“肖像权”“名誉权和荣誉权”“隐私权和个人信息保护”六章。很明显基于法益的位阶，把生命权、身体权和健康权放在了第一位。

(五)立法用语字句之推敲

体例和结构都设计好了以后，骨架基本完成，剩下的任务就是落实文字。归根结底，立法是用文字说话，文字是语言的载体，立法主体正是通过语言的操作来划定权利与义务的界限，从而宣告和推行国家意志。立法语言是传达国家意志、表达具体立法目的的载体。因为语言的含义有不确定性，导致立法条文的含义经常会有歧义产生，进而需要解释，因此，立法时需要仔细推敲，减少歧义和漏洞的产生。如果立法文本中的用语无法解释，或者本身就是语义含混、前后矛盾，这种立法将无法充分保护其应当保护的利益，也无法有效制裁其应当制裁的行为。例如，我国法律法规中有关工资、劳动报酬、薪资等表述就混乱不一，有失严谨。

第二节　立法技术的分类与作用

分类可以更好地认识事物，学者们在以往对立法技术进行研究时，根据不同的标准对立法技术进行了不同的分类。比较常见的分类有如下几种：

一、立法技术的分类

(一)宏观立法技术、中观立法技术和微观立法技术

根据立法技术的着眼点不同，可以将立法技术分为宏观立法技术、中观立法技术和微观立法技术。

宏观立法技术，一般被认为是立法的一般方法或原则。主要是从宏观上对立法

进行构思,涉及立法预测、立法决策、立法规划以及法的清理和完善等方面。在这些活动中要遵循一定的方法或原则。例如,从实际出发与加强理论指导相结合,原则性与灵活性相结合,稳定性与适应性相结合等。

中观立法技术,比宏观立法技术要具体一些,是对宏观立法技术的具体落实。例如,选择立法时机,区分立法的轻重缓急,并安排顺序,处理立法活动过程中所涉及的相关方面之间的关系,如何进行调查研究,如何进行立法决策,如何有效推动和促成法案的通过等。

微观立法技术,是指立法活动过程中运用的具体的操作技巧和方法,主要是指立法者在法律文本的构造和表达两方面所形成的操作技巧和方法。例如,如何处理法的外部结构、内容结构、法律语言的表达以及法律规范用语和法律条文的具体设计等。

(二)纵向立法技术和横向立法技术

根据立法技术观察的切面不同,可以分为纵向立法技术和横向立法技术。

纵向立法技术,是指将立法看作一个过程时,在不同立法阶段即不同步骤上所需要运用的立法技术。内容主要包括:①立法准备阶段,主要涉及立法预测技术、立法规划技术、立法创立技术、立法决策技术、组织法案起草技术等;②由法案到法阶段,主要涉及提案技术、审议技术、表决技术和公布技术等;③立法完善阶段,主要涉及立法解释技术,法的修改、补充和废止,法的整理与汇编以及法典编纂技术等。

横向立法技术,是从平面的角度观察立法活动所遵循的方法和技巧。内容主要有:①立法的一般方法;②法的体系的构造;③法的形式的设定;④法的结构构造;⑤法的语言表达等。

(三)单一立法技术和综合立法技术

根据立法技术涉及面的程度不同可以分为单一立法技术和综合立法技术。

单一立法技术,是指在立法活动中技术手段的使用较为单一化和专门化,如立法的构造技术,仅涉及立法的整体结构问题,不涉及复杂的社会关系。

综合立法技术,是指在立法活动中技术手段的运用涉及范围比较广泛,需要采取多种技术手段才能完成立法任务的技术,如立法预测、立法规划、立法决策技术等。

二、立法技术的作用

根据立法活动所涉阶段和环节不同,立法技术的作用主要体现在以下几个方面:

第一,在立法准备阶段,良好地运用立法技术,能够帮助立法主体把握好立法时机，适时而正确地作出立法决策或领会立法决策，科学而有成效地作好立法预测、立法规划和法案准备工作，正确地把握和运用有关立法基本原则，协调好立法项目的关系，协调好所立之法与现行有关政策、法律法规的关系，协调好立法与党、行政、司法以及各相关立法主体之间的关系，正确地解决各种重大问题，科学地选择法的形式、安排法的结构、组织法的语言，正确而有效地体现决策意图和立法目的。

第二，在正式立法阶段，也就是将法案提交立法主体审议、表决、争取通过并获法的公布阶段，重视和运用立法技术，有助于有的放矢、高屋建瓴地对法案加以说明，弄清各方对法案的看法和态度，有针对性、有成效地开展疏导工作，恰当地坚持原则和适当地作出妥协、让步，化解激烈的争论或矛盾，吸收各方面有益的意见，使法案获得尽可能多的人的理解、支持，争取使法案便于获得通过而成为法律或法规，并为该法在今后实践中得以有效实施打下基础。

第三，在立法完善阶段，重视和运用立法技术，有助于及时发现所立之法的缺点，注意立法信息反馈，适时地对所立之法进行修改、补充以及废止等相关工作并为制定有关新法准备条件，科学地进行法的整理、汇编和编纂工作，恰当地对所立之法进行必要的解释，使所立之法日臻完善，亦使整个法的体系按照社会和立法规律发展，更有效地体现执政阶级或人民的意志和利益。正如罗成典所言："立法技术之作用在议会政治的重要性，实不以技术为限，如善为运用，可以借由法律词语之立法技巧，解决政治上的重大问题，化解激烈争议，而达成圆满之结论。"①可见，立法技术在法学研究上有其重要意义。

第三节　立法的方法与策略

技术是由"技"和"术"构成，凡是能用于达到目的的均可称之为术，古人云"夫圣贤之治世也，得其术则成功，失其术则事废"。为达成目的而采取的方法、手段与策略等都属于术的范畴。立法的一般方法和策略的探讨即属于"术"的范畴，对其探讨实属必要。此外，在一般理论部分的内容当中，之所以讨论立法的一般方法，也是为了和具体化的立法技术规范加以区别。

---

①　参见罗成典.立法技术论[M].新北：文笙书局，1987.

一、立法的一般方法

(一)理论联系实际

把立法实际与法学理论相结合,把客观实际与主观能动相结合,制定出合乎实际、解决问题的法律。

在改革开放初期,邓小平同志针对我们国家立法需求快速上升的实际问题,曾说过:"现在立法的工作量很大,人力很不够,因此法律开始可以粗一点,逐步完善。有的法规地方可以先试搞,然后经过总结提高,制定全国通行的法律。修改、补充法律,成熟一条就修改、补充一条,不要等待'成套设备'。总之,有比没有好,快搞比慢搞好。"[①]这种"宜粗不宜细""成熟一个,制定一个"的指导思想为我国当时的立法活动提供了指导。但今非昔比,经过几十年的发展,立法数量大幅增加,中国特色社会主义法律体系早已确立并不断完善,党的十八届四中全会也已对科学立法作了全部署,提出了"推进立法精细化"的明确要求,这种情况下再强调快,将"好"摆在第二位,就不符合实际。强化并优化立法技术,"快"立"好"法或许才是明智之举。

立法要反映的实际是发展着的,立法既要立足于现实,又要体现事物发展的趋势,立法应有超前性。例如,2020 年 8 月 1 日起施行的《浙江省地方金融条例》,这项金融监管法规一面世,便引起全国金融圈的极大关注。浙江开全国先河,首次将"金融顾问制度"正式写入地方性法规,条文表述是"探索建立企业金融顾问制度,发挥金融顾问专业优势,为企业合理运用金融工具、优化融资结构、防范金融风险提供咨询服务"。金融顾问服务,从行业标准发布,到工作机制创新试点,再到立法,不仅开全国之先河,更打开了浙江省金融顾问制度从试点到推广的新格局。

从实际出发非常重要,但是还要注重理论指导,把二者结合起来。要强调注重以科学的法学理论特别是立法理论指导立法、强调用立法改造客观实际。以《文物保护法》为例,其第二十一条有这样的规定:"非国有不可移动文物由所有人负责修缮、保养。非国有不可移动文物有损毁危险,所有人不具备修缮能力的,当地人民政府应当给予帮助;所有人具备修缮能力而拒不依法履行修缮义务的,县级以上人民政府可以给予抢救修缮,所需费用由所有人负担。对不可移动文物进行修缮、保养、迁移,必须遵守不改变文物原状的原则。"这一规定的本意是从文物保护的实际出发的,规定要对文物进行修缮和保养虽然是为了文物安全,但是却没有用法学理论指导立法。例如,所有权理论和公益与私益应平衡的立法理念,现实中有很多不可移动文物是由私人所有的,在基于公益对非国有一方所有权人进行权利限制时,没有考虑到补偿问

① 《邓小平文选(1975—1982)》[M]:北京:人民出版社,1983:137.

题,加之,修缮要遵从不改变原状的原则,修缮费用高昂,导致实践中很多非国有不可移动文物因为私方所有人修不起、拆不得而任其毁损,间接造成了对文物的破坏。

(二)原则性和灵活性相结合

原则性与灵活性相结合是人们处理问题的一种常用方法,具体到立法活动中,就是既要坚持立法的法治化和法制的统一,又允许在一定条件下对这些原则作灵活、变通的运用。主要表现为两种情况:一是法本身包含原则性和灵活性的规定,如用"但书"句式规定例外、限制等内容。例如,《公司法》第十二条规定:"公司的经营范围由公司章程规定,并依法登记。公司可以修改公司章程,改变经营范围,但是应当办理变更登记。"其但书内容就是对公司修改公司章程、改变经营范围的限制。而《公司法》第四十一条规定:"召开股东会会议,应当于会议召开十五日前通知全体股东;但是,公司章程另有规定或者全体股东另有约定的除外。"这里的但书内容则是前段内容的例外情况。二是规定全国通行的原则条款,又允许地方或有关部门根据具体情况作出变通规定或具体规定。例如,《民法典》在第五编婚姻家庭部分中的第一千零四十七条规定:"结婚年龄,男不得早于二十二周岁,女不得早于二十周岁。"而在少数民族地区所作的对于结婚年龄的变通就体现出了灵活性。例如,西藏等地区结婚年龄为:男不得早于二十周岁,女不得早于十八周岁。需要说明的是,立法应当坚持原则性和灵活性相结合,但二者应该有主次之分,原则性是更主要的、第一位的,灵活性则是辅助性的、第二位的。

(三)稳定性与变动性相结合

美国法学家庞德在其《法律史的解释》一书的开篇就说:"法律必须稳定,但又不能静止不变。因此,所有的法律思想都力图协调稳定必要性和变化必要性这两种彼此冲突的要求。"①坚持这一方法的主要启示在于,法律一旦公布实施,就不能朝令夕改,即使需要变动,也要积极、适时完成,使得稳定性与变动性相协调。例如,以成文宪法为例,作为根本大法要保持稳定,稳定能凝聚国民精神,给其国家带来经济上的繁荣和政治上的民主。但是成文法落后于社会实际的滞后性、内容的不周延和不确定性又需要变动,以适应社会实际的变化。例如,宪法的修改就是宪法适应社会发展和对自身漏洞进行弥补的一种方法和策略,但修改又不能太频繁,否则会破坏稳定性,有些国家对宪法修改的时间就进行了限制,例如,葡萄牙 1991 年《宪法》第八十二条即规定:"宪法每隔十年修改一次。"

① [美]罗斯科·庞德.法律史解释[M].邓正来,译.北京:中国法制出版社,2002:2.

二、立法的常用策略

社会主义法律体系建立以后,在宏观层面上,以前的“宜粗不宜细”等立法策略已经不再适用,如何确定更加适用于新时期、新阶段立法工作的立法策略是一个有待研究和探讨的命题。而在微观层面上,立法策略如何更民主、更科学则是研究的重点,同时,立法过程中在信息不充分、地位不对称条件下如何采取有效的立法策略,最大限度地实现立法目的、体现立法本意则是难点。①

宏观层面的立法策略关乎今后立法工作的新动向、新路线、新方针,需要慎重选择。应与我国国情、社会主义建设需要以及法治建设现状结合起来,更加注重对现行法律的修改完善,更加关注配套法规的制定工作,根据社会发展的需求制定法律,并逐步法典化、体系化、细密化、具体化,使之更有利于社会主义法治体系的完善,更有利于社会政治、经济、文化的发展,更有利于法治中国的建设。关于微观层面的立法策略,一是要进一步巩固和改进现有的行之有效的立法策略,完善相应的体制机制,使之更科学,更民主,更能有效地提高立法质量。例如,统一审议、立法效果评估、专家立法、公众参与立法等制度的细化和完善,加强立法项目的前期评估、立法后评估,进一步提高立法质量。二是要提高立法者的立法策略意识,训练策略思维。在立法协调各方利益的过程中,提高谈判技巧和博弈能力,找准利益的平衡点,更好地体现立法本意、实现立法目的。三是要紧密注意社会各方面的发展情况,联系社会发展实际需求,及时调整、择优选取合适的立法策略。

结合立法的宏观策略与微观策略而言,有以下几个具体的问题需要探讨。

(一)关于立法的超前、滞后与同步

立法的超前、滞后和同步的问题,是近年来我国立法学研究和立法实践中谈论较多、争论较大的话题之一,这众多研究和关注的背后,反映了我国学者及实务部门对我国法制建设及经济改革发展的深度关切。

1.超前立法

关于超前立法,一般是指,在一定社会关系形成之前便预先以立法的形式对这种社会关系作出调整。它的提出有特定的社会背景,涉及法制建设与经济改革的关系问题。存在“要不要”和“能不能”的争论。

从科学角度来看,对超前立法的态度应该慎重。一方面,不能对超前立法期望过高,不能简单地把其当作立法的一项基本原则来看待。立法的主要目的,在于通过为

---

① 黄文艺.信息不充分条件下的立法策略——从信息约束角度对全国人大常委会立法政策的解读[J].中国法学,2009(6):142-155.

人们设定法定行为模式和法定后果模式来调整一定范围的社会关系。一般情况下,没有一定社会关系的存在,便没有一定立法的前提和必要性存在。[①] 另一方面,对超前立法也不能简单地直接进行全面否定,因为需要以立法来调整的社会关系既是纷繁复杂的,特别是在一国开国之初的宪政立法方面,在经济社会变革与转型时期,常需立法创新调整,便会出现超前立法。例如,《香港基本法》和《澳门基本法》就属于超前立法的典型。

问题的关键在于要把握好立法的度。对超前立法不能完全排斥不,但超前立法也不是盲目超前,是有限制和限度的,要合理前瞻,客观理性,行常规立法方法可以解决问题,就不必也不宜使用超前立法的方法是。

2.滞后立法

滞后立法和超前立法相反,主要是指立法落后于它所调整的社会关系的发展。当一种新的社会关系出现并且需要立法加以调整时,立法者行动迟滞,以至于使其所进行的立法调整未能及时适应这种社会关系的需要,甚至这种社会关系出现较长时间的实践以后才对其进行立法调整。这就是滞后立法。[②] 例如,文化社会领域立法就相对滞后,公司遍布全国数年后,却迟迟没有公司法,这便是滞后立法现象。

滞后立法也并非毫不可取。某些情况下,其甚至是一种必要的立法策略。第一,当某种社会关系已经出现且需要以立法加以调整时,由于一国或一地的整个立法还相当落后,人们对这种社会关系的立法调整不熟悉,在这种情况下,与其匆忙应对,立漏洞百出的法,不如等时机成熟,高质完成。比如,在对宗教问题尚未达成共识的情况下,就不能匆忙制定《宗教法》。这个意义上来看,所谓“成熟一个、制定一个”的策略,仍有其存在的价值。第二,当社会关系迅速发展,立法任务繁重,需要制定大量的法律法规时,由于立法者力量不足,或其他主观条件的局限,不能同时完成大量的立法工作,此时分出轻重缓急,重要立法为先,是完全必要的。

3.同步立法

同步立法,是指与所调整的社会关系同步而行的立法,是一种常规立法。当一种需要以立法形式加以调整的社会关系出现时,关于这种社会关系的立法调整的动议产生;当这种社会关系最终形成后,对这种社会关系加以调整的立法相应出台,这一过程,就是同步立法的过程。[②]

综上,相较于超前立法和滞后立法,同步立法是最应提倡的。同步立法与法治相

---

① 参见周旺生立法学(第二版)[M].北京:法律出版社,2009:400.

②②参见周旺生.立法学(第二版)[M].北京:法律出版社,2009:40)

通,没有法治便难有长久的同步立法。以同步立法为主导,以超前立法为辅助,在少数情况下也允许滞后立法在一定程度上被采用,应当是最佳选择。

(二)关于立法的协调性

立法协调就是上下左右都不能“打架”,具体说包括内部协调和外部协调两个方面。

立法内部的协调,主要有以下几方面的要求:第一,各种法之间的纵向关系要协调一致。下一位阶的立法不得与上一位阶的立法相抵触,如有抵触,即应当撤销或修改。第二,各种法之间的横向关系也要协调。首先,法的体系内部即各个部门法之间要协调一致。其次,法的内容特别是规范性内容之间要协调一致。例如,《文物保护法》中关于打击文物犯罪的规定要与刑法中的规定保持一致。再次,同类法的规定要协调一致。可以就同类问题规定基本口径或基本原则,以此避免给执法、司法和守法带来麻烦。第三,法的内部结构要协调一致。法的内部结构中最主要的是法律规范,法律规范至少应当由行为模式和法律后果两要素构成、缺一不可。第四,法的内容和形式要协调一致,如宪法内容和形式。第五,法律的内容形式和法的结构要协调一致。内容简单的法不宜采取包括编章节在内的复杂结构,如地方立法,一般用条表示就可以。

立法外部的协调,主要是指立法要与社会发展相协调,处理好立法涉及的政治、经济、文化等关系。前已论述,这里不再赘述。

(三)关于立法的可行性

立法要可行,除了要注意从实际出发,秉持原则性和灵活性相结合,稳定性和适时性相结合的原则,充分考虑主客观条件,注意立法协调,处理好立法超前、滞后和同步的关系外,还应当注意以下几点:

第一,所立之法要能为人所接受和遵守。符合人性,讲究人道,体恤人情,尊重人格,所立所禁,恰当合理。

第二,所立之法能为人所实行。法重在实施,立法时要充分顾及执法资源和成本。

第三,所立之法要与国情、地情和民情相吻合。(参见本书第四章内容)

(四)关于立法的完备性

立法的完备是立法者所追求的理想目标。立法的完备可以指整个立法的完备,也可以指整个立法过程的一个阶段的完备。这种意义上的完备,主要包括:立法体制、立法制度、立法过程、法的形式、法的体系、法典或单行法、法律规范、其他立法技术以及立法原理原则等方面的完备。

从立法策略的角度看,有几点需要注意:

第一,立法的完备不能脱离现实。在非常急迫的情况下,可以先立然后加以完善;而在正常的情况下,则应高度重视立法技术"快"立"好"法。

第二,立法完备既要有严肃、认真且耐心的态度,又要看准和把握时机,积极主动。立法的完备不是一蹴而就的,须经时间磨合,需要大量的社会实践和经验积累。

第三,分清轻重缓急,兼顾立法协调发展、立法完备的同时,先抓住重点,统筹安排。每年全国人大也有立法计划,对立法工作进行部署安排,以便统筹做好法律案审议工作,为深入推进国家各方面工作法治化提供高质量法治保障。

第四,实现立法的完备,要注意质和量的统一,不能简单追求法的数量增加,同时注意法的内容要简明扼要,清晰明了。彭真同志在谈到这一问题时曾说,现在许多国家都在讲法律泛滥成灾。它们不是法不完备,而是泛滥成灾。有些欧洲朋友劝我们要防止法律泛滥成灾。我们的法绝不能像他们那样,搞得那么繁琐。法,繁了不行。繁了,谁也记不住,叫人怎么执行?所以,法还是要简明扼要。一个要完备一些,一个要简明扼要。①

第五,实现立法的完备,要注意一个完整的法的整体是由不同层次的法的形式构成的。一部法律制定出来之后,通常还需要制定实施细则等来进行具体细化。例如,《食品安全法》《食品安全法实施条例》《道路交通安全法》及《道路交通安全法实施条例》等。

第六,要认识到立法的完备是相对的。无论立法者多么有理性有智慧,所立立法都是有局限性的,一方面要注意立改废释并举,使立法臻于完善。另一方面,也就不能过于追求完备,否则,会错失良机,甚至还会耽误立法,此即所谓立法的"先完成后完美"。

拓展阅读

[1]李建华,何松威,麻锐.论民法典"提取公因式"的立法技术[J].河南社会科学,2015(09).

[2]田林.关于确立根本性立法技术规范的建议[J].中国法律评论,2018(01).

[3]杨鹏.立法技术的现状与愿景[J].行政法学研究,2021(03).

① 彭真.论新时期的社会主义民主与法制建设[M].北京:中央文献出版社,1989:267.

第十七章 法律文本的构造技术

知识脉络图

法律文本结构是法律内在逻辑的载体,法律文本除语言文字表述技术外,其逻辑是否合理主要体现在其文本结构安排上。法律的结构应当使得该法便于其特定的调整对象所使用,其使用越简便,按照其目的改变人们的行为的可能性就越大,因此一部法律的结构越清晰,越具有逻辑性,也就越具有可及性,从而也就越能发挥作用。①

从世界各国的通例来看,一部法律文本通常是由若干部分组成的统一的整体,一般应当包括三个方面:一是法律文本的名称;二是法律文本的主要内容;三是法律文本的结构表达和语言表达的符号。② 法律文本的名称和法律文本的表达性符号可以归结为法律文本构造中的形式化结构;法律文本的主要内容是法律文本逻辑结构的重要组成部分,法律文本的逻辑结构除了主要内容外,还应当包括原则、行为模式、概念、术语、变通性规定、实施细则等方面。

---

① [美]安·赛德曼.立法学理论与实践[M].刘国福,等译,北京:中国经济出版社,2008:264.

② 朱力宇,叶传星.立法学(第四版)[M].北京:中国人民大学出版社,2015:259-260.

第一节　法律文本的逻辑结构

一、法律文本的主要内容

(一)立法目的

我国多数法律都在第一条中规定了立法目的、宗旨和依据,从立法技术来看,立法目的是法律文本内容的必备条款,能够明确立法的位阶和方向,是表明法律文本特征的保证,也是法律文本表达上的一种习惯。

根据全国人大常委会法工委《立法技术规范(试行)(一)》第5.1条款的规定,法律一般需要明示立法目的,表述为"为了……,制定本法",用"为了",不用"为"。我国的法律分为全国人大通过的基本法律和全国人大常委会通过的基本法律以外的法律,无论是哪种法律,都需经权力机关的审议通过。权力机关审议的法律自然应当依照权力机关制定的技术规定进行。从规范性意义上讲,立法目的作为法律内容的逻辑起点,应当纳入法律文本的基本构造,也是我国立法技术的一般要求。以我国《民法典》为例,虽然《民法典》在立法之初对立法目的是否写入法典进行了讨论,但是最终还是遵循了立法习惯,将立法目的写进了法典的文本,且在第一条中明确了立法目的;同时,将"弘扬社会主义核心价值观"作为一项重要的立法目的首次写入《民法典》,体现坚持依法治国和以德治国相结合的鲜明中国特色。

从法律适用的实践看,目的解释是法律研究和解释的主要方法之一。明确在法律文件中写出立法目的,既能够明确立法目的,也为法律适用和法律解释提供文本依据。例如,《民法典》第一千一百六十四条规定,"本编调整因侵害民事权益而产生的民事关系",就明确了侵权责任法保护的是民事权益,调整的是民事关系,如果侵害的是公共利益,可能就会纳入刑法或者行政法律的调整范围。实践中还可能出现由于主客观因素的影响,导致法律表达语言的不确定性,就需要在适用法律过程中,将法律规定放在特定的范围和条件下,进行符合立法目的的解释。

法律作为利益保障和调整的依据,在适用中时常会出现利益冲突而需要进行权衡的现象,立法目的就在其中起到了平衡利益的作用。例如,我国的《行政诉讼法》第一条规定,"为保证人民法院公正、及时审理行政案件,解决行政争议,保护公民、法人和其他组织的合法权益，监督行政机关依法行使职权，根据宪法，制定本法。”从第一条的规定看，行政诉讼的目的中包含了维护公共秩序和公共利益的目标，同时也包含了保护公民、法人和其他组织的合法权益的立法目的，两者需要在个案中实现平衡。当公共利益明显比私人利益重要时，应当有条件地对私人利益进行限制，以实现公共利益；当私人利益的保护比公共秩序更为紧迫时，应当通过对立法目的解释实现个案的正义，保障私人利益，正是通过对立法目的的解释实现私人利益和公共利益或者公共秩序的平衡。

综上，立法目的是法律文本的灵魂所在，法律文本中立法目的的设立与否、如何设定、如何表达直接关系到法律功能发挥得是否充分的问题。我国现行《民法典》第一条将立法目的表述为，“为了保护民事主体的合法权益，调整民事关系，维护社会和经济秩序，适应中国特色社会主义发展要求，弘扬社会主义核心价值观，根据宪法，制定本法。”从文本的规范性上看，立法目的的表述中规中矩，没有太多需要讨论或者明确的地方。但是从法理上分，立法目的的表述涉及法典定位的问题，也涉及立法目的能否发挥作用，以及在多大程度上发挥作用的问题。我国《民法典》的立法目的表述较为抽象，比如保护合法权益中的“合法权益”在实践中就不太好确定，双方都是合法权益的时候，如何保护，并没有给出权衡的基准，削弱了实践中立法目的适用的功能。从社会发展的角度讲，《民法典》随着社会的发展，其规则和规则体系必然会落后于时代，如果缺乏了立法目的的根基，在规则或者规则体系出现不适应的时候就需要经常性地修订民法典，既不利于法律的安定性，也会有损于法律的权威。

（二）立法要素

1.立法时机

从立法技术上讲，根据立法技术的对象不同，可以分为法律文本的制定技术、法律文本的修改技术和法律文本的废止技术。[①] 但是无论立法技术针对的是哪种对象，都必须要满足三个要素：一是法律文本制定、修改或者废止的时机是否成熟，条件是否完备；二是法律文本制定、修改或者废止的技术性条件是否成熟，技术性条件是否能够完成法律文本的制定、修改或者废止；三是准备是否充分，这里的准备主要是学术上的准备，前两个要素是从实践层面来考察准备是否充分。

以《民法典》的制定为例，法律文本的制定、修改或者废止的时机是否成熟，是制定《民法典》首先要考虑的要素。纵观世界历史，世界各国民法典的制定都是经过充分的论战之后才制定实施的。我国《民法典》的制定也不例外，有学者认为，如果说世

---

① 徐向华.立法学教程(第二版)[M].北京:北京大学出版社,2017:277.

纪之初的法国民法典和德国民法典的问世,成为世界民法发展史上的重要成果,则中国民法典的出台,必将在民法发展史上留下光辉篇章。[①] 无论德国民法典还是日本民法典的制定,首先要讨论的问题都是是否需要制定民法典,或者说制定民法典的时机和条件是否成熟,而我国似乎都已经不约而同地认为要制定民法典,制定民法典的时机和条件也都很成熟,讨论直接进入了实质性阶段,即民法典应当如何制定的阶段。

重新对我国民法典的立法时机进行思考仍然具有理论意义和现实意义。从德国民法典制定的经验来看,德国民法典的制定细致地研究了民法典制定的时机,如德国民法认为以"民族精神"为核心关键词,细致地考察了民法典制定的必要条件和适当时机,提出德国民法典的制定必须要经历自然法阶段,即在社会上形成广泛而统一的社会共识,使民法的基本理念和基本原则深入人心;在学术上有成熟的准备,即要经过学术法阶段,以良好的立法技术和完备的立法语言来凝练民法典,只有经过这样两个阶段,民法典才具备成熟的制定时机,也就意味着民法典才能够充分挖掘"民族精神"。[②] 从日本民法典制定的过程看,国家民法典的制定是否需要引入外国的经验,还是维护国家旧有的传统,也是需要讨论的问题之一。日本制定民法典过程中,提出要系统维护和保留日本旧有的传统,只有保持日本旧有的传统,民法典才有现实意义。从这个角度出发,民法典的制定与一国的风俗和习惯法有密切的关系,不能一味地学习西方,当然也不能固执己见,应当兼容并包地采纳国内外的优秀经验和成果,并在社会中形成崇尚法治的风气,加上本国民法理论研究的成熟,才适合制定民法典。

2.技术准备

主流观点认为,我国民法典制定的时机已经成熟,但是我国的法典立法技术和相应的准备工作尚有需要完善提高的地方。为了弥补立法技术上的不足,经过全国人大常委会的研究,最终通过了两步走的意见:第一步是先制定《民法总则》,第二步是制定民法典各分编,最终制定民法典。在民法典编纂之前,应当首先对我国现有的民事法律进行清理,要将全国人大和全国人大常委会通过的法律分门别类地进行清理和汇编,并厘清它们与民法典的关系,是否可以成为民法典的组成部分。在此基础上,需要对失效的或者过时的规则进行修改或者重新制定,以新的民事法律规范取代旧的规范,如果有缺失的,还需要尽快制定立法规划,将缺失的规范纳入立法规划中。从立法技术上讲,民法典的体例结构如何安排是核心技术,以往我国民事法律规范的

---

① 王利明.中国民法典制定的若干问题[M]//民商法研究(第5辑).北京:法律出版社,2001:36.

② 汪全胜.论我国民法典的立法路径选择[J].理论与改革,2017(1):148-155.

条文都秉持其基本原则,在具体的法律适用中,主要是以民事法律规范的司法解释和部分规范性文件为依据。民法典的制定不应当是以往各民事法律规范的汇编,而应当是新的立法。从体例上看,不应当只有总则和分则,不应当只包含章节,还应当包括编译;同样,民法典总则和分则的编译以什么逻辑来设定,各分编之间又应当以什么样的逻辑标准进行安排,都需要遵循一定的原理和规则,甚至编内的章节体例都需要按照一定的逻辑体例进行安排,除此之外,还应当考虑民法典条款的设置,如概念性条款、目的性条款、依据性条款等,条款的设置技术当然也属于立法技术的应有内容;再者,从立法语言的选择上来讲,民法典的制定适逢我国处于百年未有之变局的时期,民法典的体例和语言选择应当具有一定的开放性和前瞻性,以此引领社会的发展和社会关系的调整并以其完备性来实现民法典的科学性和体系化,最终诠释民法典的价值。

3.学理探究

从德国和日本制定民法典的立法过程看,在制定民法典之前,学术界应当对民法典形成共识。民法典立法之初,对于民法典制定的时机,学界已经存在普遍的共识,但是民法典的体例结构上则产生较大的分歧,尤其是针对人格权是否独立成编。除此,对民法典的总则架构、物权与债权的关系、民法总则和其他各分编的关系等都有争议,这也说明我们对民法典的立法技术尚且没有统一的认知,也说明民法学者对民法研究有待于进一步地深入。尤其对于知识产权是否纳入《民法典》,人格权是否独立成编,债法总编是否独立成编,涉外民事法律应当如何规定等诸多问题,至今民法学界仍然没有达成统一的认识,且没有任何一种说法能够成为主流学说,这也证明我国民法学的研究依然有诸多需要深入挖掘和完善的地方。对于某个问题有不同的看法,形成不同的讨论,在学界是必然现象,也是极为正常的现象,但是在民法典制定之前,甚至在民法典都已经颁布实施的今天,学界依然有诸多的争论,且争论中仍然有不少理论上的盲点,这只能说明民法典制定之前理论准备上的不充分。

二、法律文本的设计原则

法律文本体例结构的设计应当遵循一定的原则,法律文本体例结构的设计原则可以协调法律体系内部,实现法律体系内部的统一;也可以为法律文本的设计提供基本的框架。法律文本设计的原则称为“一般法律原则”,即先于实证法而存在之根本法律规范,构成法律内容之指导。[①] 一般法律原则为法律文本的架构提供了基础性的标准。

---

① 罗传贤.立法程序与技术[M].台北:五南图书出版股份有限公司,2018:51.

（一）合宪性原则

宪法是一国的根本性法律，是一切法律制定的基本准则，也是一个国家政党、国家机关的根本活动准则。因此作为法律文本设计的一般法律原则，合宪性原则应当是首要原则。立法机关的活动应当遵守宪法的规定，不但立法行为要遵守宪法的规定，而且立法行为所制定的规范性文件的基本精神、原则和内容都不能与宪法相抵触。任何法律文本的设计主体都不能超越宪法设定的权限。

（二）立足国情原则

2011 年中国特色法律体系的形成，标志着我国正式进入全面建设社会主义法治的新阶段，也为我国政治、经济、文化、社会、生态文明等建设提供了充分的制度性供给，做到各个环节上的有法可依。我国现代化过程中的法治建设是一个经历了从计划经济向市场经济转型，从有法可依到依法治国蜕变的过程。这一过程有三十多年的跨度，是一次社会建设的蜕变，也是一次社会建设的激变。因此我国很多现行的法律依然存在诸多的问题。例如，我国法律文本中依然存在很多政治性、口号性和宣传性的内容，这些非规范性的内容在法制建设之初能够起到法制宣传的作用，在全面推进依法治国的今天，这些非规范性内容早就应该退出历史舞台而代之以规范性的、可司法化的、能够规范行为的内容。

（三）功能性原则

法律的生命在于实践而非逻辑，实践中才能让法律发挥其应有的价值和功能。法律为社会提供了行为规范，是必须遵守的行为准则，立法在设计之初必须将实质性的影响和规范人们的行为作为所追求的目标。同时作为现代法治的基本要求，保障人权、监督和制约公权力也应当是法律的基本功能。一个国家法治完善的标志就是尊重和保障人权，而尊重和保障人权绝不应当是宣传式的、口号式的规定，应当具体地落实在每一部规范性法律文件中，应当让尊重和保障人权不仅仅停留在纸面上。法治建设的深化还体现在对公权力的监督和制约，监督行政机关、司法机关，对立法权的行使也要形成有效的监督机制，同时拓宽公众参与的途径和渠道，让法律的功能发挥得更充分。

第二节　法律文本的形式结构

从规范性文件的构成上来说，规范性文件包括总则、分则和附则三个部分。法律文本的构造是否合理的关键就是这三个部分的安排是否合理科学。

一、总则

总则是法律文件的首要部分，在法律文件中具有统领地位，是承载统贯全文的一般要件或者概括规定的法律条文的总称。[①] 总则的内容一般应当包括但不限于法律文本制定的目的、依据和基本原则，也包括与法律文本相关的制度或者基本制度，以及文件的效力和适用范围。总则既不能过于繁杂也不能过于简单，总则既不是杂则，也不是摘要，因此总则体系和内容的安排能够反映一部法律文件的真实水平和科学性。

通常都是以抽象的方式，通过“提取公因式”的立法技术来完成一部法律的总则部分，这样编写的总则既对各分则或者分编具有“普适性”，也能够作为统合整部法律文件的灵魂；同时这种“提取公因式”的技术也为分则或者分编的设计提供了基本的框架性标准，使得分则或者分编的设置不具有随意性。[②]

以我国的《民法典》为例，我国现行的《民法典》就是以“提取公因式”的方式从各编抽象出来的。我国的《民法典》以法律行为为基本依据，分为总则编、物权编、合同编、人格权编、婚姻家庭编、继承编和侵权责任编等七个部分，在各编的设计中，也都同样使用了总分的关系，将具体的法律规范分为一般性规定和细则这样的“总分关系”，从这个意义上讲，总则编是《民法典》的灵魂，这个灵魂不但具有内容上的统领作用，还具有体例上的统合与引领作用。

二、分则

分则是法律文件的主体部分，是法律文本的核心，也是法律文本中规模最大的部分，是所有规定调整对象的权利义务等内容的规范性条文的总和。[③]分则不仅是对总则的具体化，也是总则条文的规范化，还是法律文本的实质性内容。分则是法律文本向社会提供行为模式的总称，不仅是实现立法目的的重要的规范性手段，也是贯彻立法目的、立法精神，将法律文件变成现实的最直接、最重要的内容和依据。

从分则与总则的关系看，分则是对法律文件的立法目的、制定依据、原则、基本制度和总则其他内容的规则化。它是从主体、客体、权利义务关系、行为、结果等方面制定的具体规定，其目的是为行为人提供行为模式，并规定了行使权利、履行义务的保障性措施，以及侵犯权利或者不履行义务所引起的后果。

从分则的具体内容看，分则是法律文件中假定条件、行为模式和法律后果的主要

---

①③ 徐向华.立法学教程(第二版)[M].北京:北京大学出版社,2017:319.

② 李永军.民法典总则的立法技术及由此决定的内容思考[J].比较法研究,2015(3):1-13.

部分。分则的内容就是要完整地体现总则规定的立法目的、基本原则和基本制度方面的有关内容;要以结构合理、层次清晰、顺序恰当的方式告诉行为人权利义务和所要承担的法律后果;要明确具体的规定有关主体、客体、行为、结果等方面的内容,否则,法律文本就难以有效地实施。

三、附则

附则是法律文本的补充部分,在法律文本中处于辅助的地位,是表述辅助总则和分则内容的非规范性条文的总和。[①] 附则并不是每一个法律文本都具有的部分,法律文本和法规一般包含附则部分,规章和其他规范性文件一般没有附则部分。

从内容上讲,附则一般包括关于名词、术语的定义;关于解释权的授权规定;关于制定实施细则的授权规定;关于制定变通或者补充规定的授权规定;关于宣布有关规范性文件或者有关规定失效或者废止的规定;关于实施问题的规定。[②] 对于附则内容的安排也应当遵循一定的规则,如对于附则中名词或者术语的定义就应当以必要性为原则,即只有对法律文本中的名词或者术语可能产生歧义的时候,才在附则中对该名词或者术语进行解释说明,否则就不需要在附则中进行阐释;关于授权解释或者授权制定实施细则的内容则必须依照《宪法》和《立法法》的规定进行,不允许有越权授权或者无效授权的情况,尤其是变通性规定,只能由民族自治地方或者经济特区行使,其他地方不能进行变通性规定;一项新的法律文本的实施,也可能意味着一项旧的法律文本的失效,对于失效的文本和新文本的生效一般都应当在附则中明确规定,并以专门条款规定法律文本生效的具体的年月日,通常生效条款都是写在最后一条。

拓展阅读

[1]弗劳克·魏德曼,蒋毅.法律说理的构造——给立法者的一张许愿条[J].私法研究,2020(01).

[2]李传轩.碳权利的提出及其法律构造[J].南京大学学报(哲学·人文科学·社会科学),2017(02).

[3]雷磊.法律规则的逻辑结构[J].法学研究,2013(01).

① 徐向华.立法学教程(第二版)[M].北京:北京大学出版社,2017:319.

② 朱力宇,叶传星.立法学(第四版)[M].北京:中国人民大学出版社,2015:267.

第十八章　法律文本的表达技术

知识脉络图

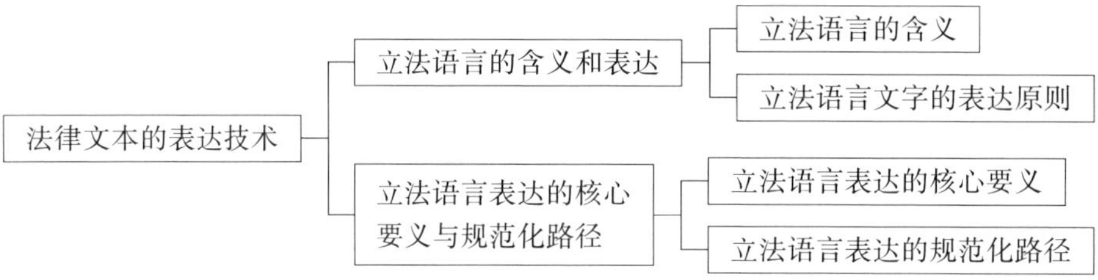

第一节　立法语言的含义和表述

法律文本是立法结构表达和立法语言表达的统一。法律文本的表达技术主要体现在立法语言的表达上,通过立法语言表达立法文本的内容、语体规则。法律文本的表达结构服从于法律的内容,法律作为行为规范的标准和指引,既不能等同于文学作品、学术著作,也不能等同于社论、评论和报告。明确易懂、简明易读、逻辑严谨易操作是立法文本的主要特征。

一、立法语言的含义

立法语言主要通过立法文字的方式表达,因此也称为立法语言文字。立法语言文字是按照一定的规则表述立法意图、设定行为规范、形成规范性文件的专门用于制定和修正法律的语言文字。[①] 立法语言文字首先应当表达立法意图,立法语言文字表

① 朱力宇,叶传星.立法学(第五版)[M].北京:中国人民大学出版社,2023:307.

述立法意图不仅仅是通过立法语言的字面意思,也通过文字背后的意思表达立法的精神和原则。其次,立法语言文字通过设定行为模式的方式规范社会秩序。最后,立法语言文字以法律规范的形式形成规范性文件。规范性法律文件具有较强的逻辑体系,能够促进社会的发展,形成稳定的结构体系。

从国家治理体系和治理能力来看,标准化规范化的立法语言文字是法律文件规范性的基础,也是人们对社会规则解读和判断的基础。这一基础为人们在陌生环境中提供基本的信任和合作空间。现代社会中,只有统一的立法语言文字表达才能为人们提供有效的指引。立法的语言文字也是在立法实践中不断推进发展起来的。立法语言文字与其他语言文字的表述具有内在统一性,立法语言文字表述的含义应当更为精确、简洁和规范地表达所对应的现实世界。立法语言文字必须为人民群众、执法机关、司法机关提供尽量确定性的行为模式,即使在不确定的情况下,也应该保持足够的条件限制,而不能漫无边际。立法语言文字也尽量不要使用倡导性、命令性、宣传性和报告性的语言文字,应当符合客观地表述行为模式和行为结果的规范要求。

立法语言文字应当明确地表达立法主体的立法意图、立法政策等。立法活动所要表现的意图、目的和措施需要立法语言文字表述,没有立法语言文字,立法主体的目的和措施就无法表达,更无法实现。立法语言文字应当准确无误地表达,并且能够明白地传递立法主体的立法目的和意图,立法目的和意图在被正确地表达后,还必须能够准确无误、毫无歧义地传达给执法主体、司法主体和其他受众,只有如此,立法语言文字才能发挥其作用。立法语言文字的正确运用既能提高立法质量,也更有利于法律的实施。

二、立法语言文字的表达原则

(一)力求准确

法律文本不是为自己而存在的,在任何时候都为一切法律适用者传达相同命令的客体。[①] 从这个意义上讲,立法语言文字制定的目的在于统一命令传达的方式和手段,追求法律制定与运用的协调一致。从表达的目标看,使用的普遍性和可操作性也是判断立法语言文字是否准确的标准。

首先,立法语言文字作为语言文字的一种,表达准确是基本要义。法律是对资源进行合理配置的方式,立法语言文字是法律文本表达的基本工具,通过立法语言文字对社会资源进行合理的分配。立法语言文字是立法主体权力的表现形式,表达立法

---

① [德]伯恩·魏德士.法理学[M].丁小春,吴越,译,北京:法律出版社,2003:75.

主体对社会关系的基本判断,并通过执法主体和司法主体实现具体化和现实性。[①] 由于执法主体和司法主体是对立法权力的执行和判断,在执行和判断过程中必然涉及法律文本解释权的争夺,因此要求立法主体的表达尽可能地准确。立法语言文字和一般的沟通形式不同,是一种单向的机构活动和语言文字行为,立法主体在立法时,法律的适用者一般不是亲自在场;在法律适用过程中,立法主体也不能及时对立法的意图加以明示。成文法将其含义寄附在文本中,为了减少信息传递的误差,立法主体必须将其意图精准地表达其中。

其次,从实践来看,准确是立法语言文字的灵魂与生命,也是表达立法意图、传递立法信息和记载立法目的的第一要义。[②]《行政法规制定程序暂行条例》(1987)第八条明文规定法规应当结构严谨、条理清楚、用词准确、文字简明。《行政法规制定程序条例》第六条规定行政法规应当备而不繁、逻辑严密,条文明确、具体,用语准确、简洁,具有可操作性。广东省《立法技术与工程程序规范(试行)》(2007)第五章第一百二十四条规定立法语言应当准确严谨、具体明确、简洁精练,避免累赘冗长、同义反复,避免使用夸张、比喻以及带有感情色彩的修饰性语言,避免使用宣言性、论述性语言。《云南省人民代表大会常务委员会立法技术规范五"法规的基本用语"》(2014)规定法规用语应当科学规范、准确严谨、通俗朴实、简洁精练。从实践来看,"准确""简洁""严谨"一再出现在各种立法文件中,表明这些标准是立法语言文字的核心要义。

最后,准确还应当表现在操作的可行性上。立法语言文字的表达既要符合语言生活实际,又要引导语言生活的良性发展。准确是法律的本质要求,对于立法文本来讲,准确是表达对错与否的衡量标准,不准确的行为规则无法为人们提供指引。从逻辑上看,准确是基于客观事实的命题,客观事实是否为真决定了立法语言文字的表述。客观事实为真,而立法语言的表达并不准确的情况下,就无法完整地反映客观事实。

(二)通俗简洁

通俗是指能够让一般人能够有效地理解,同时不发生理解上的障碍和歧义。简洁是要求立法语言文字言简意赅、切中要害。在起草法律、法规和其他规范性法律文件时,要简明扼要,不能无端重复增加字数、凑篇幅,尽量做到文简而理周。[③] 立法主

① 周少华.法律中的语言游戏与权力分配[J].法制与社会发展,2006(5):51-64.

② 孙潮.立法技术学[M].杭州:浙江人民出版社,1993:65.

③ 周旺生.立法学(第二版)[M].北京:法律出版社,2009:481-482.

体在立法时应当摒弃晦涩难懂的语言，尽量避免使用地方性方言俗语，尽量采用大众能够接受的语言文字，重视直接陈述，避免引用或者间接性的论证。但是这并不意味着不能使用专门性术语、概念，也不意味着起草的法律法规篇幅越短越好，立法主体不应当为了追求简洁而刻意地限制篇幅。通俗易懂和简洁有力的立法语言文字对普通民众理解和把握立法意图和目的具有重要的作用。古代社会，很多国家和地方都处于秘密法时代，强调"法不可知，威不可测"；现代社会法律是人民主权和人民意志的产物，应当便于人民掌握和理解。实践中经常出现不知法而违法或者以不懂法、不知法而进行抗辩的现象，这一定程度上与立法语言文字表达的问题有关。

（三）严谨规范

立法语言文字严谨是法律沟通功能的基本表现和起码要求，是指法律的表述既要字斟句酌，又要前后一致，力求周详严密、无懈可击。法律文本的严谨规范应当主要体现在三个方面：一是在同一个法律文本中乃至同一个法律体系的不同法律文本中，同一个法律概念、法律原则以及法律规范所表达的意思必须明晰确定、前后一致，决不能一词多义或者一义多词，更不能出现张冠李戴、前后矛盾的现象。二是要坚持通俗和规范化的兼顾，即使用已有的一般性认知、普遍性认同的语言文字，尽量少地使用专门的术语，坚决杜绝无条件使用方言、俗语、外来词、古语、生僻词和尚未固定的新词等不易理解的词。三是要坚持逻辑性，不仅语句的表达、条文的编排和篇章的布局要按照严格的逻辑顺序，而且法律规范的设定也要符合逻辑结构的要求。①

第二节　立法语言表达的核心要义与规范化路径

一、立法语言表达的核心要义

（一）逻辑规范

我国立法一直秉持"宜粗不宜细"的原则，最初是因为改革开放初期，立法工作量很大，人力不够，因此法律条文开始可以粗一点，逐步完善。② 这种特定条件下的权宜之计后来被作为立法的指导思想，立法者以粗线条的立法、笼统的语言应对转轨过程

① 徐向华.立法学教程(第二版)[M].北京:北京大学出版社,2017:296.

② 邓小平文选:第2卷[M].北京:人民出版社,1994:146.

中的社会,执法主体和司法主体在这一过程中可以根据工作需要和国家政策的变化对立法进行解释并加以使用,虽然解决了实践中的诸多问题,但也带来不少负面效应。以民事立法为例,我国民事立法在立法之初就较为粗糙,在面临纠纷解决社会问题时,法院就经常遇到制度短缺的情况,最高人民法院不得不出台大量的司法解释对法律进行细化,司法解释的制度一直沿用至今,即便刚出台的《民法典》也有大量司法解释与之相匹配。例如,在民法典制定之前的《合同法》,最高人民法院单单针对总则、买卖合同、租赁合同、融资租赁合同、建设工程施工合同、技术合同等发布过七种以上的司法解释,这些司法解释的条文总数甚至超过了合同法条文的半数,其中对买卖合同的解释数量已经超过了合同法中关于买卖合同的规定。对融资租赁合同的司法解释数量已经是合同法中关于融资租赁合同规定的两倍之多。① 司法解释的细致性与法律规定的粗线条形成鲜明对比,其实质是多样性的经济社会实践与立法语言文字的粗线条形成的对比。立法过程中,对具体规则的设计应当尽量细致,能在法律中规定的尽量在法律中进行规定,能一次立法完成的,尽量不要留待下次,以此增强法律的权威性,而不致被司法解释架空。

"宜粗不宜细"并不拒绝立法中的模糊性表达,立法中,应当兼顾精确性语言和模糊性语言。模糊性是人们对事物认知边界和形态的不确定性造成的,而不是因为在语言和文字上的表达。从实践来看,模糊性立法主要包含三种情况:一是立法主体在立法时故意使用模糊的语言表达,如民法基本原则中的"合理期限""其他合法财产"等张力较大的弹性语言,其目的是扩展法律的适用性和生命力。当然这种模糊立法也导致了权力寻租的空间,抽象化、原则化的立法保留了过多的解释权,实践中为权力实现不当得利提供了可能性。二是疏忽性模糊立法,即立法主体由于疏忽而进行的立法,这主要是在"立法宜粗不宜细"的原则下的立法。三是立法者由于立法时不能预见而导致的模糊性立法,如在立法时出现了"空缺结构",毕竟语言文字无法涵盖全部的社会现实,因此立法语言文字具有适当的模糊性是合理的,但是如果对模糊性不加区分、不进行限制可能有损法律的权威,因此应当兼顾模糊性和准确性。

(二)法理规范

立法语言一般由三个部分组成:法律术语、日常用语和少量的科技术语。② 民商事立法作为社会公共服务的法律部门,专门性法律术语和日常用语的冲突较为明显,但民商事立法的核心在于定分止争,因此应当尽可能地使用浅显易懂的日常语言;同

① 朱广新.超越经验主义立法——编纂民法典[J].中外法学,2014(6):1422-1443.

② 牛津法律大辞典[M].北京:光明日报出版社,1988:515.

时民法作为普遍性的行为规范,如果民法语言过于学术化,则不利于规范社会行为,因此,必须使用日常语言,以便获得公众的理解和遵守,但是随着社会的发展和人们认知水平的提高,专门性法律术语和科技术语的使用也会逐渐增加,在可选择的情况下,为了保证和提高立法表达的准确度,应当优先使用专门性术语。

现代社会中,法律技术之所以要构造出非日常性的概念和逻辑,与现代社会定纷止争的方式是分不开的,现代纠纷主要依靠法院解决,因此专业性术语的使用对纠纷的解决并不会造成太大的困扰,立法中的用语采用专业性术语能够更准确地表达概念,而且专业性术语的运用也是立法水平的重要体现。

从民事立法在实践中的运用来看,财产法和公民身份法的基本出发点都是理性经济人,都是建立在普遍的人伦道德和习惯之上,同时都是按照日常的交易活动而作出的规定。其所承载的功能在于当私主体之间的意思表示不明确、不真实或者违反法律的强行性规定时纠偏或者裁判,而习惯依然是交互行为的基本准则之一,其实质仍然是私主体之间的意思自治,只不过将这些交互行为和道德人伦以立法性的专业化语言表述出来,既定的规则都是源自社会生活的常态下,民事相关法律的规定,并不会改变民众的生活,哪怕民众对民法典一无所知。

实践中,仅仅通过立法语言文字将法律语言表述得明白、具体是很难实现的。与行政执法和司法不同,立法主体所制定的法律既要面对抽象意义上的对象,又要面对具体的个性化的成员之间的身份、地位、职业、性别等各方面的差异。针对不同的规范主体,立法主体同时还要制定规范性的统一的文本。现代社会解决这一问题的办法就是将法律的适用标准的衡量交给特定的法律工作者,如法官、检察官或者律师。普通民众与专业的法律工作者之间实现普遍性与专业性的交流与转化,在经历较长时间的训练后,专业性的术语也逐渐被民众所接受。

(三)语言规范

立法语言文字的规范表达是法律规范编纂技术的重要体现,是法律条文在形成过程中相关的法规规定的语言特征、语句表达和系统安排等各方面的使用技术。我国对立法语言的关注和重视是自 1980 年开始的,自此才有学者提出法律条文需要简洁明了、通俗易懂,严禁闪烁其词①,并强调立法语言的词组、语句和结构问题②,同时强调立法语言是有别于自然语言的技术性语言。从本次《民法典》的编纂来看,我国的法律语言规范编纂技术在我国的法律体系中已经开始运用,但是对于民法学基本

① 李振宇.法律语言学史[M].北京:中国经济出版社,2008:38.

② 潘庆云.跨世纪的中国法律语言[M].上海:华东理工大学出版社,1997:4.

原理的体现依然有不少需要完善的地方。事实上，立法过程的绝大多数环节都表现为技术性问题，立法语言是立法技术的核心问题。为了规范这一问题，国家专门出台了《立法技术规范》，对立法语言表达怎样实施规范的处理、如何安排次序，以及实施推敲手段进行了规定。

从语言规范上看，应当做到概念明确。全国人大常委会法工委印发的《立法技术规范(试行)(一)》(法工委发[2009]62号)就有关于定义性条款的规定，贯穿法律始终的基本概念，在总则中或者立法目的之后规定。如果规定适用范围的，定义条款在适用范围之后规定。涉及多个法律条款的专业术语，一般在附则中规定。概念、术语只涉及某章节的内容时，可以在该章节的开头、结尾或者有关条文中规定，定义条款表述为："本法所称……，是指(包括)……"一个定义条款中规定多个概念、术语的，应当分项表述。这些规定说明对专业性术语进行概念上的界定时，应当遵守定义的外延，同时，同一部法律文件中或者同一个法律体系的不同法律文件中，被定义事项的外延均需相同，不能出现逻辑上的矛盾。

过渡性条款一般应当包括，对新法颁布施行前的相关法律行为、法律关系效力的确定；新法对某种特殊情形所作出的特别生效时间或者依法特别办理的规定；对依据旧法获得的权利、资格、自治效力的承认或者处理等。过渡性条款一般在附则中规定。但是，只涉及章节或者某条文的，可以在相应的章节或者条文中规定。

除条款本身外，立法语言文字还应当注意标点符号的规范使用问题。依据《标点符号用法》(GB/T15834—2011)4.5.3.5的规定，多个并列使用的书名号与引号之间通常不使用顿号，因此《民法典》附则中的多处顿号应当删除。全国人大常委会法工委印发的《立法技术规范(试行)(一)》(法工委发[2009]62号)中也有关于标点符号使用的问题，其中规定，"一个句子内部有多个并列词语的，各个词语之间用顿号"，如果将此视为顿号在立法文件中的使用方法，则该标准与《标点符号用法》(GB/T15834—2011)冲突，《标点符号用法》是国家标准，而《立法技术规范》是规范性文件，依照法律的适用方法，应当适用《标点符号用法》。如果不将其视为顿号在法律文件中的使用规定，则更加应当适用《标点符号用法》。

二、立法语言表达的规范化路径

(一)加强立法的理论准备

立法中的概念和命题都应当是精确严密的，因此，立法语言文字应当具有准确性和严谨性，立法语言文字的准确性和严谨性与其表达内容的科学性和逻辑性具有密切的关系。从实践来看，民事立法的专业性和技术性也越来越强，民事立法所发挥的定分止争的功能也越来越依靠司法机关,而不是依靠当事人双方。同时随着经济社会的发展,新的生活样态、新的生活模式、新的生产方式和经营方式也越来越多地出现在社会生活中,既有的描述或者界定社会生活的概念或者判断,也越来越具有专业性,而这些专业性的概念或者判断对于大众来讲很难把握其精髓,需要司法机关对此作出明确的判断。从这个意义上讲,立法技术上的内容明确就是需要对所制定的法律法规进行通盘的规划,尽量穷尽需要规范的社会关系,准确地归纳和分析所需要调整的社会关系。民事立法作为最贴近社会的法律已经是较为明了的法律,再如行政法、科技法等专业性更强的法律,可能会对立法技术提出更高的要求。

这就对法学研究提出了更高的要求,首先是理论工作者应当在总结立法和司法实践经验的基础上,加强研究的精细度和广泛度,力求对纳入法律文本的各项规则和各专业术语都能在学理上予以精准阐释。其次,近代国家治理中的法治理念源于西方,在移植境外立法经验,描述、理解以及翻译国外制度和法律时,应当厘清概念和术语所涉及的内涵,以及制度和法律的背景,要坚决避免"橘生淮北"的情况。在引入专业性术语和概念时,要确保概念或者术语的精准性及其含义在法律文本中的融贯性,避免出现同样的概念不同的表述或者不同的概念使用相同的表述。

(二)将对立法语言的审查纳入立法环节

除需要加强立法的理论准备外,还应当将语言的审查纳入立法审查的环节。为了保障立法语言文字使用和表达的准确性,立法主体不仅应当提升法学理论的素养,而且要提高语言文字运用表达的素养。立法语言是法律文本最直接的外在形式,尤其在成文法国家,法律一般只能借助语言文字的形式表现。在立法过程中,应当引入语言学家对立法语言提出专业性的看法,供立法主体参考。语言学家的参与可以提供语言学上的专业素养,发现立法文件中词语、句子和标点等方面的误差和错用,借此实现立法语言的规范化和科学化。

2007 年,全国人大法工委专门设立立法用语规范化专家咨询委员会,邀请语言学家为委员会委员,要求法律公布之前邀请二到三位委员对法律草案进行审读,但是因为缺乏刚性的可操作性的制度设计,其意见常常被立法主体以法律语言的特殊性忽略甚至拒绝。[①] 将立法语言作为审查对象应当成为立法程序中不可或缺的一个环节,应当设计相应的程序切实发挥语言审查的作用,过滤不规范的立法语言,确保立法的质量和效果。

首先,立法语言文字的审查应当纳入立法程序。立法语言文字的审查程序应当

① 朱涛.民法典编纂中的立法语言规范化[J].中国法学,2017(1):230-248.

适用立法主体的立法程序。在立法过程中,对立法语言文字的审查应当按照立法主体制定、修改、补充或者废止法律的程序进行。如果语言文字上出现表述或者适用上的疏漏就会影响法律的权威性,也会产生一定的负面影响,因此必须设定专门的程序对立法语言文字进行审查。

其次,审查的对象是立法草案的语言文字。在审查立法语言文字过程中,尤其要注意对立法目的、政策、措施的审查,也就是要审查语言文字的表述是否能够明确表达立法的意图,是否能够体现当下的国家政策,立法语言文字所表达的措施是否能够正确地体现立法意图,是否能够实现国家政策,是否在社会实践中具有现实的可行性。除此之外,还要审立法语言文字的表述和逻辑的一致性和统一性。立法语言文字在表达上不但要规范,而且不能出现逻辑上的矛盾和不一致性。立法语言文字的表达要与立法目的、国家政策、立法精神具有统一性,而且立法语言文字作为立法工具的表现形式,还应当注意审查手段的合目的性,换言之,立法语言文字的表达是否能够让法律的执行者、适用者、守法者能够明白立法本身的目的和措施的实施方式,同时实现立法目的和国家政策。立法语言文字和日常的语言文字有明显的区别,不能以日常语言文字的要求作为立法语言文字的标准,因此,对立法语言文字的审查必须要注意其与对日常语言文字审查的区别。

再次,除立法过程中对立法语言文字的审查外,还要注意立法后、实践中对立法语言文字的审查,尤其要注重这一过程中审查的程序性。从现有的制度规定来看,立法语言文字的审查跟立法过程是一体的,一般都是在法律草案制定过程中进行审查,实质上是立法主体的自我监督。但是在法律颁布实施以后,在法律实施过程中,应当设计法定的程序对立法语言文字进行审查。立法语言文字审查程序可以通过结构性的设计增加语言文字修改过程的理性化程度。由法定的审查主体提出异议,但是不能直接对法律进行修改。

最后,我国现行立法程序虽然未明确规定关于立法语言文字的审查程序,但是支撑立法语言文字审查程序的基础是存在的。[①]《立法法》第二十二条规定:"列入全国人民代表大会会议议程的法律案,由有关的专门委员会进行审议,向主席团提出审议意见,并印发会议。"法律草案除由宪法和法律委员会审议外,其他专业性委员不会对所有的法律案都进行审议,而是只对与本委员会有关的法律草案进行审议。各专门委员会仅就其有关的法律案进行审议,这也是由专门委员会的专业性所决定。我国

① 张玉洁,张婷婷.论立法语言审查程序的设置理据和技术——基于韩国立法的经验借鉴[J].中南大学学报(社会科学版),2015(3):42-49.

的专门委员会中的教科文卫委员会，只针对教育科学文化卫生相关的议案发表专业性的审议，而很少针对语言文字进行专门性的审议。应当由教育科学文化卫生委员会就立法语言文字和表达的专业性问题进行审议。以此分析来看，《立法法》已经为立法语言文字的审查提供了制度上的依据。

《宪法》第七十条规定："各专门委员会在全国人民代表大会和全国人民代表大会常务委员会领导下，研究、审议和拟定有关议案。"《立法法》中对行政法规、地方性法规、自治条例、单行条例等法律法规都规定了专门委员会的专业化审查，在这些专业化的审查中只是没有具体规定要对语言文字进行审查。从地方层面看，国内很多省份已经开始重视对立法语言文字的审查。例如，广东省《立法技术与工程程序规范（试行）》（2007）第五章第一百二十四条规定，立法语言应当准确严谨、具体明确、简洁精练，避免累赘冗长、同义反复，避免使用夸张、比喻以及带有感情色彩的修饰性语言，避免使用宣言性、论述性语言。《云南省人民代表大会常务委员会立法技术规范五"法规的基本用语"》（2014）规定法规用语应当科学规范、准确严谨、通俗朴实、简洁精练。

对立法语言文字的审查其实是对专业性的尊重，也是对立法权威的重视。由于经济社会的发展，不同的部门不同的行业之间有其自身的特殊性，在不同的部门立法，尤其涉及专业性较强的行业立法时，要尤其注重立法语言文字的审查，避免出现立法的"外行"现象。立法的规范性要尽量能够涵摄社会现实和社会关系，并为社会中的行为和关系提供有效的行为指引，立法工作才能在社会实践中发挥实效。

拓展阅读

[1]丁建峰.立法语言的模糊性问题——来自语言经济分析的视角[J].政法论坛，2016(02).

[2]朱涛.民法典编纂中的立法语言规范化[J].中国法学，2017(01).

[3]王东海.立法语言中的法律常用词研究[J].同济大学学报（社会科学版），2013(01).

参考文献

著作类

[1]马克思恩格斯全集:第 1 卷[M].北京:人民出版社,2001.

[2]马克思恩格斯全集:第 2 卷[M].北京:人民出版社,2005.

[3]马克思恩格斯全集:第 3 卷[M].北京:人民出版社,1960.

[4]马克思恩格斯全集:第 4 卷[M].北京:人民出版社,1958.

[5]马克思恩格斯全集:第 6 卷[M].北京:人民出版社,2009.

[6]列宁全集:第 16 卷[M].北京:人民出版社,1988.

[7]毛泽东选集:第 2 卷[M].北京:人民出版社,1991.

[8]毛泽东选集:第 3 卷[M].北京:人民出版社,1991.

[9]邓小平文选:第 2 卷[M].北京:人民出版社,1994.

[10]中共中央文献编辑委员会.江泽民文选:第 1 卷[M].北京:人民出版社,2006.

[11]胡锦涛.胡锦涛文选:第 3 卷[M].北京:人民出版社,2016.

[12]习近平.习近平谈治国理政:第 1 卷[M].北京:外文出版社,2014.

[13]习近平.习近平谈治国理政:第 2 卷[M].北京:外文出版社,2017.

[14]习近平.习近平谈治国理政:第 3 卷[M].北京:外文出版社,2020.

[15]习近平.习近平谈治国理政:第 4 卷[M].北京:外文出版社,2022.

[16]习近平.论坚持全面依法治国[G].北京:中央文献出版社,2020.

[17][美]罗纳德·哈里·科斯.论生产的制度结构[M].盛洪,陈郁,译校,上海:三联书店,1994.

[18][美]唐纳德·A 威特曼.法律经济学文献精选[M].苏力,译.北京:法律出版社,2006.

[19][美]肯尼斯·约瑟夫·阿罗.社会选择与个人价值[M].上海:上海人民出版社,2010.

[20][美]罗伯特·考特,托马斯·尤伦.法和经济学[M].5 版.史晋川、董雪兵,等译.上海:上海人民出版社,2010.

[21][美]汉密尔顿,等.联邦党人文集[M].程逢如,等译,北京:商务印书馆,1980.

[22][美]罗斯科·庞德.法律史解释[M].邓正来,译.北京:中国法制出版社,2002.

[23][美]安·赛德曼.立法学理论与实践[M].刘国福,等译.北京:中国经济出版社,2008.

[24][美]罗斯科·庞德.通过法律的社会控制[M].沈宗灵,董世忠,译.北京:商务印书

馆,1984.

[25][英]洛克.政府论(下篇):论政府的真正起源、范围和目的[M].叶启芳,瞿菊农,译.北京:商务印书馆.2017.

[26][法]孟德斯鸠.论法的精神(上册)[M].张雁深,译.北京:商务印书馆,1961.

[27][德]卡尔·拉伦茨.法学方法论[M].陈爱娥,译.北京:商务印书馆,2003.

[28][德]耶林.为权利而斗争[M].郑永流,译.北京:商务印书馆,2016.

[29][英]霍布斯.利维坦[M].黎思复、黎廷弼,译.北京:商务印书馆,1997.

[30][英]约瑟夫·拉兹.法律体系的概念[M].吴玉章,译.北京:中国法制出版社,2003.

[31][德]伯恩·魏德士.法理学[M].丁小春,吴越,译.北京:法律出版社,2003.

[32]彭真传编写组.彭真传:第4卷[M].北京:中央文献出版社,2012.

[33]彭真.论新时期的社会主义民主与法制建设[M].北京:中央文献出版社,1989.

[34]彭真.彭真文选[M].北京:人民出版社,1991.

[35]万里.万里文选[M].北京:人民出版社,1995.

[36]徐显明.法理学[M].北京:中国政法大学出版社,2010.

[37]郭道晖.当代中国立法(上)[M].北京:中国民主法制出版社,1998.

[38]李步云.立法法研究[M].长沙:湖南人民出版社,1998.

[39]姜明安.行政法与行政诉讼法(第七版)[M].北京:高等教育出版社,2019.

[40]蔡定剑.中国人民代表大会制度[M].北京:法律出版社,1998.

[41]周旺生.立法学(第二版)[M].北京:法律出版社,2009.

[42]徐向华.立法学教程(第二版)[M].北京:北京大学出版社,2017.

[43]朱力宇,叶传星.立法学(第五版)[M].北京:中国人民大学出版社,2023.

[44]孙敢,侯淑雯.立法学教程[M].北京:中国政法大学出版社,2000.

[45]高轩.立法学简明教程[M].广州:暨南大学出版社,2020.

[46]赵谦.立法学[M].重庆:西南师范大学出版社,2021.

[47]曾粤兴.立法学[M].北京:清华大学出版社,2014.

[48]张文显.法理学(第五版)[M].北京:高等教育出版社,2018.

[49]朱应平.宪法学基础[M].北京:北京大学出版社,2016.

[50]强世功.法律与治理——国家转型中的法律[M].北京:中国政法大学出版社,2003.

[51]苏力.道路通向城市——转型中国的法治[M].北京:法律出版社,2004.

[52]桑本谦.理论法学的迷雾[M].北京:法律出版社,2015.

[53]景跃进,张小劲.政治学原理[M].北京:中国人民大学出版社,2015.

[54]法理学编写组.法理学(第二版)[M].北京:人民出版社,2020.

[55]江宇.大国新路:中国道路的历史和未来[M].上海:中信出版集团,2019.

[56]王晓民.世界各国议会全书[M].北京:世界知识出版社,2001.

[57]吴大英.比较立法制度[M].北京:群众出版社,1992.

[58]罗智渊.立法程序论[M].台北:正中书局,1974.

[59]胡筱秀.人民政协制度功能变迁研究[M].上海:上海人民出版社,2010.

[60]王锡锌.公共参与和行政过程:一个理念和制度分析的框架[M].北京:中国民主法制出版社,2007.

[61]徐向华.新时期中国立法反思[M].上海:学林出版社,2004.

[62]曹海晶.中外立法制度比较[M].北京:商务印书馆,2004.

[63]全国人大常委会法制工作委员会国家法室.中华人民共和国立法法释义[M].北京:法律出版社,2015.

[64]世界各国宪法编辑委员会.世界各国宪法·美洲大洋洲卷[M].北京:中国检察出版社,2012.

[65]刘松山.中国立法问题研究[M].北京:知识产权出版社,2016.

[66]罗传贤.立法程序与技术[M].台北:五南图书出版股份有限公司,2018.

[67]江国华.立法:理想与变革[M].济南:山东人民出版社,2007.

[68]史建三.地方立法后评估的理论与实践[M],北京:法律出版社,2012.

[69]石佑启,朱最新.地方立法学[M].广州:广东教育出版社,2015.

[70]李振宇.法律语言学史[M].北京:中国经济出版社,2008.

期刊类

[1]王利明,黄文艺.论法学学科的发展规律和发展前景[J].大学与学科,2020(01).

[2]周旺生.立法学体系的构成[J].法学研究,1995(02).

[3]孙国华,黄金华.论法律上的利益选择[J].法律科学,1995.

[4]苏力.这里没有不动产——法律移植问题的理论梳理[J].法律适用,2005(8).

[5]常安.缔造社会主义中华民族大家庭——新中国民族区域自治制度的奠基历程[J].学术月刊,2019(9).

[6]朱志昊.论立法协商的概念、理论与类型[J].法制与社会发展,2015(4).

[7]戴激涛.立法协商:理论、实践及未来展望[J].天津行政学院学报,2015(4).

[8]苏绍龙.地方立法协商制度机制刍议[J].暨南学报(哲学社会科学版),2015(05).

[9]张献生.关于立法协商的几个基本问题[J].中央社会主义学院学报,2014(05).

[10]刘宝坤,周一帆.我国人民团体参与立法问题研究[J].法学论丛,2011(11).

[11]陈斯喜.论我国立法的公众参与制度[J].行政法学研究,1995(1).

[12]王锡锌,利益组织化、公众参与和个体权利保障[J].东方法学,2008(4).

[13]耿国阶,孙萍.论公共政策制定过程中参与公众的发展[J].东北大学学报(社会科学

版),2007(5).

[14]信春鹰.认真学习贯彻习近平法治思想做好人大立法监督工作[J].中国人大,2020(12).

[15]刘桂新,江国华.中国立法解释制度的困境与出路[J].学习与实践,2015(5).

[16]黎枫.论立法解释制度——兼评立法法对法律解释制度的规定[J].政治与法律,2000(6).

[17]郭道晖.法律修改方略评述[J].中国法学,1989(6).

[18]吴恩玉.修正与修订的界分及相关法律适用问题[J].人大研究,2010(1).

[19]李林.立法修正案比较[J].法学研究,1991(3).

[20]邹奕.徘徊于我国宪法的两个文本之间——对宪法文本正当性和实用性的检视[J].四川大学学报(哲学社会科学版),2014(3).

[21]李林.试论法律废止[J].宁夏社会科学,1994(6).

[22]朱力宇,沈太霞.立法效力的界定[J].北京联合大学学报(人文社会科学版),2010(8).

[23]李雅琴.论立法规划的性质[J].河北法学,2010(9).

[24]黄文艺.信息不充分条件下的立法策略——从信息约束角度对全国人大常委会立法政策的解读[J].中国法学,2009(6).

[25]汪全胜.论我国民法典的立法路径选择[J].理论与改革,2017(1).

[26]李永军.民法典总则的立法技术及由此决定的内容思考[J].比较法研究,2015(3).

[27]周少华.法律中的语言游戏与权力分配[J].法制与社会发展,2006(5).

[28]朱广新.超越经验主义立法——编纂民法典[J].中外法学,2014(6).

[29]朱涛.民法典编纂中的立法语言规范化[J].中国法学,2017(1).

[30]张玉洁,张婷婷.论立法语言审查程序的设置理据和技术——基于韩国立法的经验借鉴[J].中南大学学报(社会科学版),2015(3).

后 记

时光易逝,转眼间我从教已近二十年。回望自己的授课经历,"课头数量不少,质量有待提高"可能是一个较为中肯的评价。"课头"之多,原因复杂。要么是为了凑够工作量,被动地接受组织安排;要么是未能尽早明确自己的教研方向,聚焦度不高;再就是刚入职的时候为了增加点收入,搞过校外兼职。总之,大都有点被逼无奈的感觉。但是,《立法学》的教学完全是自主选择的,几乎没有任何外在压力,就觉得在法学教学体系中应该开设这门课程。加之,多年来的科研项目和成果主要集中在立法学领域,从教研相长的角度考虑,希望自己能集中精力"讲好一门课"。

高质量的课程讲授离不开体系化的课程建设,课程建设的一个重要方面就是教材编写。从最开始拟定立法学的教学大纲、编写课程讲义算起,至今已经五年多了,原本打算经过十年左右的教学实践后,再考虑组织编写一本《立法学》教材,不料在"天时、地利、人和"的促使下,该教材提前面世了。在付印之际,特交代其"早产"的背景、些许特色以及编写分工和必要的致谢。

先谈"天时"。党的十八大以来,全面依法治国有力推进,法学教育与法学研究空前繁荣。特别是立法人才的培养及立法学教学与研究得到前所未有的重视。2023年初,中共中央办公厅、国务院办公厅联合印发了《关于加强新时代法学教育和法学理论研究的意见》,专门强调在优化学科体系方面要"适应法治建设新要求,加强立法学、文化法学、区际法学等学科建设",在完善法学教育体系方面提出要"抓好核心教材、编好主干教材、开发新形态教材等,构建中国特色法学教材体系"。由此可见,立法学之所以在法学学科建设中受到重视,正是乘上了全面依法治国的东风。学科发展受到重视,相应地对课程建设及其教材编写也就提出了新要求,并创造了有利条件。

再言"地利"。西北大学近年来特别重视提升教育教学质量,在课程建设方面推出了很多卓有成效的举措,尤为重视教材的编写与出版。学校的学科建设与规划处、教务处、研究生院联合西北大学出版社实施了"高水平教材出版资助计划",不仅全额资助出版,而且还有一定的稿酬,省去了出版过程中各种繁琐的手续,老师们的积极性被调动起来了。经过遴选,《立法学》被列入了西北大学高水平教材出版培育项目。与此同时,本门课程先后被立项为西北大学精品在线开放课程、课程思政建设教学改革研究项目、一流本科课程培育项目,《立法学专题》被确定为西北大学研究生课程思政项目、陕西省 2022 年研究生课程思政示范项目和教学团队。期间还获批了与课程密切相关的陕西省本科教学改革研究项目。上述项目为本书的出版提供了动力,也增添了压力。

后说"人和"。高校的教学团队、科研团队的组建往往有一些难度,尤其是人文社会科学的老师们多倾向于单打独斗。从组织的成本收益角度来看,团队作战有利有弊。课程建设伊始,选择了和学院的几位老师合作,其中既有在宪法学、法理学领域耕耘多年的中年骨干,又有专攻法理学、行政法学的青年才俊。所幸几位老师合作意愿较强且在团队建设中尽心尽力,先后一起完成了线上课程录制、线下教学研讨、校外实践研学等教学环节。正是有了大家的团结协作,课程建设在短短几年内取得了可喜的成绩。

基于天时、地利、人和的有利条件,本书在遵照一般教材的编写体例和基本内容的同时,也有些许特色。一是融合了新媒体技术,让教材内容得以"立体化呈现"。本书的编写以线上课程录制讲稿为基础,视频讲授和教材内容基本对应,扫描教材扉页的二维码即可看到相应的视频。教材还融入了智能 AI 伴读服务,读者可以随机提问,智能伴学助手"小睿"可以迅速作出回应。二是融入了课程思政元素,助力实现"德法兼修"的教学目标。一方面,以部分章节的内容为基础,编写了十个"课程思政教学案例",每个案例由"课程内容要点""思政元素挖掘""教学体系设计""案例效果分析"组成。另一方面,在课程思政教学案例后面还有两个附录,分别是"重要论述摘编"和"教学实践掠影"。前者摘取习近平关于立法的部分重要论述,把习近平法治思想融入教材;后者采用图文并茂的方式记录课堂教学和实践研学的活动掠影,为课程思政建设提供参考。此外,还把作者发表的教学研究论文也收录在内,体现教研相长。

本书的编写分工如下:代水平负责导论、第一章、第二章、第五章以及各章"拓展阅读"的整理和十个课程思政教学案例的撰写;姜昕负责第十六章的撰写,并参与第十七章、第十八章的撰写;吕康宁负责第三章、第四章的撰写;谢寄博负责第六章、第七章、第八章、第九章、第十章、第十一章、第十二章、第十三章、第十四章、第十五章、第十七章、第十八章的撰写。全书由代水平负责统稿。2022 级法学理论专业的硕士研究生杜渊庚、刘皓钰、刘欣怡、徐昭璐、林子贻、马显怡同学参与了书稿的校对工作。

感谢西北大学发展规划与学科建设处和西北大学出版社的大力资助。感谢西北大学出版社的柴洁编辑，从教材立项到最终出版，历经两年多时间，其间通过各种方式沟通多达几十次，正是她严谨负责的态度和耐心细致的编辑加工，助力了教材质量的提升。感谢国内外诸多立法学教材、论著的作者们，他们的著述给本书的写作提供了重要参考，谨以诚挚的谢意！

虽然在编写过程中尽了最大努力，但是深知本书还存在一些缺憾和不足，甚至有一些错误也在所难免，恳请读者不吝赐教。

代水平

2023年8月10日